Außergewöhnliche Belastungen im Steuerrecht

Europäische Hochschulschriften

European University Studies

Publications Universitaires Européennes

Reihe II **Rechtswissenschaft**

Series II Law

Série II Droit

Band/Volume **5900**

Sebastian Grever

Außergewöhnliche Belastungen im Steuerrecht

PL ACADEMIC RESEARCH

Bibliografische Information der Deutschen Nationalbibliothek
Die Deutsche Nationalbibliothek verzeichnet diese Publikation in der Deutschen Nationalbibliografie; detaillierte bibliografische Daten sind im Internet über http://dnb.d-nb.de abrufbar.

Zugl.: Köln, Univ., Diss., 2016

D 38
ISSN 0531-7312
ISBN 978-3-631-71481-2 (Print)
E-ISBN 978-3-631-71482-9 (E-PDF)
E-ISBN 978-3-631-71483-6 (EPUB)
E-ISBN **978-3-631-71484-3** (MOBI)
DOI 10.3726/b10616

PL Academic Research ist ein Imprint der Peter Lang GmbH.
Peter Lang – Frankfurt am Main · Bern · Bruxelles · New York · Oxford · Warszawa · Wien

Diese Publikation wurde begutachtet.

www.peterlang.com

Vorwort

Die vorliegende Arbeit wurde im Sommersemester 2016 von der Rechtswissenschaftlichen Fakultät der Universität zu Köln als Dissertation angenommen. Die Arbeit beruht auf bis zum Mai 2015 veröffentlichter Rechtsprechung und Literatur. Für die Drucklegung ist Kommentarliteratur und relevante Rechtsprechung bis zum August 2016 berücksichtigt worden.

Mein besonderer Dank gilt Frau Prof. Dr. Hey, die das Thema dieser Arbeit angeregt und mich während des Promotionsvorhabens mit äußerst wertvollen Hinweisen unterstützt hat. Ferner bedanke ich mich bei Herrn Prof. Dr. Eilers LL.M für die zügige Erstellung des Zweitgutachtens.

Herzlich danke ich meinen Eltern, die durch ihre Unterstützung in jeglicher Hinsicht während meines Studiums der Rechtswissenschaften in Münster und des Promotionsstudiums in Köln, mir die vorliegende Arbeit ermöglicht haben. Ihre Willenskraft und ihr Fleiß dienten mir stets als Vorbild. Von ganzem Herzen danke ich ebenfalls meiner Frau für ihren uneingeschränkten Rückhalt und das in mich gesetzte Vertrauen. Ihnen widme ich diese Arbeit.

Sebastian Grever

Inhaltsverzeichnis

Abkürzungsverzeichnis

Abs.	Absatz
Anm.	Anmerkung
AnwBl.	Anwaltsblatt
Art.	Artikel
Aufl.	Auflage
BB	Betriebs Berater
Bd.	Band
BFH	Bundesfinanzhof
BFHE	Sammlung der Entscheidungen des Bundesfinanzhofs
BFH/NV	Sammlung amtlich nicht veröffentlichter Entscheidungen des Bundesfinanzhofs
BGB	Bürgerliches Gesetzbuch
BMF	Bundesministerium der Finanzen
BR-Drucks.	Bundesrat-Drucksache
BSG	Bundessozialgericht
BStBl.	Bundessteuerblatt
BT-Drucks.	Bundestag-Drucksache
BVerfG	Bundesverfassungsgericht
BVerfGE	Entscheidungen des Bundesverfassungsgerichts
bzw.	beziehungsweise
DB	Der Betrieb
DStJG	Bände der Jahrestagungen der Deutschen Steuerjuristischen Gesellschaft
DStR	Deutsches Steuerrecht
DStR-Beih	Deutsches Steuerrecht-Beihefter
DStRE	DStR-Entscheidungsdienst
DStZ	Deutsche Steuer-Zeitung
DZWIR	Deutsche Zeitschrift für Wirtschafts- und Insolvenzrecht
EFG	Entscheidungen der Finanzgerichte
EStB	Der Ertragsteuerberater
EStG	Einkommensteuergesetz
f.	folgende
FG	Finanzgericht
FÜR	Familie Partnerschaft Recht
FR	Finanz-Rundschau

FS	Festschrift
gem.	gemäß
GG	Grundgesetz
HFR	Höchstrichterliche Finanzrechtsprechung
H/H/R	Hermann/Heuer/Raupach
Hrsg.	Herausgeber
iHv.	in Höhe von
Information StW	Die Information für Steuerberater und Wirtschaftsprüfer
i. S.	im Sinne
iVm.	in Verbindung mit
KFZ	Kraftfahrzeug
K/S/M	Kirchhof/Söhn/Mellinghoff
LSG	Landessozialgericht
MK	Münchener Kommentar
mwN	mit weiteren Nachweisen
nF	neue Fassung
NJW	Neue juristische Wochenschrift
NJWE-MietR	NJW Entscheidungsdienst Miet- und Wohnungsrecht
Nv	Nicht veröffentlicht
NVwZ	Neue Zeitschrift für Verwaltungsrecht
NZFam	Neue Zeitschrift für Familienrecht
Rev.	Revision
rkr.	Rechtskräftig
RStBl.	Reichsteuerblatt
Rz.	Randziffer
S.	Siehe
SAM	Steueranwaltsmagazin
SGB	Sozialgesetzbuch
SGb	Die Sozialgerichtsbarkeit
SozR	Sozialrecht
Stbg	Die Steuerberatung
StBW	Steuerberater Woche
StE	Steuer-Eildienst
SteuK	Steuerrecht kurzgefasst
StuW	Steuern und Wirtschaft
StW	Steuerwarte
subj.	subjektiv
u. a.	unter anderem

VG	Verwaltungsgericht
Vgl.	Vergleiche
VZ	Veranlagungszeitraum
ZfF	Zeitschrift für das Fürsorgewesen
ZPO	Zivilprozessordnung

A. Erstes Kapitel: Einleitung

I. Einführung in das Thema

1. Rechtliche Ausgangslage

Die Norm der außergewöhnlichen Belastungen gem. § 33 EStG befindet sich systematisch im Abschnitt *„Tarife"* des Einkommensteuergesetzes. Der Sinn und Zweck des § 33 EStG besteht darin, einem erhöhten Existenzminimum des Steuerpflichtigen gerecht zu werden, um so das subjektive Nettoprinzip zu wahren.[1] Ausnahmsweise sind daher, abweichend von § 12 Nr. 1 EStG, Ausgaben der privaten Lebensführung, die ansonsten nicht von der Bemessungsgrundlage abgezogen werden können, abzugsfähig.[2] Liegen die Tatbestandsvoraussetzungen des § 33 EStG vor, so werden die außergewöhnlichen Belastungen vom Gesamtbetrag der Einkünfte insoweit abgezogen, wie sie die zumutbare Belastung gem. § 33 Abs. 3 EStG übersteigen. Der Steuerpflichtige hat einen Anspruch auf die Steuerermäßigung. Es besteht kein Ermessen der Finanzbehörde.[3]

Der Tatbestand des § 33 EStG besteht im Wesentlichen aus folgenden Tatbestandsvoraussetzungen: Außergewöhnliche und zwangsläufige Aufwendungen müssen den Steuerpflichtigen belasten, ohne dass eine anderweitige Abzugsmöglichkeit besteht.[4] Von besonderer Bedeutung sind die Tatbestandsmerkmale der *„Zwangsläufigkeit"* und der *„Außergewöhnlichkeit"*.[5] Bei diesen beiden Begriffen handelt es sich um unbestimmte Rechtsbegriffe.[6] Diese unbestimmten Rechtsbegriffe sind besonders konkretisierungsbedürftig.

2. Problemstellung

Die Unbestimmtheit des Tatbestands hat dazu geführt, dass die Rechtsprechung eine umfangreiche Einzelfallkasuistik zu den einzelnen Tatbestandsmerkmalen

---

1 *Nacke*, in: Littmann/Bitz/Pust, EStG, § 33 Rz. 1 (Feb. 2016).

2 *Kanzler*, in: H/H/R, EStG, § 33 Rz. 14 (Feb. 2016).

3 *Kanzler*, NWB 2011, 249; *Fuhrmann*, in: Korn, EStG, § 33 Rz. 36 (Okt. 2013); *Nacke*, in: Littmann/Bitz/Pust, EStG, § 33 Rz. 40 (Feb. 2016).

4 *Birk/Desens/Tappe*, Steuerrecht, Rz. 1060.

5 *Kanzler*, FR 1993, 691 (697); *Kanzler*, in: H/H/R, EStG, § 33 Rz. 32 (Feb. 2016).

6 *Rasenack*, DB 1983, 1272 (1273).

entwickelt hat.[7] Dabei hat sie versucht, durch die Bildung von Fallgruppen, den unbestimmten Tatbestand näher zu konkretisieren.[8] Für das Verständnis der Norm ist daher eine Analyse der Rechtsprechung und ihrer Entwicklung unerlässlich, da die Norm aufgrund ihres unbestimmten Wortlauts ohne Kenntnis der Rechtsprechung praktisch nicht anwendbar ist. Der BFH hat gerade in jüngerer Zeit in einigen Fällen seine bisherige Rechtsprechung geändert. Hier ist vor allem das Grundsatzurteil des BFH zu den Zivilprozesskosten vom 12.5.2011 zu nennen, in dem eine jahrzehntelange Rechtsprechung aufgegeben wurde.[9]

In einer weiteren jüngeren Entscheidung zu der Fallgruppe der Behandlungskosten setzte der BFH ebenfalls neue Maßstäbe an und wich von seiner bisherigen Rechtsprechung ab.[10] In dieser Entscheidung geht der BFH von einem extensiven Begriffsverständnis der Zwangsläufigkeit aus und erkennt einen Abzug von Aufwendungen an, der über das hinausgeht, was sozialhilferechtlich geboten ist.[11] Ob dies mit dem Sinn und Zweck der Norm zu vereinbaren ist, wird in dieser Arbeit zu untersuchen sein.

Auch zu anderen Tatbestandsmerkmalen, wie dem Merkmal der Belastung, wich der jetzt zuständige VI. Senat von der vorherigen Rechtsprechung des III. Senats ab. Entgegen der früheren Rechtsprechung wendet der VI. Senat die sogenannte Gegenwertlehre im Ergebnis bei dem behindertengerechten Umbau eines Hauses nicht mehr an.[12]

Diese Entwicklungen in der Rechtsprechung werfen neue Fragen auf: Sind die Grundsätze der jüngeren Entscheidungen auf die Anwendung im Einzelfall beschränkt oder haben sie allgemeingültige Wirkung? Ist eine Systematik zu erkennen? Konkretisiert die Rechtsprechung den Begriff der Zwangsläufigkeit

---

7 *Hey*, in: Tipke/Lang, Steuerrecht, § 8 Rz. 726; *Richter*, FR 1983, 233; *Brockmeyer*, DStZ 1998, 214.

8 Vgl. hierzu nur das „Fallgruppen-ABC" der außergewöhnlichen Belastungen in zahlreichen Kommentaren: *Schmieszek*, in: Bordewin/Brandt, EStG, § 33 Rz. 118 f. (Sept. 2013); *Arndt*, in: K/S/M, EStG, § 33 Rz. C 40 f. (Jan. 2001); *Nacke*, in: Littmann/Bitz/Pust, EStG, § 33 Anh 1 Rz. 1 f. (Sept. 2013); *Fuhrmann*, in: Korn, EStG, § 33 Rz. 58 (Okt. 2013); *Kanzler*, in: H/H/R, EStG, § 33 Rz. 59 f. (Feb. 2016).

9 BFH vom 12.5.2011 VI R 42/10, BFHE 234, 30; Zuvor ständige Rechtsprechung des BFH seit: BFH vom 22.8.1958 VI 148/57 U, BStBl III 1958, 419.

10 BFH Urteil vom 2.9.2010 VI R 11/09, DStRE 2011, 15.

11 *Paus*, DStZ 2011, 150 (154).

12 BFH vom 22.10.2009 VI R 7/09, DStR 2010, 47; BFH vom 24.2.2011 VI R 16/10, DStR 2011, 713; Entgegenstehende frühere Rechtsprechung: BFH vom 6.2.1997 III R 72/96, DStR 1997, 1482; BFH vom 15.4.2004 III B 84/03, BFH/NV 2004, 1252; *Geserich*, NWB 2011, 1526.

über den Einzelfall hinaus? Legt die Rechtsprechung in den neueren Entscheidungen den Begriff der Zwangsläufigkeit noch entsprechend dem subjektiven Nettoprinzip und demnach entsprechend dem Sinn und Zweck der Norm aus? Weitet sie den Tatbestand zu sehr aus und belastet sie dadurch die Allgemeinheit in unangemessener Art und Weise?

Ebenso haben jüngere Entscheidungen dazu geführt, dass der Gesetzgeber aktiv wurde, um der alten Rechtsprechung durch ein Gesetz wieder Geltung zu verschaffen. So führte der Gesetzgeber nach einer Rechtsprechungsänderung zum Nachweis von Krankheitskosten die Verordnungsermächtigung in § 33 Abs. 4 EStG ein.[13] Hierdurch normierte er, in Verbindung mit § 64 Abs. 1 EStDV, die frühere Rechtsprechung des BFH.

Durch das AmtshilfeRLUmsG reagierte der Gesetzgeber auf die Rechtsprechungsänderung zu den Zivilprozesskosten. Er fügte in § 33 Abs. 2 EStG einen neuen Satz vier an und normierte darin die frühere Rechtsprechung des BFH zu den Zivilprozesskosten.[14] Hierdurch wird der Abzug von Prozesskosten wieder auf einen engeren Rahmen beschränkt.[15]

Es stellt sich aufgrund dieser Reaktionen des Gesetzgebers die Frage, ob die aktuelle Fassung des § 33 EStG als Generalklausel zweckmäßig ist oder ob eine konkrete Regelung geboten ist. Denn durch die generelle Fassung des § 33 EStG mit seinen unbestimmten Rechtsbegriffen ist dieser in hohem Maße durch die Auslegung der Rechtsprechung geprägt. Dies kann, wie an den neueren Entscheidungen zu sehen ist, zur Folge haben, dass bei einem Zuständigkeitswechsel der Senate zahlreiche Rechtsprechungsänderungen ergehen. Für den Steuerpflichtigen folgt hieraus ein hohes Maß an Rechtsunsicherheit. Folge der Rechtsprechungsänderungen wiederum sind einzelne normative Veränderungen des § 33 EStG durch den Gesetzgeber auf Entscheidungen mit nicht gewollten fiskalischen Folgen. Hierdurch wird aber nur auf bestimmte Entscheidungen der Rechtsprechung reagiert, ohne den § 33 EStG systematisch zu reformieren. Sämtliche umfassende Reformperspektiven, die schon seit mehreren Jahren vorliegen, wurden nicht umgesetzt.[16] Darüber hinaus ist der Gesetzgeber aufgrund der Rechtsprechung des Bundesverfassungsgerichts zunehmend verpflichtet,

13 *Kanzler*, in: H/H/R, EStG, § 33 Rz. 230 (Feb. 2016).

14 *Bleschick*, FR 2013, 932; Vgl. *G. Kirchhof*, DStR 2013, 1867.

15 *Bleschick*, FR 2013, 932 (937).

16 Hierzu ausführlich die Arbeit von: *Steger*, Die außergewöhnliche Belastung im Steuerrecht, Verfassungsrechtliche Grundlagen und Reformperspektiven.

das Steuerrecht folgerichtig am Sozialhilferecht auszugestalten.[17] Die bisherigen Reaktionen des Gesetzgebers scheinen die folgende Aussage von *K. Tipke* zu belegen: „*Aber wenn der Gesetzgeber überhaupt etwas tut, tut er nur das Allernotwendigste, manchmal noch nicht einmal das. Irgendetwas konsequent zu Ende zu denken, die ganz ungeordnete, inkonsequente geregelte Materie konsequent neu zu ordnen, ist ihm bisher nicht in den Sinn gekommen.*“[18]

Der Koalitionsvertrag von CDU/CSU und SPD lässt ebenfalls vermuten, dass der Tatbestand des § 33 EStG nicht in naher Zukunft neu strukturiert wird. Zwar betont der Koalitionsvertrag, dass die Besteuerung nach der Leistungsfähigkeit Voraussetzung für ein gerechtes Steuerrecht sei, konkrete Programmpunkte für das Einkommensteuerrecht und insbesondere in Bezug auf den Abzug von privaten Aufwendungen enthält der Koalitionsvertrag hingegen nicht.[19] Der Entwurf des Steuervereinfachungsgesetzes 2013 des Bundesrats enthält ebenfalls keine grundlegende Reform des § 33 EStG, sondern beabsichtigt nunmehr, die Fallgruppe der Aufwendungen für eine Heimunterbringung gesetzlich zu normieren.[20] Hierdurch wird wieder nur für eine bestimmte Fallgruppe eine gesetzliche Regelung geschaffen.

3. Abriss des Diskussionsstands in Rechtsprechung und Literatur

Die Fragen der Auslegung des Tatbestands und der Abgrenzung der einzelnen Tatbestandsmerkmale werden in der Literatur und Rechtsprechung nicht einheitlich beantwortet. Beispielsweise betrachten einige die Tatbestandsvoraussetzungen der „*Außergewöhnlichkeit*“ und der „*Zwangsläufigkeit*“ als ein Merkmal.[21] Andere wiederum grenzen strikt zwischen diesen beiden Voraussetzungen ab.[22] Der BFH beanstandete, dass die Finanzgerichte teilweise nicht hinreichend zwischen den Merkmalen der Außergewöhnlichkeit und Zwangsläufigkeit abgrenzen.[23] Ebenso ist die dogmatische Einordnung des Tatbestands umstritten. Die

---

17 BVerfG vom 13.2.2008 2 BvL 1/06, DStR 2008, 604; *Karrenbrock/Petrak,* DStR 2011, 552.

18 *Tipke,* Die Steuerrechtsordnung II, Seite 796.

19 Koalitionsvertrag zwischen CDU, CSU und SPD, Deutschlands Zukunft gestalten, 18. Legislaturperiode, Seite 89 f.

20 BT-Drucks. 17/12197; BR-Drucks. 684/12; BR-Drucks. 92/14.

21 BFH Urteil vom. 17.10.1973 VI R 143/71, BStBl II 1974, 105.

22 *Kanzler*, in: H/H/R, EStG, § 33 Rz. 30 f. (Feb. 2016); BFH vom 19.5.1995 III R 12/92, DStR 1995, 1747; Kanzler, NWB 2011, 249.

23 BFH vom 17.6.1994 III R 42/93, HFR 1994, 653.

herrschende Meinung ordnet die Norm in das System der privaten Abzüge ein.[24] Hingegen betrachtete vor allem die frühere Rechtsprechung die Norm als Billigkeitsvorschrift.[25]

Wie die unbestimmten Rechtsbegriffe auszulegen sind und ob diese überhaupt definiert werden können, wird ebenfalls nicht einheitlich beurteilt.[26] Die Urteile der Finanzgerichte lassen oftmals eine Auslegung der Tatbestandsmerkmale anhand der juristischen Methodenlehre vermissen. Sie wenden meistens nur die durch den BFH aufgestellten Grundsätze für die jeweiligen, durch die Rechtsprechung gebildeten Fallgruppen an.[27] Ebenso sind der genaue Inhalt und die Reichweite des subjektiven Nettoprinzips zum Teil ungeklärt.[28]

II. Zielsetzung der Arbeit

Die Zielsetzung der Arbeit soll darin bestehen, die Tatbestandsmerkmale des § 33 EStG, insbesondere das Merkmal der „*Zwangsläufigkeit*", anhand der juristischen Methoden unter Berücksichtigung des bisherigen Diskussionsstands im Schrifttum auszulegen. Diese Auslegung soll auch das subjektive Nettoprinzip als Konkretisierung des Gleichheitsgebots gem. Art. 3 GG berücksichtigen. Dies ist Inhalt des dritten Kapitels.

Im vierten Kapitel soll die Arbeit durch eine Analyse der Rechtsprechung für die Wissenschaft und die Praxis einen Beitrag dazu leisten, den unbestimmten Tatbestand näher zu umgrenzen. Hierzu soll die Rechtsprechung dargestellt und Unterschiede und Gemeinsamkeiten hinsichtlich der Auslegung der Tatbestandsmerkmale in den einzelnen Entscheidungen bzgl. unterschiedlicher Lebenssachverhalte herausgearbeitet werden. Die Grundsätze der Entscheidungen sollen auf ihr Verhältnis zum subjektiven Nettoprinzip untersucht werden. Darüber hinaus soll untersucht werden, ob jenseits von Einzelfallentscheidungen und Fallgruppen ein Strukturprinzip vorhanden ist, dessen Grundsätze für alle Entscheidungen gelten. Im Ergebnis soll der Versuch unternommen werden,

---

24 *Hey*, in: Tipke/Lang, Steuerrecht, § 8 Rz. 717; *Kanzler*, in: H/H/R, EStG, § 33 Rz. 8 (Feb. 2016).

25 BFH vom 4.12.1964 VI 69/64, HFR 1965, 214.

26 *Lang*, Die Bemessungsgrundlage der Einkommensteuer, S. 584.

27 Exemplarisch: FG Rheinland-Pfalz vom 1.4.2014 5 K 1989/12, juris; FG Niedersachsen vom 17.2.2011 14 K 425/09, StBW 2011, 875; FG München vom 20.5.2009 10 K 2156/08, DStRE 2010, 863; FG Mecklenburg-Vorpommern vom 27.2.2008 3 K 160/07, juris.

28 *Steger*, Die außergewöhnliche Belastung im Steuerrecht, Verfassungsrechtliche Grundlagen und Reformperspektiven, Seite 106 ff.

eine eventuelle Systematik der Rechtsprechung herauszuarbeiten oder aber auf Systembrüche hinzuweisen. Die Fragen *„Was ist Zwangsläufigkeit im Sinne des § 33 EStG?“* und *„Wann ist eine Aufwendung außergewöhnlich?“* sollen durch die Arbeit versucht werden, so präzise wie es bei einem unbestimmten Rechtsbegriff eben möglich ist, zu beantworten. Sollte die Rechtsprechung eine systematische Auslegung der Tatbestandsmerkmale beinhalten, ist zu untersuchen, ob durch diese Systematik der generelle Tatbestand des § 33 EStG konkretisiert werden kann.

Kann der Rechtsprechung keine oder nur zum Teil eine Systematik entnommen werden, die den unbestimmten Tatbestand näher konkretisiert, so könnte eine Neufassung des § 33 EStG angezeigt sein. Diese könnte beispielsweise konkrete Definitionen oder Regelbeispiele enthalten, um für mehr Rechtssicherheit zu sorgen. Dabei stellt sich die Frage, ob man den Generaltatbestand belässt und nur mit anderen Definitionen versieht oder ob eine konkrete Regelung sinnvoll ist. Im fünften Kapitel wird daher der Versuch unternommen, einen Gesetzestext zu formulieren, der abhängig vom Ergebnis dieser Untersuchung, die Abzugsfähigkeit auf Aufwendungen beschränken soll, die durch das subjektive Nettoprinzip geboten sind.

Verfassungsrechtliche Fragen – wie die Frage nach der Verfassungsmäßigkeit der Norm – sollen, mit Ausnahme des verfassungsrechtlich garantierten Gebots der Besteuerung nach der subjektiven Leistungsfähigkeit und dem darin verankerten Gebot der gleichmäßigen Besteuerung, in den ersten vier Kapiteln ausgeklammert werden. Ferner steht es dem Gesetzgeber im Rahmen seiner legislativen Gesetzgebungsbefugnis zu, die Sachverhalte zu bestimmen, an die er eine Rechtsfolge knüpfen möchte. Dabei hat er aber die Prinzipien der finanziellen Leistungsfähigkeit und der Folgerichtigkeit zu wahren. Nur bei Vorliegen besonderer Gründe ist ein Prinzipiendurchbruch gerechtfertigt.[29] Letzteres zu thematisieren, soll ebenfalls nicht Bestandteil der Arbeit sein. Denn der Kern der Arbeit ist es, eine Auslegung zu finden, die den Abzug von Aufwendungen auf das verfassungsrechtlich – nach dem subjektiven Leistungsfähigkeitsprinzip – Gebotene begrenzt und nicht – sei es auch in zulässiger Art und Weise – hierüber hinausgeht.

---

29 *Wernsmann*, in: H/H/Sp, AO/FGO, § 4 AO, Rz. 437, 480 (Mai 2016); *P. Kirchhoff*, StuW 1985, 319 (321).

B. Zweites Kapitel: Sinn und Zweck des § 33 EStG sowie verfassungsrechtliche Grundlage der Arbeit

I. Rechtsentwicklung der Norm

Die Norm ist auf § 56 EStG 1925 zurückzuführen.[30] Der Wortlaut der Norm beinhaltete damals noch eine Beeinträchtigung der „*Leistungsfähigkeit*“ des Steuerpflichtigen.[31] Der Begriff der Zwangsläufigkeit wurde erst nachträglich im Jahre 1938 eingeführt.[32] Die heutige Fassung des § 33 EStG und die Unterscheidung zu § 33a EStG geht zurück auf das Gesetz zur Neuordnung von Steuern vom 16.12.1954.[33] Durch dieses Gesetz wurden die Bestimmungen, die zuvor in den Durchführungsverordnungen zum Einkommensteuergesetz enthalten waren, zusammengefasst und in das heutige Einkommensteuergesetz eingefügt.[34] Hierdurch wurden auch die Begriffe der Angemessenheit und der Notwendigkeit eingeführt. Seitdem wurde die Norm durch zahlreiche Novellen geändert.[35] So wurde beispielsweise im Jahre 1974 die Anrechnung der zumutbaren Belastung in § 33 Abs. 3 EStG nachträglich eingefügt.[36]

II. Regelungsinhalt des § 33 EStG

Regelungsgegenstand des § 33 EStG ist eine Steuerermäßigung für den Steuerpflichtigen für den Fall, dass die Tatbestandsvoraussetzungen des § 33 EStG vorliegen. Dabei handelt es sich um eine gebundene Rechtsfolge.[37] Technisch wird dies dadurch erreicht, dass die außergewöhnlichen Belastungen vom Gesamtbetrag der Einkünfte gemäß § 2 Abs. 4 EStG abgezogen werden.

---

30 *Heger*, in: Blümich, EStG, § 33 Rz. 2 (Nov. 2014).

31 RGBl I 1925, 189.

32 RGBl I 1938, 99.

33 BStBl I 1954, 575.

34 BT-Drucks. 2/481, Seite 90.

35 Siehe ausführlich zur Rechtsentwicklung der Norm: *Kanzler*, in: H/H/R, EStG, § 33 Rz. 2 (Feb. 2016).

36 Siehe zur ausführlichen Rechtsentwicklung der zumutbaren Belastung: *Kanzler*, in: H/H/R, EStG, § 33 Rz. 215 (Feb. 2016).

37 *Mellinghoff*, in: Kirchhoff, EStG, § 33 Rz. 1.

Die Anerkennung der Aufwendung als außergewöhnliche Belastung des Einzelnen führt im Ergebnis zu einem Steuerverzicht und somit zu einer Mitfinanzierung der Aufwendung durch die Allgemeinheit.[38] Lebenshaltungskosten sind daher nur ausnahmsweise gem. § 33 EStG steuerlich zu berücksichtigen, da aufgrund des Grundsatzes der Gleichmäßigkeit der Besteuerung ein strenger Maßstab anzulegen ist.[39] Es müssen besondere Umstände hinzukommen, die es gerechtfertigt erscheinen lassen, im privaten Lebensbereich des Steuerpflichtigen entstandene Aufwendungen als außergewöhnliche Belastungen der Allgemeinheit aufzubürden.[40] Dies spricht für eine enge Anwendung des Tatbestands und gegen eine extensive Auslegung.

III. Telos der Norm

1. Wahrung des subjektiven Nettoprinzips

Der Sinn und Zweck der Norm besteht darin, einem erhöhten Existenzminimum des Steuerpflichtigen gerecht zu werden.[41] Sie deckt den außergewöhnlichen, existenznotwendigen Lebensbedarf ab.[42] Hierdurch soll das subjektive Nettoprinzip gewahrt und eine Besteuerung nach der subjektiven Leistungsfähigkeit sichergestellt werden.[43] Der § 33 EStG ist eine einfachgesetzliche Konkretisierung des subjektiven Nettoprinzips.[44] Hieraus folgt, dass der Telos der Norm im Wesentlichen durch den Inhalt des subjektiven Nettoprinzips bestimmt wird. Hiergegen spricht auch nicht, dass der Wortlaut der Norm zunächst ausdrücklich auf die *„Leistungsfähigkeit"* des Steuerpflichtigen Bezug nahm und später die *„Leistungsfähigkeit"* aus dem Wortlaut der Norm gestrichen wurde. Der § 33 EStG dient nach wie vor dazu, die subjektive Leistungsfähigkeit des Steuerpflichtigen zu berücksichtigen.[45] Wie sich der Gesetzesbegründung entnehmen lässt,

---

38 *Mellinghoff*, in: Kirchhoff, EStG, § 3 Rz. 2; FG Brandenburg vom 11.12.1997 5 K 1232/97 E, EFG 1998, 317.

39 BFH vom 16.5.1975 VI R 132/72, BStBl II, 1975, 536.

40 BFH vom 28.4.1978 VI R 145/75, BStBl II, 1978, 456.

41 *Nacke*, in: Littmann/Bitz/Pust, EStG, § 33 Rz. 1 (Nov. 2013).

42 *Hey*, in: Tipke/Lang, Steuerrecht, § 8 Rz. 718.

43 *Loschelder*, in: Schmidt, EStG, § 33 Rz. 1; *Lang*, Die Bemessungsgrundlage der Einkommensteuer, Seite 583.

44 *Arndt*, in: K/S/M, EStG § 33 Rz. A 2 (Jan. 2001); FG Düsseldorf vom 11.2.2014 13 K 3724/12, EFG 2014, 850.

45 *Kanzler*, in: H/H/R, EStG, § 33 Rz. 6 (Feb. 2016); *Arndt*, in: K/S/M, EStG, § 33 Rz. A1 (Jan. 2001).

sollte dieser Grundgedanke des § 33 EStG nicht verändert werden. Vielmehr wurde der Begriff der Leistungsfähigkeit im Wortlaut für entbehrlich gehalten. Es sollte ausweislich der Gesetzesbegründung nur vermieden werden, dass die Rechtsprechung unter Berufung auf die Leistungsfähigkeit Steuerpflichtigen mit großen Vermögen bzw. Einkommen generell die Anerkennung von Aufwendungen als außergewöhnliche Belastung versagt.[46] Festgehalten wurde somit an dem Prinzip, dass der § 33 EStG das subjektive Nettoprinzip einfach gesetzlich verwirklicht.

2. Gibt es einen weitergehenden Zweck der Norm?

Im Schrifttum wird auch vertreten, dass der § 33 EStG nicht nur den Zweck verfolgt, einem erhöhten Existenzminimum des Steuerpflichtigen Rechnung zu tragen, sondern darüber hinaus auch dem Erhalt und der Rückgewinnung der Normalität des einzelnen Steuerpflichtigen dient.[47] Auch Aufwendungen, die die individuelle Lebenssituation betreffen, sollen abzugsfähig sein, wobei die Norm aber restriktiv auszulegen sei.[48]

Der Erhalt der Normalität und die Berücksichtigung der individuellen Lebenssituation ist Bestandteil des subjektiven Nettoprinzips und somit Zweck des § 33 EStG. Aufgrund einer Besteuerung nach der subjektiven Leistungsfähigkeit soll verhindert werden, dass ein Steuerpflichtiger aufgrund der Besteuerung auf staatliche Leistungen angewiesen ist.[49] Genau dies dürfte *P. Kirchhof* meinen, wenn er vom Erhalt der Normalität, als Teilhabe an der von der Rechtsgemeinschaft erreichten Normalität spricht.[50] Dabei ist nach dem subjektiven Nettoprinzip, stets auf die individuelle Lebenssituation abzustellen.

Der weitergehende Zweck, auch der Rückgewinnung der Normalität zu dienen, lässt sich dem aktuellen Gesetzestext nicht entnehmen. Hiervon geht wohl letztendlich auch *P. Kirchhof* selbst aus, indem er vorschlägt, dass de lege ferenda endgültige Wertabflüsse zur Wiederherstellung von Erwerbsgrundlagen zu einer Teilentlastung führen sollen und von der Steuerschuld abzuziehen seien.[51]

---

46 BT-Drucks. 2/481, Seite 90.

47 *P. Kirchhof*, Gutachten F zum 57. DtJTag 1988, F 62 ff.; *Mellinghoff*, in: Kirchhof, EStG, § 33 Rz. 2.

48 *Nacke*, in: Littmann/Bitz/Pust, EStG, § 33 Rz. 3 f.

49 S. B.IV.1.

50 *P. Kirchhof*, Gutachten F zum 57. DtJTag 1988, F 63.

51 *P. Kirchhof*, Gutachten F zum 57. DtJTag 1988, F 62 ff.

IV. Verfassungsrechtliche Grundlage: das subjektive Nettoprinzip

1. Inhalt des subjektiven Nettoprinzips

Das subjektive Nettoprinzip ist ein Unterfall des Prinzips der Besteuerung nach der wirtschaftlichen Leistungsfähigkeit.[52] Das Leistungsfähigkeitsprinzip wiederum wird aus dem Gebot der Steuergerechtigkeit als besondere Ausprägung des Gleichheitssatzes gemäß Art. 3 GG abgeleitet.[53] Stimmen in der Literatur heben wiederum den freiheitsrechtlichen Charakter des Leistungsfähigkeitsprinzips hervor.[54] Das Bundesverfassungsgericht betont in ständiger Rechtsprechung den Schutzcharakter des Leistungsfähigkeitsprinzips und leitet es aus Art. 3 GG ab, sodass es sich um ein verfassungsrechtlich verankertes Prinzip handelt.[55] Unzweifelhaft ist das Leistungsfähigkeitsprinzip selbst in hohem Maße konkretisierungsbedürftig und unterliegt dem steten Wandel von sozialen Anschauungen und neuen rechtlichen und ökonomischen Erkenntnissen.[56] Kernaussage des Leistungsfähigkeitsprinzips ist, dass Steuerpflichtige mit gleicher Leistungsfähigkeit gleich hoch - horizontale Steuergerechtigkeit - und Steuerpflichtige mit unterschiedlicher Leistungsfähigkeit unterschiedlich hoch - vertikale Steuergerechtigkeit - zu besteuern sind.[57]

Das subjektive Nettoprinzip hat Verfassungsrang.[58] Es erfordert als Unterfall des Leistungsfähigkeitsprinzips, dass notwendiger, existenzsichernder Aufwand des Steuerpflichtigen steuerfrei bleiben muss.[59] Das Prinzip der Steuerfreiheit

---

52 *Birk/Desens/Tappe,* Steuerrecht, Rz. 630.

53 BVerfG vom 7.11.2006 1 BvL 10/02, DStR 2007, 235; BVerfG vom 10.2.1987 1 BvL 18/81, 1 BvL 20/82, BVerfGE 74, 182.

54 *Birk,* Das Leistungsfähigkeitsprinzip als Maßstab der Steuernormen, Seiten 123, 179, 202; *P. Kirchhof,* StuW 1985, 319 (323).

55 BVerfG vom 29.5.1990 1 BvL 20/84, 1 BvL 26/84, 1 BvL 4/86, BVerfGE 82, 60; BVerfG vom 22.2.1984 1 BvL 10/80, BVerfGE 66, 214; BVerfG vom 3.11.1982 1 BvR 620/78, 1 BvR 1335/78, 1 BvR 1104/79, 1 BvR 363,80, BVerfGE 61, 319; *Wernsmann,* in: H/H/Sp, AO/FGO, § 4 AO, Rz. 481 (Mai 2016).

56 *Lang,* in: FS-Kruse, 313 (316 ff.).

57 BVerfG vom 15.1.2014 1 BvR 1656/09, DStR 2014, 420; BFH vom 21.9.2009 GrS 1/06, DStR 2010, 101.

58 BVerfG vom 9.12.2008 2 BvL 1/07, 2 BvL 2/07, 2 BvL 1/08, 2 BvL 2/08, BVerfGE 122, 210; *Karrenbrock/Petrak,* DStR 2011, 552 (554), mwN; *Mellinghoff,* in: Leitgedanken des Rechts, Seite 1889 (1892); Vgl. *Birk/Desens/Tappe,* Steuerrecht, Rz. 188 f.

59 BVerfG vom 4.12.2002 2 BvR 400/98, 2 BvR 1735/00, BVerfGE 107, 27 (48); BVerfG vom 29.5.1990 1 BvL 20/84, 1 BvL 26/84, 1 BvL 4/86, NJW 1990, 2869; *Traxel,* Die

des Existenzminimums ist Bestandteil des subjektiven Nettoprinzips.[60] Seit der Entscheidung des Bundesverfassungsgerichts im Jahre 1990 steht fest, dass das Existenzminimum nicht nur nach Abzug der Steuern erhalten bleiben muss, sondern nur das darüber hinausgehende Einkommen besteuert werden darf.[61] Das Gebot der Steuerfreiheit des Existenzminimums wird unmittelbar aus Art. 1 Abs. 1 GG iVm. Art. 20 Abs. 1, Art. 3 Abs. 1 und Art. 6 Abs. 1 GG hergeleitet.[62] Welche privaten nicht existenznotwendigen Aufwendungen die steuerliche Bemessungsgrundlage von Verfassungswegen mindern müssen, ist bislang – so das Bundesverfassungsgericht – noch nicht abschließend geklärt.[63] Somit ist auch noch nicht abschließend geklärt, ob weitere Inhalte des subjektiven Nettoprinzips durch das Verfassungsrecht vorgegeben sind.[64] Nach der aktuellen Rechtsprechung des Bundesverfassungsgerichts sind aufgrund des subjektiven Nettoprinzips somit zwingend nur unvermeidbare Aufwendungen zur Existenzsicherung und für den Unterhalt der eigenen Person und seiner Familie von der Bemessungsgrundlage auszunehmen.[65] Darüber hinaus könnten im Einzelfall zwangsläufige Aufwendungen, unter Berücksichtigung der Grundrechte, von Verfassungswegen steuerlich zu berücksichtigen sein.[66] Dieser allgemeine Grundsatz ist jedoch für die folgende Auslegung des § 33 EStG ohne Bedeutung, da der Tatbestand des § 33 EStG nach dem Sinn und Zweck der Norm nur

---

Freibeträge des Einkommensteuergesetzes, Seite 47, mwN; *Schilling*, Zwangsläufiger, pflichtbestimmter Aufwand in Ehe und Familie, Seite 49.

60 BVerfG vom 9.12.2008 2 BvL 1/07, 2 BvL 2/07, 2 BvL 1/08, 2 BvL 2/08, BVerfGE 122, 210; BFH vom 10.11.2004 XI R 37/02, BFH/NV 2005, 1024.

61 BVerfG vom 29.5.1990 1 BvL 20/84, 1 BvL 26/84, 1 BvL 4/86, BVerfGE 82, 60; *Haupt*, DStR 2010, 960.

62 BVerfG vom 13.2.2008 2 BvL 1/06, BVerfGE 120, 125; *Birk/Desens/Tappe*, Steuerrecht, Rz. 630.

63 BVerfG vom 4.12.2002 2 BvR 400/98, 2 BvR 1735/00, BVerfGE 107, 27 (48); BFH vom 17.7.2014 VI R 8/12, juris; BFH vom 10.1.2008 VI R 17/07, DStR 2008, 188 (195); *G. Kirchhoff*, DStR 2013, 1867.

64 *Ratschow*, in: Blümich, EStG, § 2 Rz. 12 f. (Nov. 2014).

65 BVerfG vom 4.12.2002 2 BvR 400/98, 2 BvR 1735/00, BVerfGE 107, 27 (48); BVerfG vom 8.6.2004 2 BvL 5/00, BVerfGE 110, 412 (433); Steuerlich verschont werden müssen nur die Mittel zur Bestreitung des Existenzminimums, keine weitergehende Verpflichtung anhand der Begriffe der Zwangsläufigkeit und Indisponibilität, da diese aufgrund der Vielzahl einfließender Wertungen nicht trennscharf sind: *Wernsmann*, StuW 1998, 317.

66 BVerfG vom 4.12.2002 2 BvR 400/98, 2 BvR 1735/00, BVerfGE 107, 27.

Aufwendungen für den existenznotwendigen Grundbedarf erfasst.[67] Auf dieser Annahme beruhen die weiteren Ausführungen der Arbeit.

Kern des subjektiven Nettoprinzips ist somit der Gedanke, dass der Steuerpflichtige nur den Teil seines Einkommens zur Steuerzahlung verwenden kann, der für ihn verfügbar oder anders ausgedrückt: disponibel ist.[68] Nicht disponibel ist der Teil des Einkommens einer Familie, der für ein menschenwürdiges Dasein benötigt wird – unabhängig vom sozialen Status der Familie – und dieser Teil des Einkommens kann nicht Grundlage der steuerlichen Leistungsfähigkeit sein.[69] Existenzieller Aufwand ist indisponibel.[70] Bildlich gesprochen bedeutet dies: „*You can not take the shirt off a naked man.*"[71] Unvermeidbare Ausgaben der privaten Sphäre müssen die Bemessungsrundlage der Einkommensteuer mindern.[72] Nach ständiger Rechtsprechung des Bundesverfassungsgerichts muss das Einkommen des Steuerpflichtigen in Höhe des Sozialhilfeniveaus steuerfrei bleiben.[73] Das Sozialhilferecht ist als eine quantifizierende Größe heranzuziehen.[74] Der Steuerpflichtige muss ein sozialhilfegleiches Versorgungsniveau aus steuerfreiem Einkommen finanzieren können.[75] Hieraus folgt zugleich, dass das subjektive Nettoprinzip hinsichtlich des existenzsichernden Aufwands grundsätzlich nicht durch grundgesetzliche Wertungen gem. Art. 2 Abs. 2 GG usw. im Einzelfall konkretisiert wird, sondern generell anhand der sozialhilferechtlichen Leistungstatbestände bestimmt wird. Die Einheit der Rechtsordnung gebietet im Bereich des subjektiven Nettoprinzips eine Harmonisierung von Sozialhilferecht und Steuerrecht.[76] Die Berücksichtigung von Wertungen des Grundgesetzes im

---

67 Siehe nur: BFH vom 26.6.2014 VI R 51/13, juris; *Hey*, in: Tipke/Lang, Steuerrecht, § 8 Rz. 717.

68 *Steger*, Die außergewöhnliche Belastung im Steuerrecht, Seite 107; *Tipke*, Steuerrechtsordnung II, Seite 788 f., mwN.

69 BVerfG vom 29.5.1990 1 BvL 20/84, 1 BvL 26/84, 1 BvL 4/86, NJW 1990, 2869; *Haupt*, DStR 2010, 960; *Tipke*, Die Steuerrechtsordnung II, Seite 785; *Dziadkowski*, BB 1991, 805 (809).

70 *Jakop/Jüptner*, StuW 1983, 206 (208).

71 *Tipke*, Die Steuerrechtsordnung II, Seite 798.

72 BVerfG vom 13.2.2008 2 BvL 1/06, BVerfGE 120, 125.

73 BVerfG vom 13.2.2008 2 BvL 1/06, BVerfGE 120, 125; BVerfG vom 16.3.2005 2 BvL 7/00, BVerfGE 112, 268 (282); BVerfG vom 26.1.1994 1 BvL 12/86, BVerfGE 89, 346 (353).

74 BVerfG vom 13.2.2008 2 BvL 1/06, BVerfGE 120, 125; BFH vom 16.2.2011 X R 10/10, DB 2011, 1138; BFH vom 4.2.2010 X R 10/08, DB 2010, 819.

75 *Karrenbrock/Petrak*, DStR 2011, 552 (554).

76 *Brandis*, in: DStjG Bd. 29, 93 (132).

Einzelfall kommt nur dort in Betracht, wo ausnahmsweise ein Vergleich zum sozialhilferechtlichen Leistungsniveau untauglich ist.[77]

Es gilt der Grundsatz: Was der Staat Bedürftigen sozialhilferechtlich gewährt, darf er bei Leistungsfähigen nicht besteuern.[78] Hieraus folgt das Prinzip: Selbsthilfe geht vor Sozialhilfe. Was der soziale Staat geben muss, darf der Steuerstaat nicht nehmen.[79] Der Staat darf einen leistungsfähigen Steuerpflichtigen nicht derart besteuern, dass aus ihm ein Sozialhilfeempfänger wird. Entsprechend dem zivilrechtlichen Grundsatz *„dolo agit qui petit quod statim redditurus est“* gem. § 242 BGB darf der Staat dem Bürger nicht das Einkommen in einer Höhe wegnehmen, wie er es ihm in der Folge sogleich als Sozialleistung zurückzahlen müsste.[80]

Gleichzeitig dient das subjektive Nettoprinzip aber auch als Begrenzung der Abzugsfähigkeit von Aufwendungen.[81] Wären neben den existenznotwendigen Aufwendungen auch andere private Aufwendungen abzugsfähig, so würde hierdurch der Grundsatz des § 12 Nr. 1 EStG unterlaufen, wonach private Aufwendungen grundsätzlich steuerlich nicht abzugsfähig sind. Das Bundesverfassungsgericht stellte bereits klar, dass jedenfalls das Prinzip der Steuerfreiheit des Existenzminimums nicht den Sinn habe, die Kosten eines über dem Sozialhilfeniveau liegenden Lebensstandards über die Einkommensteuer auf die Allgemeinheit zu verteilen.[82]

In der Literatur wird zum Teil vertreten, dass die Aufwendungen in einem größeren Maße abzugsfähig sein müssen, als sie sozialhilferechtlich gewährt werden.[83] Überzeugend ist diese Forderung vor allem für den Grundfreibetrag des § 32a EStG.[84] Wäre der steuerliche Grundfreibetrag identisch mit den Sozialhilfesätzen, so wären der Wert der Arbeit, die Steuermoral und die Selbsthilfebereitschaft gefährdet.[85] Polemisch gesprochen bedeutet dies: Arbeit würde

---

77 S. hierzu D.V.1.a)cc)(2).

78 BVerfG vom 25.9.1992 2 BvL 5/91, 14/91, 2 BvL 8/91, 2 BvL 14/91, BVerfGE 87, 153.

79 *G. Kirchhoff*, DStR 2013, 1867.

80 *Wernsmann*, StuW 1998, 317 (323), mwN; *Brandis*, in: DStjG Bd. 29, 93 (103).

81 *Tipke*, Die Steuerrechtsordnung II, Seite 785.

82 BVerfG vom 13.2.2008 2 BvL 1/06, DStR 2008, 604 (610).

83 *Lehner*, Einkommensteuerrecht und Sozialhilferecht, Seite 137; *P. Kirchhof*, StuW 1985, 319 (326).

84 Für einen über den Sozialhilfesätzen liegenden Grundfreibetrag: P. *Kirchhof*, Gutachten F 57. DtJTag 1988, F 59 f.

85 *P. Kirchhof*, Gutachten F zum 57. DtJTag 1988, F 59 f.; *Seer*, in: Tipke/Lang, Steuerrecht, § 1 Rz. 39.

sich nicht mehr lohnen. Die genaue Ausgestaltung des Einkommensteuertarifs ist eine politische Entscheidung, die zum Großteil nicht justiziabel ist.[86] Nur die untere Grenze des Freibetrags ist durch die Rechtsprechung des Bundesverfassungsgerichts begrenzt. Sie darf nicht geringer sein als das durch den Existenzminimumbericht ermittelte Existenzminimum des Steuerpflichtigen.[87]

Für den Anwendungsbereich des § 33 EStG ist dies, aber anders als bei § 32a EStG, zu beurteilen. Hier geht es um ein erhöhtes Existenzminimum im Einzelfall aufgrund einer Zwangslage. Liegt der Grundfreibetrag gem. § 32a EStG über dem sächlichen Existenzminimum wird der verdienende Steuerpflichtige – zulässigerweise – besser gestellt als der auf den Sozialstaat angewiesene Nichtverdienende, auch wenn bei beiden *„außergewöhnliche Belastungen"* im selben Umfang berücksichtigt werden. Das Argument, die Gefährdung des Wertes der Arbeit und der Selbsthilfebereitschaft, vermag also auf Ebene des § 33 EStG nicht vollends zu überzeugen.

Ebenfalls sprechen grundgesetzliche Wertungen dafür, besondere Zwangslagen bei einem Steuerpflichtigen hinsichtlich der Zwangsläufigkeit dem Grunde nach nicht anders zu beurteilen als bei einem Bedürftigen. So hat ein Steuerpflichtiger gem. Art. 2 und Art. 6 GG genau das gleiche Recht wie ein Bedürftiger, Nachkommen zu gebären. Das Recht, Kinder zu bekommen, ist vom Kernbereich des Art. 2 GG – der freien Entfaltung der Persönlichkeit – erfasst.[88] Dies spricht beispielsweise dafür, die Kosten für eine künstliche Befruchtung bei einem Bedürftigen genauso zu beurteilen, wie bei einem Steuerpflichtigen.

Hinsichtlich des § 33 EStG entspricht eine Orientierung am sozialhilferechtlichen Leistungsniveau der oben zitierten Rechtsprechung des Bundesverfassungsgerichts. Hiernach hat das Prinzip der Steuerfreiheit des Existenzminimums nicht den Zweck, Kosten oberhalb des Sozialhilfeniveaus über die Einkommensteuer auf die Allgemeinheit zu verteilen.[89] Eine andere Frage ist jedoch, ob aufgrund eines anderen *„Prinzips"* – losgelöst von der Frage der Steuerfreiheit des Existenzminiums – es geboten ist, im Rahmen des § 33 EStG Aufwendungen in einem größeren Umfang anzuerkennen, als dies spiegelbildlich im Sozialhilferecht der Fall ist. In dieser Arbeit geht es jedoch zunächst darum, eine Auslegung zu finden, die sich vor allem am verfassungsrechtlich verankerten subjektiven Nettoprinzip und am Sinn und Zweck der Norm orientiert, sodass weitere

86 BVerfG vom 21.6.2006 2 BvL 2/99, BVerfGE 116, 164; *Loschelder*, in: Schmidt, EStG, § 32a Rz. 4.

87 BVerfG vom 25.9.1992 2 BvL 5/91, 2 BvL 8/91, 2 BvL 14/91, BStBl II 1993, 413.

88 BFH vom 18.6.1997 III R 84/96, BFHE 183, 476.

89 BVerfG vom 13.2.2008 2 BvL 1/06, DStR 2008, 604.

Prinzipen zunächst auszublenden sind. Ob eine weitergehende Anerkennung, beispielsweise aufgrund eines Abstandsgebots zwischen Steuerrecht und Sozialhilferecht oder aus Praktikabilitätsgründen, sinnvoll ist, soll daher erst im V. Kapitel dargestellt werden.[90] Das Bundesverfassungsgericht hat das Abstandsgebot bisher ohnehin nicht als verfassungsrechtliches Gebot anerkannt.[91]

Um die Auslegung des Tatbestands auf das verfassungsrechtliche – nach dem subjektiven Nettoprinzip – Gebotene zu begrenzen, sind die notwendigen (zwangsläufigen) Lebenshaltungskosten in Höhe des Sozialhilfeniveaus von den darüber hinausgehenden (Konsum) Aufwendungen abzugrenzen.[92]

2. Das Existenzminimum quantifizierende Normen

Ausgehend von der Rechtsprechung des Bundesverfassungsgerichts, dass das Sozialhilferecht als quantifizierende Größe bei der Bestimmung des Existenzminimums heranzuziehen ist, stellt sich die Frage, welche staatlichen Leistungsnormen hiervon erfasst sind. Quantifizieren sämtliche staatliche Leistungstatbestände oder nur einzelne Vorschriften der Sozialgesetzbücher das steuerlich zu verschonende Existenzminimum?

Nach ständiger Rechtsprechung des Bundesverfassungsgerichts umfasst das Prinzip der Steuerfreiheit des Existenzminimums die *„Sozialhilfe im weiteren Sinne"*.[93] Hierzu zählen die Normen des SGB II und des SGB XII.[94] Die Normen des SGB II und des SGB XII dienen der Sicherung des Existenzminimums.[95] Als Mindeststandard ist, auf die in den §§ 32f. SGB XII vorhandenen Bedarfskonkretisierungen abzustellen.[96] Weitere sozialhilferechtliche Normen, die hierüber hinausgehen, wurden durch das Bundesverfassungsgericht bisher nicht

---

90 S. E.III.2.d); *Moes*, Die Steuerfreiheit des Existenzminimums vor dem Bundesverfassungsgericht, Seite 182.

91 *Moes*, Die Steuerfreiheit des Existenzminimums vor dem Bundesverfassungsgericht, Seite 183; Vgl. *Fischer*, FR 2003, 770 (773).

92 *Geserich*, DStR 2013, 1861.

93 BVerfG vom 13.8.2008 2 BvL 1/06, BVerfGE 120, 125; *Moes*, Die Steuerfreiheit des Existenzminimums vor dem Bundesverfassungsgericht, Seite 39.

94 *Moes*, Die Steuerfreiheit des Existenzminimums vor dem Bundesverfassungsgericht, Seite 40.

95 BVerfG vom 9.2.2010 1 BvL 1/09, 3/09, 4/09, BVerfGE 125, 175; *Grube*, in: Grube/Wahrendorf, SGB XII, Einleitung Rz. 19f; *Wahrendorf*, in: Grube/Wahrendorf, SGB XII, § 1 Rz. 1; *Knickrehm/Hahn*, in: Kommentar zum Sozialrecht, § 1 SGB II Rz. 2.

96 *Brandis*, in: DStjG Bd. 29, 93 (130).

herangezogen.[97] Sie werden schlichtweg in der Rechtsprechung ausgeblendet. Die bisherige Rechtsprechung des Bundesverfassungsgerichts hat aber auch festgestellt, dass das steuerlich zu verschonende Existenzminimum nicht nur auf das sächliche Existenzminimum beschränkt ist.[98] Das Bundesverfassungsgericht führte in einer Entscheidung aus, dass auch Aufwendungen für die Kranken- und Pflegeversorgung, die nicht Bestandteil des sächlichen Existenzminimums sind, Teil des steuerlich zu verschonenden Existenzminimums sind.[99] Bezogen auf § 33 EStG und der Berücksichtigung eines erhöhten Existenzminimums hat die Rechtsprechung des Bundesverfassungsgerichts zur Folge, dass jedenfalls überall dort, wo für Bedürftige sozialhilferechtliche Leistungstatbestände existieren, eine steuerliche Anerkennung der Aufwendung bei Steuerpflichtigen gegeben sein muss. Nur so wird der durch das Bundesverfassungsgericht aufgestellte Grundsatz: *„Was der Staat Bedürftigen sozialhilferechtliche gewährt, darf er bei Leistungsfähigen nicht besteuern“*, gewahrt. Dies gilt nicht nur für das sächliche Existenzminimum, sondern für sämtliche sozialrechtliche Leistungstatbestände. So traf *Geserich* folgende Aussage, der uneingeschränkt zuzustimmen ist: *„Was der Staat im Rahmen des Leistungsrechts zur Abgeltung außergewöhnlicher Lasten Bedürftigen gewährt (Prozesskostenhilfe im Rahmen der Prozesskostenhilfe), muss beim Steuerpflichtigen (eigenfinanzierte Prozesskosten) im Grundsatz die einkommensteuerliche Bemessungsgrundlage mindern.“*[100] Entscheidend ist somit nicht allein die Stellung der sozialhilferechtlichen Leistungsnorm im SGB II oder SGB XII oder ihre Bezeichnung als Sozialleistung, sondern ihr materieller Inhalt.[101] Bezweckt eine Norm, wie die Normen des SGB II und SGB XII, Bedürftigen in besonderen Lebenslagen Leistungen zu erbringen, um ihr Existenzminimum zu sichern, so müssen derartige Leistungen auch korrespondierend im Rahmen des § 33 EStG berücksichtigt werden. Gleiches muss auch für Normen gelten, die inhaltlich vergleichbar zu den Normen des SGB II und SGB XII sind, aber in anderen Gesetzen normiert sind. Der Sinn und Zweck des Sozialhilferechts besteht darin, Bedürftigen Mittel zu gewähren, während hingegen im Steuerrecht Leistungsfähigen Mittel genommen werden.[102] Bedürftigkeit ist somit negative

---

97 *Moes,* Die Steuerfreiheit des Existenzminimums vor dem Bundesverfassungsgericht, Seite 39.

98 BVerfG vom 13.2.2008 2 BvL 1/06, BVerfGE 120, 125.

99 BVerfG vom 13.2.2008 2 BvL 1/06, BVerfGE 120, 125.

100 *Geserich,* DStR 2013 1861 (1865).

101 So auch: *Bleschick/Kammeter,* DStR-Beih 2013, 61(67).

102 *Brandis,* in: DStjG Bd. 29, 93 (94).

Leistungsfähigkeit.[103] Knüpft der Gesetzgeber also die Leistung von Mitteln an die Bedürftigkeit der Person zur Sicherung des Existenzminimums, so müssen jedenfalls diese auch korrespondierend im Steuerrecht berücksichtigt werden.

Hieraus folgt zugleich, dass das steuerliche Existenzminimum grundsätzlich nicht erhöht ist, wenn keine sozialhilferechtlichen Normen, die den Normen des SGB II und SGB XII entsprechen, vorhanden sind. Eine Anerkennung als außergewöhnliche Belastung ist also in diesen Fällen nicht geboten, da das Prinzip der Steuerfreiheit des Existenzminimums nicht den Sinn hat, die Kosten eines über dem Sozialhilfeniveau liegenden Lebensstandards über die Einkommensteuer auf die Allgemeinheit zu verteilen.[104] Anders kann dies allenfalls dann zu beurteilen sein, wenn das Sozialrecht selbst (ausnahmsweise) nicht das Existenzminim gewährt. In diesem Fall könnte die Anerkennung von Aufwendungen als außergewöhnliche Belastung ausnahmsweise über das hinausgehen, was sozialhilferechtlich gewährt wird.

103 *Seer*, in: Tipke/Lang, Steuerrecht, § 1 Rz. 41.

104 S. B.IV.1.

C. Drittes Kapitel: Auslegung des § 33 EStG

I. Systematische Einordnung

Die systematische Einordnung des § 33 EStG innerhalb des Einkommensteuergesetzes ist umstritten. Umstritten ist zum einen, ob die Vorschrift eine Tarifvorschrift oder eine Norm aus dem System der privaten Abzüge ist, zum anderen, ob es sich um eine Billigkeitsvorschrift handelt. Das Verhältnis zu den anderen Normen des EStG ist hingegen weitestgehend geklärt.

1. Keine Tarifvorschrift

Die Norm des § 33 EStG ist rechtstechnisch als Einkommensermittlungsvorschrift zu qualifizieren. Sie gehört in das System der privaten Abzüge und ist keine Tarifvorschrift.[105] Zwar steht die Vorschrift im Abschnitt Tarife des EStG, sie ist aber ihrem Rechtscharakter nach mit den Sonderausgaben verwandt.[106] Bei den Sonderausgaben gem. § 10 EStG handelt es sich unstreitig um eine Vorschrift der privaten Abzüge.[107] Unmittelbar aus dem Gesetz folgt, dass Sonderausgaben und außergewöhnliche Belastungen rechtstechnisch gleich zu behandeln sind. Denn gemäß § 2 Abs. 4 EStG ist das Einkommen der Gesamtbetrag der Einkünfte vermindert um die Sonderausgaben und die außergewöhnlichen Belastungen.

Unter dem Begriff des *„Tarifs"* einer Steuer werden allgemein diejenigen steuergesetzlichen Regeln verstanden, die sich auf die Höhe der Belastung der Steuerbemessungsgrundlage beziehen und nicht an weitere Voraussetzungen, wie subjektive oder objektive Umstände, geknüpft sind.[108] Wendet man diese Definition auf den § 33 EStG an, so ist es offensichtlich, dass es sich bei dieser Norm nicht um eine Tarifvorschrift handeln kann. Die außergewöhnlichen Belastungen mindern gem. § 2 Abs. 4 EStG die Bemessungsgrundlage. Die außergewöhnlichen Belastungen beziehen sich also nicht auf die Höhe der Belastung der Bemessungsgrundlage, sondern sie sind bei der Bildung der Bemessungsgrundlage zu berücksichtigen. Außerdem enthält der Tatbestand des § 33 EStG

---

105 *Hey*, in: Tipke/Lang, Steuerrecht, § 8 Rz. 717; *Leisner*, Existenzsicherung im öffentlichen Recht, Seite 356; *Mellinghoff*, in: Kirchhoff, EStG, § 33, Rz. 1; a.A. *Endert*, in: Frotscher/Geurts, EStG, § 33 Rz. 1 (Juli 2014).

106 BFH vom 4.2.2010 X R 10/08, DStR 2010, 739.

107 Siehe nur: *Heinicke*, in: Schmidt, EStG, § 10 Rz. 1.

108 *Birk/Desens/Tappe*, Steuerrecht, Rz. 105; *Kanzler*, in: H/H/R, EStG, § 33 Rz. 8 (Feb. 2016).

zahlreiche weitere Voraussetzungen und ist daher gerade nicht unabhängig von weiteren subjektiven und objektiven Umständen.

Im Ergebnis kann es für die Untersuchung sogar dahin stehen, wie die Norm des § 33 EStG rechtstechnisch einzuordnen ist. Die rechtstechnische Einordnung ist ohne Einfluss auf die Auslegung der Norm.[109] Es ist nicht ersichtlich, weshalb eine rechtstechnische Entscheidung des Gesetzgebers dem Normanwender den Inhalt der Vorschrift erschließen sollte.[110] Hinzu kommt, dass die von der Rechtsprechung gezogenen Folgerungen aus der Einordnung der Norm unterschiedlich und widersprüchlich sind.[111] Aus unterschiedlichen und widersprüchlichen Entscheidungen lässt sich aber keine allgemeine Aussage für die Auslegung einer Norm gewinnen.[112]

2. Keine Billigkeitsvorschrift

Der § 33 EStG ist auch keine Billigkeitsvorschrift.[113] In früheren Entscheidungen nahm der BFH an, dass der § 33 EStG eine Billigkeitsvorschrift sei.[114] Diese Rechtsprechung ist jedoch mittlerweile als überholt anzusehen. In jüngeren Entscheidungen geht auch der BFH nicht mehr von einem Billigkeitscharakter der Norm aus.[115] Der BFH stellte in einem Urteil klar, dass Aufwendungen des Steuerpflichtigen, die aus systematischen Gründen nicht als außergewöhnliche Belastung abzugsfähig sind, gleichwohl aus Billigkeitsgründen gemäß §§ 163 bzw. 227 AO berücksichtigt werden können.[116] Nach Auffassung des Senats war es gerechtfertigt, die Steuer aus Billigkeitsgründen gemäß § 163 AO niedriger festzusetzen. Würde der BFH weiterhin vom Billigkeitscharakter des § 33 EStG ausgehen, so hätte er die Billigkeitserwägungen bereits auf der Ebene des § 33

---

109 *Schmieszek*, in: Bordewin/Brandt, EStG, § 33 Rz.11 (September 2013); *Heger*, in: Blümich, EStG, § 33, Rz. 9 (Nov. 2014); Nur die Einordnung als Billigkeitsvorschrift, nicht auch die Einordnung als Tarifvorschrift sei für die Auslegung von Bedeutung: *Jakob/Jüptner*, StuW 1983, 206 (207).

110 *Arndt*, in: K/S/M, EStG, § 33 Rz. A 12 (Jan. 2001).

111 *Kanzler*, in: H/H/R, EStG, § 33 Rz. 8 (Feb. 2016), mwN.

112 *Arndt*, in: K/S/M, EStG, § 33 Rz. A 12 (Jan. 2001).

113 *Kanzler*, in: H/H/R, EStG, § 33 Rz. 8 (Feb. 2016); *Mellinghoff*, in: Kirchhof, EStG, § 33 Rz. 1; *Nacke*, in: Littmann/Bitz/Pust, EStG, § 33 Rz. 2 (Feb. 2016); *Tipke*, Die Steuerrechtsordnung II, Seite 830; *Heger*, in: Blümich, EStG, § 33 Rz. 26 (Nov. 2014).

114 BFH vom 4.12.1964 VI 69/64, HFR 1965, 214; BFH vom 14.3.1975 VI R 63/73, BFHE 115, 357.

115 So auch: *Geserich*, DStR 2013, 1861 (1866); *Kanzler*, NWB 2011, 249.

116 BFH vom 29.11.1991 III R 191/90, BFHE 166, 272.

EStG angesprochen und nicht erst bei der sich daran anschließenden Frage, ob die Voraussetzungen der Billigkeitsnormen der §§ 163, 227 AO vorliegen.

In einer anderen Entscheidung differenziert er ausdrücklich zwischen Billigkeitsentscheidungen gem. §§ 163, 227 AO und § 33 EStG. Hiernach habe der Steuerpflichtige nur einen Anspruch auf die Solidarität der Gemeinschaft, wenn ihn die Steuerforderung überfordere – dies seien Fälle von § 163, 227 AO – oder aber wenn die Forderungen einen Lebensbereich betreffen, die der individuellen Gestaltung des Einzelnen entzogen sind – dies seien Fälle von § 33 EStG.[117] Der BFH bringt hierdurch zum Ausdruck, dass er § 33 EStG in Abgrenzung zu den §§ 163, 227 AO nicht als Billigkeitsvorschrift versteht.

Dieser Auffassung der Rechtsprechung ist zuzustimmen. Bei § 33 EStG handelt es sich nicht um eine Billigkeitsvorschrift. Gegen die Annahme, es handele sich bei § 33 EStG um eine Billigkeitsnorm, spricht des Weiteren, dass der § 33 EStG bei Erfüllung aller Tatbestandsvoraussetzungen eine zwingende Rechtsfolge vorsieht und damit kein Ermessen der Behörde besteht.[118] Sinn und Zweck des § 33 EStG ist es nicht, unbillige Härten auszugleichen, sondern eine Ungleichbehandlung gem. Art. 3 GG zu verhindern.[119] Um diesen Zweck zu erreichen, ist eine gebundene Rechtsfolge notwendig. Typische Billigkeitsvorschriften, wie beispielsweise die §§ 163, 227 AO, sehen als Rechtsfolge hingegen ein Ermessen der Finanzbehörde vor. Hierdurch wird den Finanzbehörden ein zusätzlicher Spielraum auf Rechtsfolgenseite eröffnet.[120] Bei § 33 EStG gibt es dagegen keinen Raum für etwaige Billigkeitsüberlegungen, weder auf Tatbestandsebene noch auf Rechtsfolgenseite. Die bestehenden Auslegungsprobleme aufgrund der unbestimmten Rechtsbegriffe sind auf Tatbestandsebene anhand der juristischen Methodenlehre zu lösen und lassen daher keinen Platz für Billigkeitserwägungen.[121]

Die Systematik des Gesetzes spricht ebenfalls dafür, dass bei der Anwendung des § 33 EStG keine Billigkeitserwägungen zu berücksichtigen sind. Die §§ 163, 227 AO haben den Zweck, im Einzelfall bestehende Unzulänglichkeiten des generalisierenden Gesetzes auszugleichen und im Einzelfall ungerechte Härten zu mildern.[122] Wie bereits erläutert, handelt es sich bei § 33 EStG um eine generelle

---

117 BFH vom 26.4.2006 III B 113/05, BFH/NV 2006, 1469; BFH vom 3.3.2005 III R 12/04, BFH/NV 2005, 1287.

118 *Kanzler*, in: H/H/R, EStG, § 33 Rz. 8 (Feb. 2016).

119 *Nacke*, in: Littmann/Bitz/Pust, EStG, § 33 Rz. 2 (Feb. 2016).

120 FG Baden-Württemberg vom 4.10.1984 IX 345/82, EFG 1985, 249.

121 So auch *Kanzler*, in: H/H/R, EStG, § 33 Rz. 8 (Feb. 2016).

122 *Loose*, in: Tipke/Kruse, AO/FGO, § 227 AO Rz. 4 (April 2016); FG Baden-Württemberg vom 4.10.1984 IX 345/82, EFG 1985, 249.

Regelung, die in ihrer jetzigen Form nicht auf die Regelung von Einzelfällen zugeschnitten ist.[123] Aus der Gesetzessystematik folgt, dass es nicht Zweck der generellen Norm – hier des § 33 EStG – ist, für Einzelfallgerechtigkeit im Steuerrecht zu sorgen. Vielmehr verfolgt die Norm den Zweck Steuergerechtigkeit im Sinne von Belastungsgleichheit herzustellen. Im Gegensatz dazu sind die Normen der §§ 163, 227 AO gegebenenfalls nach der Anwendung des § 33 EStG dazu bestimmt, für Einzelfallgerechtigkeit zu sorgen und unbillige Härten zu vermeiden.

3. Verhältnis zu anderen Normen

Der § 33 EStG stellt eine Ausnahme von § 12 Nr. 1 EStG dar, wonach Aufwendungen für die private Lebensführung grundsätzlich nicht vom Gesamtbetrag der Einkünfte abgezogen werden können.[124]

Im Verhältnis zu § 33a EStG stellt dieser gem. § 33a Abs. 4 EStG eine abschließende Sonderregelung zu § 33 EStG dar.[125] Ein Rückgriff auf § 33 EStG für Aufwendungen, die von § 33a EStG erfasst sind, ist nicht möglich. Die in der Sondervorschrift des § 33a EStG enthaltenen Sonderregelungen sind nicht auf § 33 EStG übertragbar.[126] Der § 33a Abs. 2 EStG deckt alle durch den Unterhalt und die Ausbildung entstandenen Belastungen ab, sodass zusätzliche Kosten für den Unterhalt und die Ausbildung nicht vom Tatbestand des § 33 EStG erfasst sein können.[127] Allerdings können besondere Aufwendungen, die nicht von der Pauschalregelung des § 33a EStG abgegolten sind, im Rahmen des § 33 EStG berücksichtigt werden.[128] Dies gilt insbesondere für Krankheitskosten.[129] Bei den Krankheitskosten, die in den Anwendungsbereich des § 33 EStG fallen können, handelt es sich zum einen um Zuzahlungen im Rahmen der gesetzlichen Krankenversicherung, zum anderen um nicht abgedeckte Krankheitskosten im Rahmen der Basisversorgung.[130] Werden Kosten bereits gem. § 33 EStG berücksichtigt, so ist eine zusätzliche Gewährung des Pauschbetrags gem. § 33a Abs. 3

123 *Jakop/Jüptner*, StuW 1983, 206.
124 *Heger*, in: Blümich, EStG, § 33 Rz. 19 (Nov. 2014); *Endert*, in: Frotscher/Geurts, § 33 EStG, Rz. 3 (Juli 2014).
125 *Heger*, in: Blümich, EStG, § 33 Rz. 23 (Nov. 2014).
126 BFH vom 11.2.2010 VI R 61/08, DStRE 2010, 794.
127 BFH vom 17.12.2009 VI R 63/08, DStR 2010, 314; BFH vom 10.11.2004 XI R 37/02, BFH/NV 2005, 1024.
128 *Heger*, in: Blümich, EStG, § 33 Rz. 23 (Nov. 2014).
129 BFH vom 22.9.2005 IX R 52/03, BFH/NV 2006, 281.
130 *Karrenbrock/Petrak*, DStR 2011, 552.

Satz 2 Nr. 2 EStG (ab VZ 2009 § 35a EStG) ausgeschlossen, da ansonsten die jeweilige Aufwendung doppelt berücksichtigt würde.[131]

Der Steuerpflichtige hat ein Wahlrecht, ob er die Pauschalierung des § 33b EStG in Anspruch nimmt oder die von § 33b EStG erfassten Aufwendungen einzeln nachweist und gem. § 33 EStG geltend macht.[132] Diejenigen Aufwendungen, die nicht von § 33b EStG erfasst werden, können zusätzlich, neben der Inanspruchnahme der Pauschbeträge gem. § 33b EStG, als außergewöhnliche Belastung gem. § 33 EStG anerkannt werden.[133] Dies gilt insbesondere für zusätzliche Krankheitskosten, die neben dem laufenden und typischen Mehraufwand entstehen.[134]

II. Abgrenzung der Tatbestandsmerkmale

Aus dem Wortlaut des § 33 EStG lassen sich neben dem Antrag des Steuerpflichtigen vier weitere Tatbestandvoraussetzungen ableiten: Den Steuerpflichtigen müssen zwangsläufig (1), außergewöhnliche (2) Aufwendungen erwachsen (3) und es darf keine anderweitige Abzugsmöglichkeit bestehen (4).[135] Dabei müssen die Aufwendungen nicht nur dem Grunde, sondern auch der Höhe nach zwangsläufig sein, wie durch den Wortlaut des § 33 Abs. 2 Satz 1 EStG *„notwendig"* und *„angemessen"* klargestellt wird.[136] Hinzu kommt, dass diese Aufwendungen gem. § 33 Abs. 3 EStG die zumutbare Belastung übersteigen müssen. Hinsichtlich der konkreten Tatbestandsvoraussetzungen sowie der dogmatischen Anknüpfung derselben und ihrer Abgrenzung zueinander gibt es einige Streitfragen.

1. Aufwendung/Belastung

a) Auffassung in Literatur und Rechtsprechung

Umstritten ist, ob eine *„Belastung"* des Steuerpflichtigen, also ein wirtschaftlicher Nachteil ohne gleichzeitig erlangten Gegenwert oder Vorteil, zum Tatbestand des § 33 Abs. 1 EStG gehört. Dagegen, dass eine Belastung des Steuerpflichtigen Tatbestandsvoraussetzung des § 33 EStG ist, wird eingewendet, die Belastung sei nur im Klammerzusatz des Wortlauts des § 33 Abs. 1 EStG enthalten und fasse

---

131 BFH vom 14.11.2013 VI R 20/12, DStR 2014, 738.
132 *Loschelder,* in: Schmidt, EStG, § 33b Rz. 4.
133 *Loschelder,* in: Schmidt, EStG, § 33b Rz. 4.
134 BFH vom 22.10.2009 VI R 7/09, DStR 2010, 47.
135 *Birk/Desens/Tappe,* Steuerrecht, Rz. 1060.
136 *Birk/Desens/Tappe,* Steuerrecht, Rz. 1074.

nur die übrigen Tatbestandsmerkmale zusammen.[137] Die Rechtsprechung und der überwiegende Teil der Literatur sieht die „*Belastung*" des Steuerpflichtigen als Tatbestandsvoraussetzung des § 33 Abs. 1 EStG an.[138]

b) Eigene Stellungnahme

Richtigerweise prüfen die Rechtsprechung und der weit überwiegende Teil der Literatur, ob die Aufwendung den Steuerpflichtigen belastet.[139] Der Wortlaut der Norm des § 33 Abs. 1 EStG enthält nicht den Terminus der Belastung. Er ist nur im Klammerzusatz enthalten und somit Teil der Legaldefinition, welche die Tatbestandsmerkmale zusammenfasst. Ein Klammerzusatz selbst gehört jedoch nicht zum Tatbestand einer Norm.[140] Korrekter dogmatischer Anknüpfungspunkt für die Prüfung der Belastung ist somit der Wortlaut des „*erwachsen*" von „*Aufwendungen*".[141] Das formale Argument, die Belastung sei nicht Bestandteil des Wortlauts, kann nicht überzeugen, da der Begriff der Aufwendung innerhalb der Wortlautgrenze so ausgelegt werden kann, dass er eine Belastung des Steuerpflichtigen beinhaltet.[142] Bereits nach dem Allgemeinen Sprachgebrauch hat nur derjenige etwas „*aufgewendet*", der keine Leistung zurückerhält oder erstattet bekommt. Im Ergebnis hat nach dem allgemeinen Sprachgebrauch nur derjenige eine Aufwendung getätigt, der endgültig mit der Aufwendung belastet ist.[143] Dieses Verständnis wird durch die weitere Auslegung des Tatbestands bestätigt:

Aus dem Sinn und Zweck der Norm, einen Ausgleich für eine „*Mehrbelastung*" zu schaffen, folgt, dass nur dann der Tatbestand des § 33 EStG erfüllt sein kann, wenn der Steuerpflichtige endgültig belastet ist.[144] Auch sprechen systematische Erwägungen dafür, dass der Begriff der Aufwendungen eine Belastung enthält. Der Begriff der Aufwendung wird auch in anderen Normen des Einkommensteuergesetzes verwendet. So setzt beispielsweise auch der § 10 Abs. 1 EStG, der

---

137 *Kanzler*, in: H/H/R, EStG, § 33 Rz. 39 (Feb. 2016).

138 Siehe nur: *Hey*, in: Tipke/Lang, Steuerrecht, Rz. 703; *Arndt*, in: K/S/M, EStG, § 33 Rz. B 18 (Jan. 2001); BFH vom 21.8.1974 VI R 236/71, BFHE 113, 367.

139 BFH vom 21.8.1974 VI R 236/71, BFHE 113, 367; *Birk/Desens/Tappe*, Steuerrecht, Rz. 1064; *Hey*, in: Tipke/Lang, Steuerrecht, § 8 Rz. 725; *Heger*, in: Blümich, EStG, § 33 Rz. 57 (Nov. 2014); *Endert*, in: Frotscher/Geurts, EStG, § 33 Rz. 12 (Feb. 2016).

140 So auch: *Kanzler*, FR. 1999, 1191 (1194).

141 *Birk/Desens/Tappe*, Steuerrecht, Rz. 1064; *Hey*, in: Tipke/Lang, Steuerrecht, § 8 Rz. 703.

142 *Wüllenkemper*, Rückfluss von Aufwendungen im Einkommensteuerrecht, Seite 121.

143 *Wüllenkemper*, Rückfluss von Aufwendungen im Einkommensteuerrecht, Seite 121.

144 *Fuhrmann*, in: Korn, EStG, § 33 Rz. 23 (Okt. 2013).

die Definition der Sonderausgaben enthält, Aufwendungen des Steuerpflichtigen voraus. Hier wird der Begriff der Aufwendungen so ausgelegt, dass er eine Belastung des Steuerpflichtigen enthält.[145] Ein und derselbe Begriff innerhalb desselben Gesetzes muss grundsätzlich denselben Inhalt haben, es sei denn, es ist aufgrund einer Besonderheit einer Norm – nach ihrem Sinn und Zweck oder ihrer Entstehungsgeschichte – eine andere Auslegung geboten oder es stehen dieser Auslegung ausdrücklich Vorschriften entgegen.[146] Sowohl die Sonderausgaben als auch die außergewöhnlichen Belastungen haben den Abzug von privaten Aufwendungen von der steuerlichen Bemessungsgrundlage zum Gegenstand. Die beiden Normen sind ihrem Rechtscharakter nach verwandt.[147] Es sind keine Umstände ersichtlich, die im Rahmen des § 33 EStG eine andere Auslegung des Terminus der Aufwendung erfordern würden. Der Gesetzesbegründung kann der Terminus der *„Belastung"* entnommen werden.[148] Der Teil der Literatur, der eine Prüfung der Belastung ablehnt, vermag nicht zu begründen, warum Steuerpflichtigen, denen keine wirtschaftlichen Nachteile entstanden sind, in den Genuss einer Steuerbegünstigung gem. § 33 Abs. 1 EStG kommen sollen. Hierfür besteht kein gesetzgeberischer Grund.[149]

Wenig überzeugend ist hingegen die Rechtsprechung des BFH hinsichtlich der dogmatischen Anknüpfung der Tatbestandsvoraussetzung der Belastung. Zunächst hat der BFH entschieden, die Norm des § 33 Abs. 1 EStG schränke den Begriff der Aufwendung nicht ausdrücklich in dem Sinne ein, dass eine Belastung vorliegen muss, aber eine Belastung müsse aufgrund des Sinn und Zwecks der Norm Voraussetzung für eine Steuerermäßigung sein.[150] Später *„folgerte"* der BFH aus der Legaldefinition des § 33 Abs. 1 EStG, dass eine endgültige Belastung eingetreten sein muss.[151] Er führt nicht näher aus, woraus oder warum sich diese Folgerung ergibt. Der Begriff *„folgert"* legt nahe, dass die Rechtsprechung den Tatbestand nicht innerhalb der Wortlautgrenze ausgelegt, sondern richterliche

---

145 *Heinicke,* in: Schmidt, EStG, § 10 Rz. 4; *Kulosa,* in: H/H/R, EStG, § 10 Rz. 35 (Nov. 2013); BFH vom 7.11.2001 XI R 24/01, BFHE 197, 175, mwN.

146 BFH vom 8.10.1975 II R 39/70, BFHE 117, 292; BFH vom 28.1.1976 IV R 209/74, BFHE 118, 26; *Seitrich,* BB 1990, 470 (471); *Wüllenkemper,* Rückfluss von Aufwendungen im Einkommensteuerrecht, Seite 118; Für einen einheitlichen Begriff der Aufwendung im EStG: *Kanzler,* in: H/H/R, EStG, § 33 Rz. 33 (Feb. 2016).

147 BFH vom 4.2.2010 X R 10/08, DStR 2010, 739.

148 BT-Drucks. 2/481, Seite 90.

149 *Tiedtke/Szczesny,* FR 2008, 996.

150 BFH vom 21.8.1974 VI R 236/71, BFHE 113, 367.

151 BFH vom 30.6.1999 III R 8/95, DStRE 1999, 784; *Brockmeyer,* DStZ 1998, 216.

Rechtsfortbildung, die jenseits der Wortlautgrenze beginnt, betrieben hat. Eine Rechtsfortbildung ist aber nicht notwendig, da der Wortlaut der Norm so ausgelegt werden kann, dass er eine Belastung erfasst. In einer jüngeren Entscheidung des VI. Senats prüfte dieser unter dem Tatbestandsmerkmal der Aufwendung, ob eine Belastung des Steuerpflichtigen vorliegt.[152]

Im Ergebnis ist der Tatbestand innerhalb der Wortlautgrenze so auszulegen, dass er eine Belastung des Steuerpflichtigen voraussetzt.

2. Außergewöhnlichkeit/Zwangsläufigkeit

a) *Auffassung in Literatur und Rechtsprechung*

Während der größte Teil des Schrifttums von einer Trennung der Tatbestandsmerkmale der Zwangsläufigkeit und der Außergewöhnlichkeit ausgeht,[153] differenziert die Rechtsprechung nicht immer zwischen diesen einzelnen Tatbestandsmerkmalen, sondern vermischt diese teilweise.[154] So prüfte der BFH in einer jüngeren Entscheidung unter dem Tatbestandsmerkmal der Zwangsläufigkeit, ob die Aufwendung eine übliche Aufwendung der Lebensführung ist und von der Abgeltungswirkung des Grundfreibetrags erfasst ist.[155] Diese Voraussetzungen werden ansonsten dem Tatbestandsmerkmal der Außergewöhnlichkeit zugeordnet.[156] Teilweise wird auch vertreten, bei dem Merkmal der Zwangsläufigkeit handele es sich um ein deklaratorisches Merkmal, dem, neben dem Merkmal der „*Außergewöhnlichkeit*“, keine weitere Bedeutung zukäme.[157] Die Rechtsprechung ließ bisher ausdrücklich dahinstehen, ob dem Tatbestandsmerkmal der Zwangsläufigkeit neben dem Tatbestandsmerkmal der Außergewöhnlichkeit nur deklaratorische Bedeutung zukommt.[158] Es bleibt daher offen, ob bereits das Tatbestandsmerkmal der Außergewöhnlichkeit erfordert, dass die

---

152 BFH vom 19.5.2009 VI B 113/08, BFH/NV 2009, 1631.

153 *Kanzler*, in : H/H/R, EStG, § 33 Rz. 32 (Feb. 2016).

154 *Tipke*, StW 1959, 86 (89); Ohne Differenzierung: BFH vom 18.11.1977 VI R 142/75, BFHE 124, 39; BFH vom 17.10.1973 VI R 143/71, BFHE 111, 65; Für eine Trennung zwischen den Tatbestandsmerkmalen der Außergewöhnlichkeit und Zwangsläufigkeit: BFH vom 19.5.1995 III R 12/92, DStR 1995, 1747; FG Niedersachsen vom 10.5.2011 12 K 127/10, EFG 2011, 1886.

155 BFH vom 17.7.2014 VI R 42/13, DStRE 2014, 1872.

156 BFH vom 15.5.2012 VI B 111/11, BFH/NV 2012, 1434, mwN.

157 *Arndt*, in: K/S/M, EStG, § 33 Rz. C 1 f. (Jan. 2001).

158 BFH vom 5.3.2009 VI R 60/07, HFR 2009, 784.

Einkommensverwendung atypisch und zwingend erforderlich – indisponibel – ist.[159]

Ein Sonderweg wird in der von der Rechtsprechung entwickelten Fallgruppe der Krankheitskosten beschritten. Hier entfällt nach ständiger Rechtsprechung eine Prüfung der Zwangsläufigkeit im Einzelfall, wenn die Heilbehandlung medizinisch angezeigt war.[160] Dies wird zum Teil damit begründet, dass die Ursache der Krankheit nicht ohne ein unzumutbares Eindringen in die Privatsphäre des Steuerpflichtigen festgestellt werden könne.[161] Ebenso wird angeführt, dass die Ursache einer Krankheit regelmäßig nicht mit der notwendigen Sicherheit festgestellt werden könne.[162] Als weiteres Argument wird vorgebracht, dass auf die Wiederherstellung der Gesundheit nicht verzichtet werden könne, da sie den Kernbereich der menschlichen Existenz betrifft.[163]

b) Eigene Stellungnahme

Aufgrund des eindeutigen Wortlauts des § 33 Abs. 1 EStG, der zwischen dem Merkmal der außergewöhnlichen und zwangsläufigen Belastung klar unterscheidet, besteht kein Raum für eine Vermischung der Tatbestandsmerkmale. Nur Aufwendungen, denen sich der Steuerpflichtige nicht entziehen kann, sollen nach der Konkretisierung in § 33 Abs. 2 EStG abzugsfähig sein. Der Begriff der Außergewöhnlichkeit ist hingegen in § 33 Abs. 1 Satz 1 EStG legaldefiniert. Aus der Differenzierung des Gesetzgebers zwischen der Legaldefinition der Außergewöhnlichkeit in § 33 Abs. 1 EStG und der gesonderten Konkretisierung der Zwangsläufigkeit in § 33 Abs. 2 EStG folgt, dass die beiden Begriffe nicht zu vermischen sind.[164]

Darüber hinaus verfolgen beide Termini einen unterschiedlichen Regelungszweck.[165] Dies spricht ebenfalls für eine Trennung der beiden Tatbestandsmerkmale. Der Begriff der Zwangsläufigkeit dient dazu, zwischen disponiblen und nicht disponiblen Aufwendungen zu differenzieren.[166] Hingegen dient der

---

159 BFH vom 5.3.2009 VI R 60/07, HFR 2009, 784.

160 BFH Urteil vom 5.10.2011 VI R 49/10, BFH/NV 2012, 33; a.A. *Arndt*, in: K/S/M, EStG, § 33 Rz. C 19 ff. (Jan. 2001).

161 BFH Urteil vom 17.7.1981 VI R 77/78, BStBl II 1981, 711; Kritisch *Arndt*, in: K/S/M, EStG, § 33 Rz. C 19 (Jan. 2001).

162 *Jakob/Jüptner*, StuW 1983, 206 (213).

163 *Schild*, SteuerStud 2010, 104 (109); *Jakob/Jüptner*, StuW 1983, 206 (213).

164 *Kanzler*, in: H/H/R, EStG, § 33 Rz. 32 (Feb. 2016).

165 *Pülzl*, ÖStZ, 2001, 223 (225).

166 *Pülzl*, ÖStZ, 2001, 223 (225).

Begriff der Außergewöhnlichkeit dazu, Aufwendungen in gewöhnliche und außergewöhnliche Aufwendungen einzuteilen.[167] Hierbei kommt es zunächst nicht darauf an, ob sich der Steuerpflichtige den Aufwendungen entziehen konnte. Die Frage, ob sich der Steuerpflichtige der Aufwendung entziehen konnte, stellt sich vielmehr erst nachdem man die Außergewöhnlichkeit der Aufwendung bejaht hat im Rahmen der Prüfung der Zwangsläufigkeit.

Vor diesem Hintergrund kann die oben dargestellte Auffassung, es würde sich beim Merkmal der Zwangsläufigkeit nur um ein deklaratorisches Merkmal handeln, erst recht nicht überzeugen. Denn der Zweck des § 33 EStG, nur nicht disponibles Einkommen zum Abzug zuzulassen, wird ohne das Merkmal der Zwangsläufigkeit verfehlt.

Für eine Vermischung der beiden Tatbestandsmerkmale auf einfach gesetzlicher Ebene gibt es kein sachliches Argument. Die beiden Merkmale werden daher im Folgenden getrennt voneinander untersucht und konkretisiert.

Die Rechtsprechung des BFH bezüglich der Krankheitskosten verdient im Ergebnis Zustimmung. Wenig überzeugend ist aber, das in der Rechtsprechung vorgebrachte Argument, die Zwangsläufigkeit sei nicht zu prüfen, da eine Feststellung der Ursache der Krankheit nicht ohne unzumutbares Eindringen in die Privatsphäre möglich ist.[168] Die Frage der Auslegung von Tatbestandsmerkmalen ist anhand der juristischen Methodenlehre vorzunehmen.[169] Das Argument der Rechtsprechung bezieht sich allein auf Feststellungsprobleme ohne Bezug zur Auslegung der Norm anhand der juristischen Methodenlehre. Feststellungsprobleme betreffen nicht die Auslegung der Norm, sondern im Anschluss an eine erfolgte Auslegung, die Anwendung der Norm auf den jeweiligen Sachverhalt. Wird allein aufgrund von Feststellungsproblemen eine generelle Regelung getroffen – wie hier durch den generellen Verzicht auf die Prüfung der Zwangsläufigkeit – so widerspricht dies dem Zweck der Norm.[170] Im Übrigen kann, sofern sich die Ursache nicht feststellen lässt, auf die allgemeinen Feststellungslastregeln zurückgegriffen werden.[171]

Selbst aus praktischen Erwägungen mag dieses Argument nicht zu überzeugen. In zahlreichen Fällen ist eine Feststellung der Ursache ohne größere Probleme möglich. Es kann durchaus festgestellt werden, ob ein Steuerpflichtiger grob fahrlässig einen Verkehrsunfall verursachte oder leichtfertig einen Sportunfall

167 *Fuhrmann*, in: Korn, EStG, § 33 Rz. 30 (Okt. 2013); *Kanzler*, in: H/H/R, EStG § 33 Rz. 50 (Feb. 2016).

168 So beispielweise: BFH vom 9.11.2010 VI B 101/10, BFH/NV 2011, 588, mwN.

169 *Kanzler*, in: H/H/R, EStG, § 33 Rz. 8 (Feb. 2016).

170 *Schild*, SteuerStud 2010, 104 (109).

171 *Wernsmann*, StuW 1998, 317 (325).

verschuldete.[172] Erleidet beispielsweise ein betrunkener Autofahrer aufgrund eines selbst verschuldeten Unfalls innere Verletzungen oder ein ungeübter Kletterer Knochenbrüche, so dürfte die Ursache der Erkrankung auch ohne unzumutbares Eindringen in die Privatsphäre des Steuerpflichtigen möglich sein. Dieses Kriterium ist untauglich für eine genaue Abgrenzung der Zwangsläufigkeit.

Überzeugend ist hingegen, die Argumentation auf die Grundrechte des Steuerpflichtigen abzustellen. Dies wird zu Recht damit begründet, dass auf die Wiederherstellung der Gesundheit nicht verzichtet werden kann, da sie den Kernbereich der menschlichen Existenz betrifft und die Aufwendungen dem Art. 2 Abs. 2 Satz 1 GG unterfallen.[173]

Verfehlt erscheint es jedoch – wie noch zu untersuchen sein wird – bzgl. der Abgrenzung von Krankheitskosten und Vorbeuge- bzw. Folgekosten auf ein amtsärztliches Attest abzustellen.[174] Hierbei handelt es sich nämlich nicht um eine Frage der Zwangsläufigkeit, wofür die Abgrenzung zwischen Krankheitskosten und Vorbeugefolgekosten aber gebildet wurde. Vielmehr geht es dabei um eine Beweisfrage, möglicherweise mit Tatbestandswirkung aber jedenfalls ohne Auswirkung auf den Begriff der Zwangsläufigkeit. Der BFH hat entschieden, dass der Nachweis von Krankheitskosten als außergewöhnliche Belastung nach dem allgemeinen Grundsatz der freien Beweiswürdigung gem. § 96 FGO zu führen ist und nicht anhand eines zuvor eingeholten amtsärztlichen Attests.[175] Das Tatbestandsmerkmal der Zwangsläufigkeit wird somit nicht durch die Rechtsprechung bzw. durch die zwischenzeitlich erlassene Verordnungsermächtigung näher konkretisiert, sondern es geht vor allem um eine Beweisfrage. Die Rechtsfolge des Fehlens oder Versagens des qualifizierten Nachweises führt dazu, dass es mangels Beweis der Zwangsläufigkeit an der Zwangsläufigkeit der Aufwendung fehlt.[176]

III. Auslegung der Tatbestandsmerkmale

1. Methoden der Auslegung

Das Ziel einer jeden Gesetzesauslegung ist es, den Sinn des Gesetzes zu ermitteln und klarzustellen.[177] Zunächst sind die Methoden der Auslegung festzulegen. Eine gesetzmäßige, gleichmäßige Besteuerung und Rechtssicherheit werden nur

172 *Arndt,* in: K/S/M, EStG, § 33, Rz. C 19 (Jan. 2001).

173 *Lang,* Die Bemessungsgrundlage der Einkommensteuer, S. 598.

174 S. hierzu D.V.2.c)bb)(2).

175 BFH vom 11.11.2010 VI R 17/09, BFHE 232, 40.

176 *Kanzler,* in: H/H/R, EStG, § 33 Rz. 233 (Feb. 2016).

177 *Tipke,* Steuerrechtsordnung III, Seite 1579.

erreicht, wenn der Rechtsanwender zur Ermittlung der maßgeblichen Wertung disziplinierende Methoden anwendet.[178] Im Folgenden sollen die unbestimmten Rechtsbegriffe anhand des klassischen, vierstufigen juristischen Methodenkanons ausgelegt werden. Der vierstufige Methodenkanon beinhaltet eine Auslegung nach dem Wortlaut, der Systematik, der Entstehungsgeschichte und dem Sinn und Zweck der Norm, wobei die verschiedenen Methoden nebeneinander anzuwenden sind.[179] Darüber hinaus ist bei der Auslegung, das verfassungsrechtlich verankerte, subjektive Nettoprinzip zu berücksichtigen. Dort, wo es innerhalb des Wortsinns mehrere mögliche Auslegungsmöglichkeiten gibt, ist derjenigen Auslegung, die am besten mit der Verfassung übereinstimmt, den Vorzug zu geben.[180] Dem Wortlaut kommt bei der Auslegung eine besondere Bedeutung zu. Der Wortlaut ist der Ausgangspunkt der juristischen Auslegung und gleichzeitig bildet der Wortsinn nach herrschender Meinung die Grenze der Auslegung.[181]

Der BFH vertritt hingegen die Auffassung, dass auch eine „*Auslegung gegen den Wortlaut*“ möglich sei.[182] Eine „*Auslegung gegen den Wortlaut*“ eines Gesetzes sei möglich, wenn die wortgetreue Auslegung zu einem sinnwidrigen Ergebnis führt, das vom Gesetzgeber nicht beabsichtigt sein kann oder wenn sonst anerkannte Auslegungsmethoden dies verlangen.[183] Die Figur der „*Auslegung gegen den Wortlaut*“ stellt aber keinen rechtsmethodischen Sonderweg bei der Auslegung einer Rechtsnorm dar, sondern ist auch nach Auffassung des BFH eine Rechtsfortbildung.[184] Somit ist die Auffassung des BFH ohne Bedeutung für die vorzunehmende Auslegung. Der Wortlaut bildet die Grenze der zulässigen Auslegung.

Vorhandene Auslegungsergebnisse in der Sekundärliteratur sollen bei der vorzunehmenden Auslegung berücksichtigt werden. Die Auslegung der Tatbestandsmerkmale orientiert sich an den jeweils in der Sekundärliteratur ausführlich

---

178 *Englisch,* in: Tipke/Lang, Steuerrecht, § 5 Rz. 55.

179 BVerfG vom 17.5.1960 2 BvL 11/59, 2 BvL 11/60, BVerfGE 11, 126; BFH vom 1.12.1998 VII R 21/97, DStRE 1999, 603; Zum vierstufigen Auslegungskanon: *Larenz,* Methodenlehre der Rechtswissenschaft, Seite 343 f.

180 *Englisch,* in: Tipke/Lang, Steuerrecht, § 5 Rz. 92; *Larenz,* Methoden der Rechtswissenschaft, Seite 339, 344.

181 *Schenke,* DStR-Beiheft, 2011, 54; *Larenz,* Methodenlehre der Rechtswissenschaft, Seite 322; *Tipke,* Die Steuerrechtsordnung III, Seite 1624.

182 BFH vom 21.10.2010 IV R 23/08, BFHE 231, 544; BFH vom 17.6.2010 VI R 50/09, BFHE 230, 150.

183 BFH vom 21.10.2010 IV R 23/08, DStRE 2011, 469, mwN.

184 BFH vom 17.5.2006 X R 43/03, DStR 2006, 1220; BFH vom 12.8.1997 VII R 107/96, DStRE 1998, 66; *Geserich,* DStR-Beih 2011, 59 (61).

diskutierten Auslegungsproblemen. Schwerpunkt der Untersuchung ist das Tatbestandsmerkmal der Zwangsläufigkeit. Wie eingangs erläutert, soll im Vordergrund der Untersuchung stehen, eine Auslegung zu finden, die den Tatbestand auf das durch das subjektive Nettoprinzip Gebotene beschränkt. Hierfür ist die Rechtsprechung des Bundesverfassungsgerichts von großer Bedeutung, da diese den Inhalt des subjektiven Nettoprinzips grundlegend bestimmt hat. Als Grenze der Auslegung soll hierbei der durch das Bundesverfassungsgericht aufgestellte Grundsatz gelten, dass das Prinzip der Steuerfreiheit des Existenzminimums nicht den Sinn hat, die Kosten eines über dem Sozialhilfeniveau liegenden Lebensstandard, über die Einkommensteuer auf die Allgemeinheit zu verteilen.[185] Die Vorschrift ist als Ausnahmevorschrift verfassungsrechtlich im Sinne des subjektiven (existenzsichernden) Nettoprinzips eng auszulegen.[186] Diese enge Auslegung soll dazu dienen, den Tatbestand so auszulegen, dass er zur Steuergerechtigkeit beiträgt. Nur eine Besteuerung, die sich an der Leistungsfähigkeit des Steuerpflichtigen orientiert, ist auch gerecht.[187]

2. Auslegung des Tatbestandsmerkmals der Aufwendung

a) Inhalt des Tatbestandsmerkmals nach Rechtsprechung und Literatur

Aufwendungen im Sinne des § 33 EStG sind zunächst bewusste und gewollte Einkommensverwendungen.[188] Diese können in Geld oder Geldeswert – Sachwerten – bestehen und auch Aufwendungen unter Zwang, wie beispielsweise Lösegeldzahlungen, sind Aufwendungen im Sinne des § 33 EStG.[189] Keine Aufwendungen hingegen sind Schäden und Verluste aufgrund von Unfällen, Katastrophen, Straftaten usw., da es hier am Willensmoment des Geschädigten fehlt. Allerdings sind, die aufgrund dieser Ereignisse entstanden Kosten für Reparatur, Ersatzbeschaffung oder Heilung, Aufwendungen gem. § 33 EStG.[190]

Der Begriff der Aufwendung sei so auszulegen, dass er auch eine Belastung des Steuerpflichtigen beinhaltet.[191] Nach dem Belastungsprinzip im Steuerrecht liegt eine Belastung vor, wenn der Steuerpflichtige wirtschaftlich belastet

---

185 BVerfG vom 13.2.2008 2 BvL 1/06, DStR 2008. 604 (610).

186 *G. Kirchhof*, DStR 2013, 1867 (1871).

187 *Schaumburg Heide/Schaumburg Harald*, StuW 2013, 61.

188 Allgemeine Auffassung: *Heger*, in: Blümich, EStG, § 33 Rz. 48 (Nov. 2014).

189 *Heger*, in: Blümich, EStG, § 33 Rz. 48 (Nov. 2014).

190 *Endert*, in: Frotscher/Geurts, EStG, § 33 Rz. 5 (Feb. 2016); *Heger*, in: Blümich, EStG, § 33 Rz. 48 (Nov. 2014).

191 *Hey*, in: Tipke/Lang, Steuerrecht, § 8 Rz. 703.

ist. Wirtschaftlich belastet ist der Steuerpflichtige, wenn der Aufwendung keine Gegenleistung bzw. kein Gegenwert gegenübersteht.[192] Hieraus folgt nach der Rechtsprechung des BFH, dass keine außergewöhnliche Belastung gem. § 33 EStG vorliegt, wenn der Steuerpflichtige für seine Aufwendung einen Gegenwert oder einen nicht nur vorübergehenden Vorteil erlangt.[193] Ein Gegenwert ist nur dann vorhanden, wenn der Vorteil marktgängig oder marktfähig ist.[194] Der Gegenwert – zu meist in Form von Gegenständen – muss nicht nur für den Steuerpflichtigen, sondern auch für einen Dritten von Vorteil sein.[195] Ansonsten liegt verlorener Aufwand vor, der zu einer Belastung im Sinne des § 33 EStG führt.[196] Im Ergebnis liegt also verlorener Aufwand und eine damit einhergehende Belastung vor, wenn der mit der Aufwendung verbundene Vorgang sich bei bilanzieller Betrachtung nicht nur vermögensumschichtend, sondern wertabfließend auswirkt.[197] Ausnahmen von der Gegenwertlehre bestehen in den Fallgruppen der unabwendbaren Ereignisse und der medizinischen Hilfsmittel/Gesundheitsmaßnahmen.[198] Hier erkennt die Rechtsprechung – wohl aus Billigkeitsaspekten – eine Belastung an.[199] Die Gegenwertlehre ist nach Auffassung des Bundesverfassungsgerichts verfassungsgemäß.[200]

In der jüngeren Rechtsprechung wird hingegen vermehrt auf die Gegenwertlehre nicht mehr eingegangen, sie wird für nicht anwendbar erklärt oder es werden Zweifel an ihr geäußert, ohne sie aber ausdrücklich aufzugeben.[201] So sei es möglich, dass der erlangte Gegenwert aufgrund eines im Einzelfall so stark bestehenden Gebots der Zwangsläufigkeit hierhinter zurücktritt und die Abzugsfähigkeit nicht begrenzt.[202]

---

192 *Hey,* in: Tipke/Lang, Steuerrecht, § 8 Rz. 725; *Lang,* Die Bemessungsgrundlage der Einkommensteuer, Seite 519.

193 BFH vom 25.10.2007 III R 63/06, BFH/NV 2008, 544; BFH vom 21.8.1974 VI R 237/71, BFHE 113, 301.

194 BFH vom 4.3.1983 VI R 189/79, BFHE 138, 73.

195 BFH vom 4.3.1983 VI R 189/79, BFHE 138, 73.

196 BFH vom 10.10.1996 III R 209/94, BFHE 182, 333; BVerfG vom 13.12.1966 1 BvR 512/65, NJW 1967, 197.

197 *Arndt,* in: K/S/M, EStG, § 33 Rz. B 38 (Jan. 2001).

198 *Kanzler,* in: H/H/R, EStG, § 33 Rz. 38 (Feb. 2016); FG München vom 28.9.2005 10 K 1088/03, EFG 2006, 119; BFH vom 6.5.1994 III R 27/92, DStR 1995, 14.

199 *Kanzler,* in: H/H/R, EStG, § 33 Rz. 38 (Feb. 2016).

200 BVerfG vom 13.12.1966 1 BvR 512/65, NJW 1967, 197.

201 *Kanzler,* in: H/H/R, EStG, § 33 Rz. 37 (Feb. 2016).

202 *Geserich,* NWB 2011, 1526, mwN.

Nach der Lehre von der Vorteilsanrechnung liegt auch insoweit keine Belastung des Steuerpflichtigen vor, wie er Aufwendungsersatz erhält oder ersparte Aufwendungen vorliegen.[203] Umstritten ist zwischen Rechtsprechung und einem Teil der Literatur der Fall, dass die Vorteilsanrechnung über mehrere Veranlagungszeiträume hinweg erfolgt. Die Rechtsprechung und die Finanzverwaltung nimmt für den Fall, dass Aufwendung und Erstattung in verschiedene Veranlagungszeiträume fallen, die Vorteilsanrechnung über die verschiedenen Veranlagungszeiträume hinweg vor.[204] Hiernach tritt das Abflussprinzip gem. § 11 Abs. 2 EStG gegenüber dem Belastungsprinzip zurück.[205] In der Literatur wird zum Teil eine Verrechnung über mehrere Jahre unter Hinweis auf § 2 Abs. 7 Satz 1 und 2 EStG abgelehnt.[206] Dies führt zu dem Ergebnis, dass eine Verrechnung des Vorteils nur mit außergewöhnlichen Belastungen in dem Jahr vorgenommen werden kann, in dem der Vorteil zufließt und außergewöhnliche Belastungen anfallen.[207] Dieser Streit spielt insbesondere bei der Anerkennung von Prozesskosten als außergewöhnliche Belastung und der Erstattung von Prozesskosten durch den Prozessgegner bzw. einer Rechtsschutzversicherung eine wesentliche Rolle. Ist der Steuerpflichtige im Veranlagungszeitraum 2010 mit Prozesskosten belastet und findet eine Erstattung erst im Veranlagungszeitraum 2012 statt, so ist der Vorteil nach der in der Literatur vertretenen Ansicht nur mit außergewöhnlichen Belastungen des Jahres 2012 zu verrechnen. Die Rechtsprechung hingegen würde eine Verrechnung mit den Aufwendungen im Jahre 2010 vornehmen.

b) Eigene Auslegung

aa) Gegenwertlehre als Ausnahme der Belastung?

Der Wortlaut der Norm spricht gegen die Anwendung einer Gegenwertlehre. Denn der Wortlaut der Norm enthält nicht die Voraussetzung der Belastung, wovon die Gegenwertlehre eine Ausnahme darstellt. Es gibt im Wortlaut des Tatbestands auch keine anderen konkreten Anhaltspunkte dafür, dass ein Gegenwert anzurechnen ist. Jedoch kann der im Wortlaut enthaltene Terminus der Aufwendung innerhalb der Wortlautgrenze derart ausgelegt werden, dass er eine

---

203 Differenzierte Darstellung mit Ausnahmen: *Kanzler,* in: H/H/R, EStG, § 33 Rz. 40 f. (Feb. 2016).

204 BFH vom 14.4.2011 VI R 8/10, DStRE 2011, 889; BFH vom 30.6.1999 III R 8/95, DStRE 1999, 784.

205 *Mellinghoff,* in: Kirchhof, EStG, § 33 Rz. 14.

206 *Kanzler,* in: H/H/R, EStG, § 33 Rz. 42 (Feb. 2016).

207 *Kanzler,* in: H/H/R, EStG, § 33 Rz. 42 (Feb. 2016).

Belastung des Steuerpflichtigen voraussetzt.[208] Somit kann auch die Gegenwertlehre vom Terminus der Aufwendung umfasst sein.

Die systematische Auslegung spricht für die Anwendung der Gegenwertlehre. Die systematische Auslegung umfasst auch den Grundsatz der Einheit der Rechtsordnung.[209] Hiernach sind Wertungswidersprüche zu vermeiden und eine harmonisierende Interpretation ist anzustreben.[210] Der im Steuerrecht verwendet Belastungsbegriff beinhaltet, dass erhaltene Gegenwerte angerechnet werden müssen.[211] Dies entspricht der Systematik des Einkommensteuergesetzes.[212] Für den Bereich der Sonderausgaben gem. § 10 EStG, der ebenfalls im Wortlaut nur den Terminus der Aufwendung ohne Einschränkung enthält, ist dies höchstrichterlich entschieden.[213] Um eine unterschiedliche Auslegung desselben Begriffs innerhalb des Rechtsgebiets Steuerrecht zu vermeiden, wäre auch bei der Belastung im Sinne des § 33 Abs. 1 EStG aus systematischen Überlegungen ein Gegenwert anzurechnen.

Der Entstehungsgeschichte der Norm lassen sich keine Ausführungen zur Gegenwertlehre entnehmen.

Gegen die Anwendung der Gegenwertlehre im Rahmen des § 33 Abs. 1 EStG spricht der Sinn und Zweck der Norm.[214] Durch die strikte Anwendung der Gegenwertlehre würden Aufwendungen aus dem Anwendungsbereich der Norm fallen, die aufgrund des Sinn und Zwecks der Norm zwingend unter den Anwendungsbereich der Norm fallen müssten. Dies gilt insbesondere für alle Gegenstände, die eine Marktfähigkeit besitzen und somit nach der Rechtsprechung keine Belastung darstellen würden, aber der Gegenwert selbst existenziell notwendig ist.[215] Verfehlt ist es durch das Kriterium der Marktfähigkeit, bei dem Tatbestandsmerkmal der Belastung einen Vergleich mit anderen Steuerpflichtigen herzustellen und damit die Frage aufzuwerfen, ob der Gegenstand allgemein disponibel ist, wobei richtigerweise auf die individuell Indisponibilität abzustellen ist.[216] Dies soll an folgendem Beispiel verdeutlicht werden: Ein automatischer Türöffner ist marktfähig und ihm kommt somit ein Gegenwert zu. Er würde somit keine Belastung des

208 S. C.II.1.b).
209 *Larenz,* Methoden der Rechtswissenschaft, Seite 325.
210 Rüthers/Fischer/Birk, Rechtstheorie mit juristischer Methodenlehre, § 22 Rz. 744.
211 BVerfG v. 18.2.1988 1 BvR 930/86, HFR 1989, 271.
212 BVerfG v. 18.2.1988 1 BvR 930/86, HFR 1989, 271.
213 BFH vom 24.10.1990 X R 43/89, BFHE 162, 425, mwN.
214 *Kanzler,* in: H/H/R, EStG, § 33 Rz. 39 (Feb. 2016).
215 *Lehner,* Einkommensteuerrecht und Sozialhilferecht, Seite 208.
216 *Lehner,* Einkommensteuerrecht und Sozialhilferecht, Seite 208.

Steuerpflichtigen darstellen. Dieses Ergebnis ist für die meisten Steuerpflichtigen zutreffend, da die Aufwendung für sie eine steuerlich unbeachtliche Konsumaufwendung/Luxusaufwendung im privaten Bereich darstellt. Ist der Steuerpflichtige aber gehbehindert und hat eine Eigentumswohnung in der fünften Etage, so ist die Aufwendung für einen Türöffner für ihn indisponibel. Er kann sich der Aufwendung schlichtweg nicht entziehen. Nach dem Sinn und Zweck der Norm wäre die Aufwendung zu berücksichtigen, da sie zu einem erhöhten Existenzminimum beim Steuerpflichtigen führt. Hingegen müsste bei strikter Anwendung der Gegenwerttheorie die Aufwendung steuerlich unberücksichtigt bleiben. Es würde dadurch Einkommen besteuert, das unter Berücksichtigung des subjektiven Nettoprinzips zwingend zu verschonen wäre.

An diesem Beispiel wird deutlich, dass die Gegenwerttheorie dazu geeignet ist, den Zweck der Norm zu konterkarieren. Die Gegenwertlehre ist entbehrlich, wenn man die Auslegung des Tatbestands stets am Sinn und Zweck, konkretisiert durch das subjektive Nettoprinzip, ausrichtet. Hierdurch werden auch die von der Rechtsprechung gebildeten Ausnahmen von der Gegenwerttheorie, beispielsweise für krankheitsbedingte Aufwendungen, überflüssig. Die Gegenwerttheorie ist auch nicht notwendig, um ein Ausufern des Anwendungsbereichs zu verhindern. Dies geschieht bereits durch die Auslegung nach dem Sinn und Zweck der Norm. Im gebildeten Beispielsfall wäre bei nicht gehbehinderten Steuerpflichtigen die Aufwendung nicht indisponibel und somit wäre mangels Zwangsläufigkeit eine Abzugsfähigkeit zu versagen. Der Anwendung der Gegenwerttheorie bedarf es hierfür nicht.

Hier gibt es also innerhalb der Wortlautgrenze zwei Auslegungsmöglichkeiten, wobei nur bei einer – der Ablehnung der Gegenwertlehre – sichergestellt ist, dass sie verfassungskonform ist. Denn nach dem subjektiven Nettoprinzip muss existenzsichernder Aufwand zwingend steuerfrei bleiben.[217] Dies ist bei Anwendung der Gegenwertlehre nicht gegeben, da für den Steuerpflichtigen existenzsichernde Aufwendungen aufgrund einer Marktfähigkeit des angeschafften Gegenstands bei der Ermittlung der Bemessungsgrundlage unberücksichtigt bleiben könnten. Die Gegenwertlehre ist daher dazu geeignet, gegen das subjektive Nettoprinzip zu verstoßen. Eine verfassungskonforme Auslegung spricht daher gegen die Anwendung der Gegenwertlehre.

---

217 S. B.IV.1.

bb) Verrechnung über Veranlagungszeiträume hinweg?

Insbesondere bei Prozesskosten stellt sich die Frage, wie Aufwendungen und Erstattungen in unterschiedlichen Veranlagungszeiträumen zu behandeln sind.

Der Tatbestand des § 33 Abs. 1 EStG setzt eine Belastung des Steuerpflichtigen voraus.[218] Hierbei muss sich der Steuerpflichtige, nach allgemeiner Auffassung, auch erhaltene Vorteile anrechnen lassen.[219] Erhält der Steuerpflichtige Vorteile, so tritt bei ihm keine endgültige Belastung ein. Gleiches gilt, wenn die Aufwendung, beispielsweise in Form einer Prozesskostenerstattung, an ihn zurückfließt.[220] Umstritten ist aber zwischen der Rechtsprechung und einem Teil der Literatur die Sachverhaltskonstellation, dass eine Erstattung erst in einem späteren Veranlagungszeitraum erfolgt.[221] Nach in der Literatur vertretener Auffassung können im Folgejahr erhaltene Erstattungsleistungen nur mit anderen Aufwendungen des Steuerpflichtigen im Folgejahr verrechnet werden.[222] Nach anderer Auffassung muss die Erstattungszahlung stets – mangels gesetzlich geregelten Einnahmetatbestands – gänzlich unberücksichtigt bleiben.[223]

Anderer Auffassung hingegen ist die Rechtsprechung. Das Abflussprinzip des § 11 Abs. 2 EStG gelte auch für den § 33 EStG.[224] Allerdings dient nach Auffassung der Rechtsprechung das Belastungsprinzip des Einkommensteuerrechts als Korrektiv des Abflussprinzips gem. § 11 Abs. 2 EStG.[225] Hieraus folge, dass auch Ersatzleistungen, die erst in einem späteren Veranlagungszeitraum zufließen, in dem Jahr des Abflusses der Aufwendung als Vorteil anzurechnen seien. Die Rechtsprechung nimmt also eine Verrechnung über Veranlagungszeiträume hinweg vor.[226] Technisch wird dies dadurch erreicht, dass der Einkommensteuerbescheid vorläufig ergeht oder die Erstattung geschätzt wird. Ebenso kommt eine

---

218 Statt vieler: *Loschelder* in Schmidt, EStG, § 33 Rz. 12.

219 *Heger*, in: Blümich, EStG, § 33 Rz. 67 f. (Nov. 2014).

220 *Wüllenkemper*, Rückfluss von Aufwendungen im Einkommensteuerrecht, Seite 119.

221 *Kanzler* in: H/H/R, EStG, § 33 Rz. 42 (Feb. 2016); *Tiedtke/Szczesny*, FR 2008, 996 (1002 f.).

222 *Kanzler*, in: H/H/R, EStG, § 33 Rz. 42 (Feb. 2016).

223 *Tiedtke/Szczesny*, FR 2008, 996 (1003).

224 BFH vom 30.6.1999 III R 8/95, BFHE 189, 371; BFH vom 30.7.1982 VI R 67/79, BFHE 136, 396; FG München vom 16.9.2002 13 K 4971/01, juris; zuvor noch ablehnend: BFH vom 21.8.1974 VI R 236/71, BFHE 113, 367.

225 BFH vom 30.6.1999 III R 8/95, BFHE 189, 371, mwN.

226 BFH vom 30.7.1982 VI R 67/79, BFHE 136, 396; FG München vom 16.10.2014 8 K 981/12, EFG 2015, 408; FG Niedersachsen vom 6.12.2012 5 K 155/12, DStRE 2014, 19.

Korrektur gem. § 175 Abs. 1 Satz 1 Nr. 2 AO bei bestandskräftigen Bescheiden wegen Eintritt eines rückwirkenden Ereignisses in Betracht.[227]

Diese Rechtsgrundsätze sollen an den folgenden Beispielsfällen verdeutlicht werden:

Beispielsfall 1: Der Steuerpflichtige wendet im VZ 2010 Prozesskosten auf und wird bestandskräftig veranlagt. Im VZ 2011 erhält er aufgrund des Obsiegens eine Erstattung der Prozesskosten in voller Höhe. Im VZ 2011 bestehen keine weiteren außergewöhnlichen Belastungen.

Folgt man den in der Literatur vertretenen Auffassungen, so unterbleibt eine Verrechnung mit den Aufwendungen im Jahre 2010. Mangels weiterer Aufwendungen im VZ 2011 bleibt die Erstattung völlig unberücksichtigt.

Nach der Auffassung der Rechtsprechung, ist die Erstattung mit den Prozesskosten im VZ 2010 zu verrechnen. Der Bescheid ist gem. § 175 Abs. 1 Nr. 2 AO aufgrund eines rückwirkenden Ereignisses, der Erstattung von Prozesskosten, zu korrigieren.

Die in der Literatur vertretenen Auffassungen sind abzulehnen und der Rechtsprechung ist zuzustimmen. Der Zweck der Norm, die wirtschaftliche Leistungsfähigkeit mindernde Aufwendungen vom Abzugsverbot des § 12 EStG auszunehmen, erfordert eine endgültige Belastung.[228] Dies gilt gleichermaßen für die Norm des § 10 EStG, die dem Rechtscharakter nach mit § 33 EStG vergleichbar ist.[229] Es entspricht der Systematik des EStG, nur private Aufwendungen zu berücksichtigen, die durch eine endgültige Belastung die subjektive Leistungsfähigkeit des Steuerpflichtigen mindern.[230] Würde keine Verrechnung über die Veranlagungszeiträume hinweg erfolgen, so könnte der Steuerpflichtige in einem größeren Maße Aufwendungen geltend machen, als dies aufgrund des Sinn und Zwecks der Norm geboten ist. Die Allgemeinheit würde eine Aufwendung mitfinanzieren, die den Steuerpflichtigen nicht endgültig belastet. Der Steuerpflichtige würde eine Steuerermäßigung erhalten, obwohl er im Ergebnis keine Aufwendung getätigt hat.[231] Es besteht kein gesetzgeberischer Grund, die steuerliche Freistellung von Aufwendungen zu fordern, die der Steuerpflichtige nicht selbst tragen muss.[232] Um die Anerkennung auf das durch das subjektive Leistungsfähigkeitsprinzip Gebotene zu begrenzen, ist somit eine Verrechnung über Veranlagungszeiträume

---

227 FG Köln vom 17.3.1988 7 K 1037/87, EFG 1988, 422; *Kanzler,* in: H/H/R, EStG, § 33 Rz. 40 (Feb. 2016), mwN.

228 Vgl. C.II.1.b).

229 *Hutter,* in: Blümich, EStG, § 10 Rz. 27 (März 2015).

230 BVerfG vom 18.2.1988 1 BvR 930/86, HFR 1989, 271.

231 Siehe zum Aufwendungsbegriff: *Hey,* in: Tipke/Lang, Steuerrecht, § 8 Rz. 703.

232 S. C.II.1.b).

hinweg vorzunehmen. Hierfür spricht im Übrigen auch, dass der ideale Indikator für die Leistungsfähigkeit das Lebenseinkommen ist.[233] Bezogen auf das Lebenseinkommen, mindert die Aufwendung nicht das Lebenseinkommen, da zu einem späteren Zeitpunkt eine Erstattung die ursprüngliche Aufwendung egalisiert. Des Weiteren regelt das Zu- und Abflussprinzip gem. § 11 EStG nur die zeitliche Zuordnung einer Aufwendung.[234] Dem vorgelagert ist jedoch die Frage, ob überhaupt eine beachtliche Leistungsfähigkeitsminderung eingetreten ist.[235] Liegt bereits keine beachtliche Leistungsfähigkeitsminderung vor, so kann diese auch nicht zeitlich zugeordnet werden. Dies ist bei Erstattung der ursprünglichen Aufwendung der Fall, da die Leistungsfähigkeit des Steuerpflichtigen nicht gemindert ist.

Beispielsfall 2: Der Steuerpflichtige wendet im VZ 2010 Prozesskosten auf und wird bestandskräftig veranlagt. Im VZ 2011 erhält er aufgrund des Obsiegens eine Erstattung der Prozesskosten in voller Höhe. Im VZ 2011 bestehen weitere außergewöhnliche Belastungen.

Hier ist fraglich, in welchem VZ die Erstattung der Prozesskosten zu berücksichtigen ist. Die Rechtsprechung würde eine Verrechnung über den Veranlagungszeitraum hinweg vornehmen und die Erstattung unabhängig von der weiteren außergewöhnlichen Belastung im VZ 2011 im VZ 2010 berücksichtigen.[236] In der Literatur wird hingegen vertreten, dass die außergewöhnliche Belastung nur mit außergewöhnlichen Belastungen im VZ 2011 zu verrechnen sei.[237]

Zur Lösung dieses Konflikts könnte die jüngere Rechtsprechung zum Erstattungsüberhang bei der Kirchensteuer und dem damit verbundenen Sonderausgabenabzug herangezogen werden. Ist in dem Jahr der Erstattung der Kirchensteuer keine Kirchensteuer angefallen oder übersteigt die erstattete Kirchensteuer die gezahlte Kirchensteuer (Erstattungsüberhang), fehlt es an einer endgültigen wirtschaftlichen Belastung des Steuerpflichtigen mit der zuvor gezahlten Kirchensteuer. Der Sonderausgabenabzug ist dann im Zahlungsjahr über § 175 Abs. 1 Satz 1 Nr. 2 AO zu korrigieren.[238] Überträgt man diese Rechtsprechung zu den Sonderausgaben auf den vergleichbaren Fall der außergewöhnlichen Belastung, so müsste die Erstattung vorrangig mit den anderen

233 *Lang,* Die Bemessungsgrundlage der Einkommensteuer, Seite 187, mwN.

234 Siehe nur: *Kister,* in: H/H/R, EStG, § 11 Rz. 3 (Okt. 2011).

235 So auch: *Ismer,* in: DStjG Bd. 34, 91 (113).

236 BFH vom 30.6.1999 III R 8/95, BFHE 189, 371.

237 *Kanzler,* in: H/H/R, EStG, § 33 Rz. 42 (Feb. 2016).

238 BFH vom 5.3.2013 X B 179/11, BFH/NV 2013, 926; FG Hamburg vom 7.4.2008 1 K 149/07, EFG 2008, 1618.

Aufwendungen im VZ 2011 verrechnet werden. Nur insoweit keine anderen Aufwendungen im VZ 2011 vorhanden sind, hätte eine Korrektur für den VZ 2010 gem. § 175 Abs. 1 Satz 1 Nr. 2 AO zu erfolgen. Ist eine Verrechnung jedoch mangels weiterer Aufwendungen nicht möglich, müsste eine Korrektur gem. § 175 Abs. 1 Satz 1 Nr. 2 AO erfolgen, da ansonsten gegen das Belastungsprinzip des Einkommensteuerrechts verstoßen würde.

Fraglich ist, ob diese Rechtsprechung zu den Sonderausgaben auf den § 33 EStG übertragen werden sollte. Die Rechtsprechung gewährt eine vorrangige Verrechnung der Erstattung mit anderen Sonderausgaben im Jahre der Erstattung nur aus Praktikabilitätsgründen und der Tatsache, dass es sich um jährlich wiederkehrende Sonderausgaben handelt.[239] Die praktische Umsetzbarkeit ist aber kein geeigneter Maßstab für die Rechtsfindung.[240] Ebenso handelt es sich bei den Aufwendungen, die von § 33 EStG erfasst sind, zumeist nicht um wiederkehrende Leistungen. Vielmehr wendet der Steuerpflichtige die meisten Aufwendungen – Prozesskosten, Beerdigungskosten, Krankheitskosten – nur einmal in einer besonderen, sich nicht wiederholenden, Lebenssituation auf. Somit sollte diese Rechtsprechung auch nicht auf § 33 EStG übertragen werden.

Für eine Verrechnung der Erstattung mit der ursprünglichen Aufwendung sprechen indes folgende Gründe:

Bei § 33 EStG gilt das Abflussprinzip des § 11 Abs. 2 EStG. Die Rechtsprechung hat ausdrücklich die Anwendbarkeit des Abflussprinzips gem. § 11 Abs. 2 EStG auf § 33 EStG bejaht.[241] Entgegen der in der Literatur vertretenen Auffassung,[242] ist das Zuflussprinzip gem. § 11 Abs. 1 EStG jedoch nicht anwendbar. Es kann daher nicht als Argument dienen, die Erstattung im VZ 2011 zu berücksichtigen. Denn der § 11 Abs. 1 EStG gilt nur für steuerbare Einnahmen.[243] Erstattungen für geleistete außergewöhnliche Belastungen stellen jedoch keine steuerbaren Einnahmen dar. Es fehlt an einem passenden gesetzlichen Einnahmetatbestand.[244] Sie lassen vielmehr die endgültige Belastung des Steuerpflichtigen und damit

239 BFH vom 7.7.2004 XI R 10/04, BStBl. II 2004, 1058, mwN; *Ismer*, in: DStjG Bd. 34, 91 (113).

240 *Bleschick/Kammeter*, DStR-Beih 2013, 61 (66).

241 BFH vom 12.5.2011 VI R 42/10, BFHE 234, 30; BFH vom 30.6.1999 III R 8/95, BFHE 189, 371.

242 *Endert*, in: Frotscher/Geurts, EStG, § 33 Rz. 26 (Juli 2014).

243 *Krüger*, in: Schmidt, EStG, § 11 Rz. 3; BFH vom 26.11.2008 X R 24/08, BFH/NV 2009, 568.

244 *Tiedtke/Szczesny*, FR 2008, 996 (1003).

seine Aufwendung entfallen.[245] Rückflüsse und Erstattungen der ursprünglichen Aufwendung sind auf diese Aufwendung anzurechnen.[246] Der Steuerpflichtige ist dann nicht endgültig belastet, sodass gar keine Aufwendung – im Beispielsfall im VZ 2010 – ex post mehr vorliegt.[247] Lassen diese Zahlungen seine endgültige Belastung entfallen, so stellt dies ein rückwirkendes Ereignis gem. § 175 Abs. 1 Satz1 Nr. 2 AO dar.[248] Somit kann im VZ 2010, aufgrund des Vorliegens eines rückwirkenden Ereignisses gem. § 175 Abs. 1 Satz 1 Nr. 2 AO, der Einkommensteuerbescheid geändert werden.

Beispielsfall 3: Der Steuerpflichtige wendet im VZ 2010 Prozesskosten auf und wird bestandskräftig veranlagt. Die Aufwendungen werden nicht als außergewöhnliche Belastung berücksichtigt, da eine Erstattungsleistung zu erwarten ist. Im VZ 2011 unterliegt er im Rechtsstreit endgültig und muss die Kosten tragen, eine Rechtsschutzversicherung besteht nicht.

Hier muss – wie im *Beispielsfall 1* – § 175 Abs. 1 Satz 1 Nr. 2 AO für den Veranlagungszeitraum 2010 entsprechend angewendet werden. Denn das Unterliegen im Rechtsstreit im VZ 2011 stellt den Eintritt eines nachträglichen Ereignisses dar. Stellt das Obsiegen im Rechtsstreit in Verbindung mit einer Kostenerstattung ein nachträgliches Ereignis dar, so muss dies auch für den umgekehrten Fall des Unterliegens im Rechtsstreit und der Feststellung der endgültigen Kostenlast des Steuerpflichtigen gelten.[249]

3. Auslegung des Tatbestandsmerkmals der Außergewöhnlichkeit

a) Inhalt des Tatbestandsmerkmals nach Rechtsprechung und Literatur

Aufwendungen sind nach der Legaldefinition in § 33 Abs. 1 EStG außergewöhnlich, wenn es sich um größere Aufwendungen handelt, als sie der überwiegenden Mehrzahl an Steuerpflichtigen gleicher Einkommensverhältnisse und gleichen Familienstandes entstehen. Die herrschende Meinung in der Literatur prüft das

---

245 *Wüllenkemper,* Rückfluss von Aufwendungen im Einkommensteuerrecht, Seite 121; *Frotscher,* in: Schwarz/Pahlke, AO, § 175 Rz. 66b (März 2015).

246 *Wüllenkemper,* Rückfluss von Aufwendungen im Einkommensteuerrecht, Seite 126.

247 Vgl. C.II.1.b).

248 *Rüsken,* in: Klein, AO, § 175 Rz. 69; *Frotscher,* in: Schwarz/Pahlke, AO, § 175 Rz. 66b (Aug. 2012); FG Niedersachsen vom 8.1.2014 3 K 11296/12, juris; FG Düsseldorf vom 23.09.2013 3 K 1549/13 E, juris.

249 So auch: *Loschelder,* in: Schmidt, EStG, § 33 Rz. 13; *Schmiesek,* in: Bordewin/Brandt, EStG, § 33 Rz. 111 (Sept. 2013).

Tatbestandsmerkmal durch Anwendung der sogenannten Gruppenvergleichsformel.[250] Dabei wird der belastete Steuerpflichtige, ausgehend vom Wortlaut der Norm, mit anderen Steuerpflichtigen gleicher Einkommens-, gleicher Vermögensverhältnisse und gleichen Familienstandes verglichen. Ist das Ergebnis, dass der überwiegenden Mehrzahl der gleichen Steuerpflichtigen die Aufwendung nicht erwachsen, ist die Aufwendung außergewöhnlich. Einigkeit besteht in der Literatur insoweit, als bei der Anwendung der Gruppenvergleichsformel Belastete nicht mit anderen ähnlichen Belasteten sondern mit Unbelasteten zu vergleichen sind.[251]

Diese Legaldefinition ist nach Ansicht eines Teils der Literatur etwas *„verunglückt"*.[252] Entgegen des Wortlauts komme es nicht nur auf die Höhe der Aufwendung *(„größere Aufwendung")*, sondern darauf an, ob sie ihrer Art und dem Grunde nach außerhalb des Üblichen liegen.[253] Dem Grunde nach lägen die Aufwendungen außerhalb des Üblichen, wenn sie der überwiegenden Mehrzahl der Steuerpflichtigen nicht entstehen. Nur eine kleine Minderheit der Steuerpflichtigen dürfe von den Sonderaufwendungen betroffen sein.[254]

In der Literatur ist außerdem umstritten, ob nur die Aufwendung oder auch das ihr zugrunde liegende Ereignis außergewöhnlich sein muss.[255]

b) Eigene Auslegung

Das Merkmal hat den Zweck, gewöhnliche (übliche) von außergewöhnlichen (unüblichen) Aufwendungen abzugrenzen.[256] Gewöhnliche Aufwendungen der privaten Lebensführung sind, soweit sie nicht disponibel sind, von dem Grundfreibetrag des § 32 a EStG bzw. vom Sonderausgabenabzug gem. § 10 EStG erfasst und sind ansonsten gem. § 12 Nr. 1 EStG nicht abzugsfähig.[257] Außergewöhnliche Aufwendungen sind nur unter den weiteren Voraussetzungen des § 33 EStG

---

250 *Heger,* in: Blümich, EStG, § 33 Rz. 81 f. (Nov. 2014); *Loschelder,* in: Schmidt, EStG, § 33 Rz. 14.

251 *Kanzler,* in: H/H/R, EStG, § 33 Rz. 51, (Feb. 2016), mwN; *Loschelder,* in: Schmidt, EStG, § 33 Rz. 14.

252 *Loschelder,* in: Schmidt, EStG, § 33 Rz. 14.

253 *Loschelder,* in: Schmidt, EStG, § 33 Rz. 14; So auch die Rechtsprechung: BFH vom 15.4.1992 III R 11/91, BFHE 168, 137; BFH vom 23.5.1990 III R 63/85, BFHE 161, 69.

254 *Birk/Desens/Tappe,* Steuerrecht, Rz. 1067.

255 *Fuhrmann,* in: Korn, EStG, § 33 Rz. 32 (Okt. 2013).

256 *Arndt,* in: K/S/M, EStG, § 33 Rz. B 44; *Fuhrmann,* in: Korn, EStG, § 33 Rz. 30 (Okt. 2013).

257 *Birk/Desens/Tappe,* Steuerrecht, Rz. 1067.

abzugsfähig. Der Grundfreibetrag gem. § 32a EStG umfasst alle Aufwendungen, die zu den Aufwendungen gem. § 28 SGB XII iVm. dem Regelbedarfsermittlungsgesetz[258] und dem Versorgungsbedarf für Krankheits- und Pflegefall zählen.[259] Diese Aufwendungen sind aus dem Anwendungsbereich des § 33 EStG ausgeschlossen.

aa) Dogmatischer Bezugspunkt

Nicht abschließend geklärt ist, was dogmatisch der richtige Bezugspunkt für die Frage der Außergewöhnlichkeit ist. Bezweckt das Merkmal der Außergewöhnlichkeit, alle Aufwendungen zu erfassen, die über den Grundfreibetrag hinausgehen oder nur solche, die in einem konkreten Vergleich mit anderen Steuerpflichtigen, der Mehrzahl der anderen Steuerpflichtigen nicht entstehen?[260]

De lege lata muss aufgrund des eindeutigen Wortlauts der Norm *„größere Aufwendungen als der überwiegenden Mehrzahl der Steuerpflichtigen gleicher Einkommensverhältnisse, gleicher Vermögensverhältnisse und gleichen Familienstandes"* die Gruppenvergleichsformel angewendet werden.[261] Eine Auslegung, die keinen konkreten Vergleich mit anderen Steuerpflichtigen beinhaltet, würde gegen den Wortlaut der Norm verstoßen. Hierfür spricht ebenfalls die historische Auslegung. In der Gesetzesbegründung heißt es unter anderem: *„Zu einer Steuerermäßigung kann dieser Vergleich aber nur führen, wenn er ergibt, dass die besonderen Verhältnisse des Steuerpflichtigen größere Aufwendungen als bei der überwiegenden Mehrzahl vergleichbarer Steuerpflichtiger erfordern. Der Steuerpflichtige muss zu einer kleinen Minderheit von Steuerpflichtigen gehören."*[262] Die Gesetzesbegründung macht deutlich, dass ein konkreter Vergleich mit anderen Steuerpflichtigen aufgrund der aktuellen Gesetzesfassung notwendig ist und der Steuerpflichtige aufgrund dieses Vergleichs zu einer kleinen Minderheit von Steuerpflichtigen gehören muss. Nur weil die Aufwendung nicht von § 32a EStG erfasst ist, bedeutet dies aber noch nicht, dass ein Steuerpflichtiger zu einer kleinen Minderheit gehört. Somit kann de lege lata der durch die Gesetzesbegründung geforderte Vergleich nicht in einem Vergleich mit den von § 32a EStG

258 BGBl I 2011, 453.

259 Neunter Existenzminimums-Bericht der Bundesregierung, BT-Drucks. 17/11425; *Geserich,* DStR 2013, 1861.

260 *Endert,* in: Frotscher/Geurts, EStG, § 33 Rz. 29 f. (Juli 2014).

261 Lehner, Einkommensteuerrecht und Sozialhilferecht, Seite 230.

262 BT-Drucks. 2/481, Seite 91.

erfassten Aufwendungen gesehen werden.[263] In einem Jahr könnten aufgrund einer Epidemie 60 % der Steuerpflichtigen Aufwendungen entstehen, die nicht vom § 32a EStG erfasst sind. Wäre nur ein Vergleich mit § 32a EStG geboten, wären die Aufwendungen außergewöhnlich, obwohl der Steuerpflichtige offensichtlich nicht nur zu einer kleinen Minderheit von Steuerpflichtigen gehört. Dies ist de lege lata nicht mit dem Wortlaut der Norm *„überwiegende Mehrzahl"* und der Gesetzesbegründung *„kleinen Minderheit"* vereinbar. Eine Auslegung gegen den Wortsinn der Vorschrift ist jedoch methodisch nicht möglich.[264] Aus demselben Grund scheidet daher auch eine verfassungskonforme Auslegung aus. Eine verfassungskonforme Auslegung ist ebenfalls nur innerhalb der Wortlautgrenze möglich.[265] Der Wortlaut kann jedoch innerhalb seines Wortsinns nicht derart ausgelegt werden, dass er keinen Vergleich mit anderen Steuerpflichtigen vorsieht. Eine verfassungskonforme Auslegung dahin gehend, dass ein Vergleich mit den §§ 32, 32a EStG der korrekte dogmatische Bezugspunkt ist, scheidet aus.

Fraglich ist jedoch, ob de lege ferenda eine andere Fassung der Norm ohne Gruppenvergleichsformel geboten sein könnte.

Legt man die Vorschrift systematisch aus, gelangt man zu dem Ergebnis, dass es nicht darauf ankommt, ob anderen Steuerpflichtigen die Aufwendungen entstanden sind, sondern dass alle Aufwendungen erfasst sind, die über den Grundfreibetrag hinausgehen.[266] Der Gesetzgeber hat durch seine Differenzierung zwischen dem § 32a EStG und § 33 EStG zum Ausdruck gebracht, dass alle gewöhnlichen Aufwendungen von § 32a EStG und alle außergewöhnlichen Aufwendungen von § 33 EStG erfasst werden. Hierdurch hat er festgelegt, dass die Aufwendungen, die von § 32a EStG erfasst sind, grundsätzlich der Mehrzahl der Steuerpflichtigen entstehen. Folglich entstehen alle anderen Aufwendungen nicht gewöhnlich und sind daher, soweit die anderen Voraussetzungen vorliegen – insbesondere die Aufwendungen auch zwangsläufig sind – von § 33 EStG als außergewöhnliche Aufwendung erfasst.

Eine Auslegung nach dem Sinn und Zweck der Norm führt zu demselben Auslegungsergebnis. Der Sinn und Zweck der Norm besteht darin, dass subjektive Nettoprinzip zu wahren. Es soll eine Besteuerung nach der subjektiven

263 *Lang* hingegen legt de lege lata die Gruppenvergleichsformel verfassungskonform als Typisierungsformel für den Regelbedarf aus: *Lang,* Die Bemessungsgrundlage der Einkommensteuer, Seite 597.

264 *Schenke,* DStR-Beih 2011, 54; *Larenz,* Methoden der Rechtswissenschaft, Seite 324.

265 *Englisch,* in: Tipke/Lang, Steuerrecht, § 5 Rz. 92.

266 So auch: *Lehner,* Einkommensteuerrecht und Sozialhilferecht, Seite 200.

Leistungsfähigkeit sichergestellt werden.[267] Die Frage, ob die subjektive Leistungsfähigkeit des Steuerpflichtigen betroffen ist, ist aber unabhängig von der Frage, wie vielen anderen Steuerpflichtigen auch Aufwendungen entstanden sind. Die Fähigkeit Steuern zahlen zu können, wird durch die Tatsache, dass andere Steuerpflichtige mehr oder weniger Steuern zahlen können, nicht berührt.[268] Des Weiteren besteht der Zweck des § 33 EStG darin, nur solche Aufwendungen als außergewöhnliche Belastung anzuerkennen, die nicht bereits vom Grundfreibetrag, allgemeinen Freibeträgen oder Steuerermäßigungen abgegolten sind.[269] Um diesen Zweck zu erreichen, bedarf es nicht eines konkreten Vergleichs mit anderen Steuerpflichtigen, sondern es ist hierfür ein Vergleich mit den von den typisierenden Freibeträgen erfassten Aufwendungen ausreichend.

Eine verfassungsrechtliche Auslegung anhand des subjektiven Nettoprinzips belegt, dass ein Vergleich mit anderen Steuerpflichtigen nicht der richtige Bezugspunkt für die Frage der Außergewöhnlichkeit sein kann. Verfassungsrechtlich umfasst der Terminus der Außergewöhnlichkeit, die nicht von den §§ 10, 32, 32a EStG erfasste, aber zwingend zu berücksichtigende, ungleiche subjektive Leistungsfähigkeit.[270] Entscheidend ist nur, ob zwingende Aufwendungen bereits von den Tatbeständen der §§ 10, 32, 32a EStG erfasst sind. Ist dies nicht der Fall, sind die Aufwendungen außergewöhnlich, wenn sie zwingend die subjektive Leistungsfähigkeit beeinträchtigen. Einfachgesetzlich ist neben der Außergewöhnlichkeit, die Zwangsläufigkeit gem. § 33 Abs. 2 EStG zu prüfen. Beide Begriffe setzen zusammen den verfassungsrechtlichen Begriff der Außergewöhnlichkeit um. Nicht notwendig ist es, einen Gruppenvergleich zwischen Steuerpflichtigen anzustellen. Beispielsweise sind Prozesskosten nicht von den §§ 10, 32, 32a EStG umfasst und daher außergewöhnlich. Überflüssig wäre somit eine Prüfung, ob die überwiegende Anzahl der Steuerpflichtigen im selben Veranlagungszeitraum ebenfalls mit Prozesskosten belastet sind. Gleiches gilt für die Beurteilung der Höhe nach. Für § 32a EStG wurden die Aufwendungen der Höhe nach festgelegt. Gehen sie darüber hinaus, liegen also Mehraufwendungen vor, sind diese außergewöhnlich soweit sie zwangsläufig sind. Durch einen konkreten Vergleich mit anderen Steuerpflichtigen würde der Tatbestand des § 33 EStG zu sehr eingeengt und das Leistungsfähigkeitsprinzip verletzt. Ein Gruppenvergleich mit anderen Steuerpflichtigen führt zu einem unauflösbaren Konflikt mit dem Leistungsfähigkeitsprinzip.[271] Dies

267 S. B.III.1.

268 *Lang*, Die Bemessungsgrundlage der Einkommensteuer, Seite 584 ff.

269 *Kanzler*, in: H/H/R, EStG, § 33 Rz. 50 (Feb. 2016).

270 *Geserich*, DStR 2013, 1861(1862); *Arndt*, in: K/S/M, EStG, § 33 Rz. B 48 (Jan. 2001).

271 *Lang*, Die Bemessungsgrundlage der Einkommensteuer, Seite 584 ff.

lässt sich am bereits zuvor verwendeten Beispiel verdeutlichen: Entstehen 60 % der Steuerpflichtigen aufgrund einer Epidemie Krankheitskosten, so wären diese Kosten der überwiegenden Mehrzahl der Steuerpflichtigen entstanden und somit nach einem Gruppenvergleich nicht mehr außergewöhnlich. Die Kosten sind nicht von den §§ 10, 32, 32a EStG umfasst und wären für den Steuerpflichtigen nicht abzugsfähig. Das Existenzminimum des Steuerpflichtigen ist aber erhöht, da die Kosten für die Gesundheit nach allgemeiner Auffassung stets indisponibel und damit zwangsläufig sind.[272] Werden diese Kosten nun nicht von der Bemessungsgrundlage der Einkommensteuer abgezogen, liegt ein Verstoß gegen das Leistungsfähigkeitsprinzip vor.

Bei Anwendung des Gruppenvergleichs wäre in jedem Einzelfall eine *„soziale Wertung"* notwendig, ob die Aufwendung und das sie auslösende Ereignis außerhalb der normalen Lebensführung liegen.[273] Eine kasuistische Rechtsprechung lässt sich bei dieser Sichtweise nicht vermeiden.[274] Eine kasuistische, durch soziale Wertungen geprägte Rechtsprechung bedeutet für den Steuerpflichtigen erhebliche Rechtsunsicherheit. Somit ist auch aus Gründen der Rechtssicherheit und Rechtsklarheit, die Anwendung des Gruppenvergleichs abzulehnen und stattdessen auf einen Vergleich mit § 32a EStG abzustellen.

Die sich an die Auslegung des Tatbestands anschließende Frage der Praktikabilität eines Gruppenvergleichs spricht auch gegen einen solchen Gruppenvergleich. Ein konkreter Vergleich mit anderen Steuerpflichtigen ist unmöglich.[275] Die Vorschrift ist bei diesem Verständnis nicht praktikabel. Was ist unter dem Begriff der *„überwiegende Mehrzahl"* zu verstehen? Eine Mehrzahl ist stets überwiegend. Inwieweit das Gesetz ein Überwiegen der Mehrzahl fordert, ist unbestimmbar.[276]

Im Ergebnis sollte de lege ferenda auf die Gruppenvergleichsformel verzichtet werden.[277]

bb) Außergewöhnlichkeit der Aufwendung oder des Ereignisses?

Fraglich ist, ob nur die Aufwendung oder das ihr zugrunde liegende Ereignis außergewöhnlich sein muss. Der Wortlaut des § 33 Abs. 1 EStG *„...zwangsläufig*

---

272 Vgl. hierzu D.V.2.a)bb)(1) und D.V.2.b)bb)(1).

273 Loschelder, in: Schmidt, EStG, § 33 Rz. 15.

274 *Loschelder*, in: Schmidt, EStG, § 33 Rz. 15.

275 *Tipke*, StW 1959,86 (88).

276 *Tipke*, StW 1959,86 (88).

277 So auch bereits: *Lang*, Die Bemessungsgrundlage der Einkommensteuer, Seite 586.

größere Aufwendungen...(außergewöhnliche Belastung)" spricht zunächst dafür, dass die Aufwendung der Bezugspunkt der Prüfung ist.[278]

Für den Einbezug des der Aufwendung zugrunde liegenden Ereignisses spricht jedoch die Systematik des Einkommensteuergesetzes.[279] Hiernach verlangt die Systematik des Gesetzes, dass Begriffe, die mehrmals innerhalb eines Gesetzes verwendet werden, möglichst gleich auszulegen sind.[280] In anderen Bereichen des Einkommensteuergesetzes wird der Begriff der Aufwendung so ausgelegt, dass er auch den der Aufwendung zugrunde liegenden Lebenssachverhalt erfasst. So wird sowohl bei den Betriebsausgaben als auch bei der Definition der Werbungskosten auf den Lebenssachverhalt, zum Beispiel bei der Prüfung der betrieblichen Veranlassung, abgestellt.[281] Um eine einheitliche Auslegung des Begriffs der Aufwendung zu gewährleisten, ist bei der Beurteilung der Frage der Außergewöhnlichkeit auch der Lebenssachverhalt miteinzubeziehen.

Ebenfalls spricht die historische Auslegung des § 33 EStG dafür, auch auf den Lebenssachverhalt abzustellen, welcher der Aufwendung zugrunde liegt. In der Gesetzesbegründung heißt es: *„Diese – bereits früher im Einkommensteuerrecht enthaltene – Beschränkung ist angezeigt, weil es nicht richtig erscheint, Umständen, die bei einem großen Kreis von Steuerpflichtigen besondere Aufwendungen erforderlich machen, durch eine individuelle Steuerermäßigung Rechnung zu tragen."*[282]

Aus dem Wortlaut *„Umständen"* folgt, dass nicht nur auf die Aufwendung abzustellen ist, sondern dass es auch auf das Ereignis, die *„Umstände"*, ankommt, die zu den Aufwendungen geführt haben. Weiterhin heißt es in der Gesetzesbegründung, dass der Sinn und Zweck der Vorschrift darin besteht, *„außergewöhnliche Verhältnisse des Einzelfalls"* zu berücksichtigen. Diese Wortwahl spricht ebenfalls dafür, dass es nicht nur auf die Aufwendung, sondern vor allem auf die Außergewöhnlichkeit des Ereignisses, der *„Verhältnisse"*, ankommt.

Im Anschluss an die erfolgte Auslegung sprechen auch Erwägungen auf der Ebene der Praktikabilität für die Berücksichtigung des Lebenssachverhalts. Ohne den Einbezug des Lebenssachverhalts, kann die Frage der Außergewöhnlichkeit der Aufwendung schlichtweg nicht beurteilt werden.[283] Die Frage, ob die Aufwendung bereits von § 32a EStG erfasst ist bzw. ob anderen Steuerpflichtigen ebenfalls vergleichbare Aufwendungen entstanden sind, kann ohne den

---

278 *Kanzler,* in: H/H/R, EStG, § 33 Rz. 30 (Feb. 2016).
279 *Arndt,* in: K/S/M, EStG, § 33 Rz. B 42 (Jan. 2001).
280 *Söhn,* StuW 1991, 270 (271).
281 *Wied,* in: Blümich, EStG, § 4 Rz. 555 f. (Okt. 2015).
282 BT-Drucks. 2/481, Seite 91.
283 *Lehner,* Einkommensteuerrecht und Sozialhilferecht, Seite 212, mwN.

dazugehörigen Lebenssachverhalt nicht geklärt werden. Aufwendungen sind bewusste und gewollte Vermögensverwendungen, mithin Geldausgaben und Zuwendungen von Sachwerten.[284] Aufwendungen beschreiben einen abstrakten Vorgang. Ohne den zugrunde liegenden Lebenssachverhalt kann dieser theoretische Begriff jedoch nicht dazu dienen, festzustellen, ob die Aufwendung im konkreten Einzelfall von § 32a EStG erfasst oder anderen Steuerpflichtigen ebenfalls entstanden ist. Wie soll beispielsweise allein anhand der Aufwendung, dem abstrakten Vorgang der Zahlung eines Steuerpflichtigen in Höhe von € 5.000, ohne Kenntnis des Grundes der Aufwendung, festgestellt werden, ob diese Aufwendung außergewöhnlich war? Es liegt auf der Hand, dass eine Aufwendung in dieser Höhe auch von §§ 10, 32 oder 32a EStG erfasst sein kann. Wendet beispielsweise ein Steuerpflichtiger € 5.000 für neue Bodenbeläge auf, weil diese aufgrund eines Hochwassers erneuert werden müssen, kann erst aus der Kenntnis des Lebenssachverhalts/Ereignisses „*Hochwasser*" und „*Zerstörung des Bodenbelags*" geschlossen werden, dass die Aufwendung außergewöhnlich ist. Eine Aufwendung aufgrund dieses Lebenssachverhalts ist nicht bereits von den §§ 10, 32 oder 32a EStG erfasst und entstand auch nicht der überwiegenden Mehrzahl der anderen Steuerpflichtigen. Es kann mithin nicht davon ausgegangen werden, dass der Gesetzgeber ein Gesetz schaffen wollte, was praktisch nicht anwendbar ist, sodass das Ereignis, welches der Aufwendung zugrunde liegt, miteinzubeziehen ist.

Im Ergebnis ist der konkrete Bezugspunkt für die Prüfung der Außergewöhnlichkeit der Aufwendung nicht allein die Aufwendung, sondern auch das ihr zugrunde liegende Ereignis.[285]

4. Auslegung des Tatbestandsmerkmals der Zwangsläufigkeit dem Grunde nach

Das Tatbestandsmerkmal der Zwangsläufigkeit ist im Tatbestand des § 33 EStG neben dem Tatbestandsmerkmal der Außergewöhnlichkeit, das Tatbestandsmerkmal mit der größten Bedeutung.[286] Es ist zugleich, trotz seiner Konkretisierung in § 33

284 *Birk/Desens/Tappe*, Steuerrecht, Rz. 1061; BFH vom 15.3.1991 III R 26/89, BFH/NV 1991, 669.

285 So auch die weit überwiegende Meinung in der Literatur: *Loschelder*, in: Schmidt, EStG, § 33 Rz. 15; *Mellinghoff*, in: Kirchhof, EStG, § 33 Rz. 20; *Birk/Desens/Tappe*, Steuerrecht, Rz. 1068.

286 *Kanzler*, in: H/H/R, EStG, § 33 Rz. 174 (Feb. 2016); *Endert*, in: Frotscher/Geurts, EStG, § 33 Rz. 31 (Juli 2014).

Abs. 2 Satz 1 EStG, in höchstem Maße unbestimmt. Nach allgemeiner Auffassung in der Literatur, ist die Definition in § 33 Abs. 2 Satz 1 EStG in zwei Teile aufzuteilen. Die Aufwendung müsse dem Grunde und der Höhe nach zwangsläufig sein.[287]

a) Inhalt des Tatbestandsmerkmals nach Auffassung in der Literatur

Dem Grunde nach seien Aufwendungen zwangsläufig, wenn der Steuerpflichtige sich ihnen aus rechtlichen, tatsächlichen oder sittlichen Gründen nicht entziehen kann. Er darf ihnen nicht ausweichen können.[288] Der Steuerpflichtige dürfe keine Entschließungsfreiheit mehr haben, die Aufwendungen vorzunehmen oder zu unterlassen.[289] Dabei müssen die Gründe von außen auf die Entschließungsfreiheit des Steuerpflichtigen einwirken, wobei inländische Maßstäbe zugrunde zu legen seien.[290] Dem Wortlaut des Gesetzes könne nicht unmittelbar entnommen werden, ob die Zwangsläufigkeit subjektiv oder objektiv zu beurteilen sei.[291] Im Schrifttum umstritten ist, ob für die Frage der Zwangsläufigkeit nur auf die Aufwendung oder auf das die Aufwendung verursachende Ereignis – so die weit überwiegende Meinung – abzustellen ist.[292] Umstritten ist des Weiteren, ob schuldhaftes Handeln – Vorsatz und bestimmte Formen der Fahrlässigkeit – stets dazu führen, dass die Aufwendung nicht zwangsläufig ist.[293] Die Gegenansicht hält die Schuldform für kein geeignetes Kriterium und stellt stattdessen darauf ab, ob die Aufwendung auf sozial inadäquatem Verhalten beruht oder, ob ein rechtsmissbräuchliches Verhalten des Steuerpflichtigen vorliegt.[294] Unterlässt der Steuerpflichtige zumutbare Maßnahmen, um die Belastung zu vermeiden, so soll die Aufwendung nicht mehr zwangsläufig sein, wenn der Steuerpflichtige konkret mit der Belastung rechnen musste.[295] Dies soll beispielsweise der Fall sein, wenn der Steuerpflichtige bei Vermögensschäden zugängliche und übliche Versicherungsmöglichkeiten nicht wahrgenommen hat.[296]

---

287 *Loschelder*, in: Schmidt, EStG, § 33 Rz. 27.
288 *Mellinghoff*, in: Kirchhof, EStG, § 33 Rz. 27.
289 *Mellinghoff*, in: Kirchhof, EStG, § 33 Rz. 27.
290 *Mellinghoff*, in: Kirchhof, EStG, § 33 Rz. 28; *Loschelder*, in: Schmidt, EStG, § 33 Rz. 17.
291 *Kanzler*, in: H/H/R, EStG, § 33 Rz. 177 (Feb. 2016).
292 *Kanzler*, in: H/H/R, EStG, § 33 Rz. 180 (Feb. 2016).
293 *Mellinghoff*, in: Kirchhof, EStG, § 33 Rz. 30.
294 *Kanzler*, in: H/H/R, EStG, § 33 Rz. 185 f. (Feb. 2016); *Lang*, Die Bemessungsgrundlage der Einkommensteuer, Seite 594.
295 *Mellinghoff*, in: Kirchhof, EStG, § 33 Rz. 31.
296 *Mellinghoff*, in: Kirchhof, EStG, § 33 Rz. 32.

Problematisch ist auch die Frage der Kausalität. Welche Ursache ist entscheidend dafür, ob die Aufwendung bzw. das ihr zugrunde liegende Ereignis zwangsläufig war? Hierzu werden unterschiedliche Positionen vertreten. Nach einer Auffassung ist auf das letzte Glied in der Kausalkette, die unmittelbare Ursache, abzustellen.[297] Die überwiegende Meinung in der Literatur vertritt die Auffassung, dass *„die wesentliche Ursache"* entscheidend sei.[298] Die Frage der Kausalität, sei nur unter dem Einbezug der Grundrechte und dem systematisch-teleologischen Hintergrund des § 33 EStG zu lösen und enthalte daher stets ein Werturteil über die Zwangsläufigkeit.[299] Es sei stets danach zu fragen, ob ein außergewöhnlicher, atypischer Sachverhalt die subjektive Leistungsfähigkeit mindere, ohne dass dem Steuerpflichtigen ein Vorwurf gemacht werden könne.[300] Des Weiteren wird vertreten, dass die Ursachenkette daraufhin zu überprüfen sei, ob eine Aufwendung vorliegt, welche den Steuerpflichtigen zu einer existenziell notwendigen Aufwendung gezwungen habe.[301] Sobald eine solche Ursache vorliegt, sei das Tatbestandsmerkmal der Zwangsläufigkeit gem. § 33 Abs. 2 EStG erfüllt.[302] Diejenigen, die nur auf die Aufwendung und nicht auch auf das Ereignis der Aufwendung abstellen, verneinen generell die Notwendigkeit der Kausalitätstheorien.[303] Einigkeit besteht nur insofern, dass die zivilrechtlichen und strafrechtlichen Kausalitätstheorien im Steuerrecht nicht anwendbar sind.[304]

Ob den in § 33 Abs. 2 Satz 1 EStG genannten rechtlichen, tatsächlichen und sittlichen Gründen überhaupt eine konkretisierende Wirkung des Tatbestandsmerkmal der Zwangsläufigkeit zukommt, wird infrage gestellt.[305] Dies führt zu Zweifel an der Existenzberechtigung der Legaldefinition des § 33 Abs. 2 EStG.[306]

Rechtliche Gründe können sich aus Gesetz, Verwaltungsakt und Vertrag ergeben. Da jede rechtliche Verpflichtung zwingend ist, ist entscheidend, ob das Verhalten des Steuerpflichtigen, dass zu der rechtlichen Verpflichtung führte,

---

297 FG Saarland vom 25.3.1982 II 161/79, EFG 1983, 67; *Jakob/Jüptner*, StuW 1983, 206 (211), mwN.

298 *Jakob/Jüptner*, StuW 1983, 206 (212); *Heger*, in: Blümich, EStG, § 33 Rz. 96 (Nov. 2014), mwN; *Dreger*, EStB 2014, 265.

299 *Arndt*, in: K/S/M, EStG, § 33 Rz. C 16 f. (Jan. 2001).

300 *Arndt*, in: K/S/M, EStG, § 33 Rz. C 18 (Jan. 2001).

301 *Lang*, Die Bemessungsgrundlage der Einkommensteuer, Seite 588.

302 *Lang*, Die Bemessungsgrundlage der Einkommensteuer, Seite 588.

303 *Kanzler*, in: H/H/R, EStG, § 33 Rz. 184 (Feb. 2016).

304 *Kanzler*, in: H/H/R, EStG, § 33 Rz. 184 (Feb. 2016).

305 *Lang*, Die Bemessungsgrundlage der Einkommensteuer, Seite 587.

306 *Arndt*, in: K/S/M, EStG, § 33 Rz. C 25 (Jan. 2001).

zwangsläufig war.[307] Tatsächliche Gründe bestehen in unabwendbaren Ereignissen, wie beispielsweise bei einem Krieg, Katastrophen, Krankheiten, Erpressung und Unwetterschäden.[308] Sittliche Gründe liegen vor, wenn nach dem Urteil aller billig und gerecht denkenden Menschen ein Steuerpflichtiger sich zu der Leistung verpflichtet halten kann. Hierbei sind allgemeine sittliche Verpflichtungen und Anstandspflichten, Übungen und Sitten nicht ausreichend.[309] Die Sittenordnung muss vielmehr das Handeln gebieten und das Unterlassen muss als moralisch anstößig empfunden werden.[310] Die sittlichen Gründe müssen einer rechtlichen Verpflichtung gleichstehen.[311] Dies sei vor allem in Notsituationen von Familienangehörigen, die nicht auf andere Weise Kompensation erhalten, der Fall. Ein Beispiel hierfür ist die Unterhaltsgewährung von Familienmitgliedern an andere mittellose Familienmitglieder.[312] Allerdings sind die sittlichen Gründe nicht nur auf Familienangehörige begrenzt.

b) Eigene Auslegung

Wie die zuvor dargestellten Ansichten der Literatur mit den zahlreichen dogmatischen Unterschieden und verschiedenen Auslegungsvarianten gezeigt haben, ist ein einheitlicher Konsens, wie der Terminus der Zwangsläufigkeit auszulegen ist, nicht vorhanden. Die nun folgende eigene Auslegung des Tatbestandsmerkmals der Zwangsläufigkeit greift, wie bei der zuvor vorgenommenen Auslegung der anderen Tatbestandsmerkmale, die im Schrifttum diskutierten Probleme auf. Im Vordergrund soll aber der Versuch stehen, durch den Begriff der Zwangsläufigkeit die Anerkennung von Aufwendungen als außergewöhnliche Belastung auf ein Maß zu reduzieren, welches durch das subjektive Nettoprinzip geboten ist. Die Aufwendungen sollen nur in einem Maße zum Abzug zugelassen werden, wie es verfassungsrechtlich notwendig ist. Der Rechtsanwender steht – wie *J. Lang* bereits zutreffend feststellte – bei § 33 EStG an einem Scheideweg. Entweder er nutzt die Generalklausel mit ihren unbestimmten Rechtsbegriffen als Spielball für Billigkeitserwägungen im Einzelfall oder aber er legt die Norm anhand des

307 *Loschelder*, in: Schmidt, EStG, § 33 Rz. 23.
308 *Birk/Desens/Tappe*, Steuerrecht, Rz. 1070.
309 *Loschelder*, in: Schmidt, EStG, § 33 Rz. 25.
310 *Loschelder*, in: Schmidt, EStG, § 33 Rz. 25.
311 *Leingärtner*, StuW 1956, 815 (819).
312 RStBl 1938, Seite 101.

Leistungsfähigkeitsprinzips aus und füllt dadurch den Interpretationsspielraum der Norm systemgerecht und gleichheitskonform aus.[313]

Ebenfalls ist zu untersuchen, ob es keine allgemeingültige Grenze der Zwangsläufigkeit gibt und in jedem Fall eine sozialethische Wertung vorzunehmen ist.[314]

aa) Wortlaut der Legaldefinition des § 33 Abs. 2 EStG

Der Wortlaut des § 33 Abs. 2 Satz 1 EStG beschreibt den Begriff der Zwangsläufigkeit wie folgt: „*Aufwendungen erwachsen dem Steuerpflichtigen zwangsläufig, wenn er sich ihnen aus rechtlichen, tatsächlichen oder sittlichen Gründen nicht entziehen kann und soweit die Aufwendungen den Umständen nach notwendig sind und einen angemessenen Betrag nicht übersteigen.*" Bereits aus dem Wortlaut „*und soweit*" folgt, dass zwischen der Zwangsläufigkeit dem Grunde und der Höhe nach zu differenzieren ist. Des Weiteren folgt unmittelbar aus dem Wortlaut, dass für die Beantwortung der Frage, ob die Aufwendung zwangsläufig war, auch die „*Umstände*" – der Lebenssachverhalt – miteinzubeziehen sind. Denn der Satzteil: „*und soweit die Aufwendungen den Umständen nach notwendig sind*", bezieht sich nicht nur auf die Höhe der Aufwendungen, sondern auch auf den Grund der Aufwendung.[315] Die Frage der Zwangsläufigkeit kann im Einzelfall somit nicht abstrakt, sondern nur unter Berücksichtigung des jeweiligen Lebenssachverhalts beantwortet werden, der der jeweiligen Aufwendung zugrunde liegt.[316]

Ansonsten ist der Wortlaut der Vorschrift äußerst unbestimmt. Sprachlich lässt sich aus der Formulierung „*nicht entziehen kann*" keine weitere Konkretisierung des Begriffs der Zwangsläufigkeit entnehmen. Bereits der Begriff der Zwangsläufigkeit bringt nach dem allgemeinen Sprachgebrauch zum Ausdruck, dass etwas, aufgrund bestimmter Gegebenheiten, gar nicht anders möglich war und somit etwas automatisch, notwendigerweise und unvermeidlich war.[317] Nichts anderes bringt der Terminus „*nicht entziehen kann*" zum Ausdruck. Er steht im allgemeinen Sprachgebrauch dafür, dass man etwas nicht von sich fernhalten kann.[318] Kann man etwas nicht von sich fernhalten, so ist es für einen unvermeidbar und somit zwangsläufig. Die beiden Termini haben nach dem allgemeinen Sprachgebrauch somit eine ähnliche Bedeutung. Der Wortlaut der Vorschrift enthält insbesondere keine Aussage darüber, ob schuldhaftes

313 *Lang,* Die Bemessungsgrundlage der Einkommensteuer, Seite 591.
314 So *Offerhaus,* NJW 1978, 1138 (1142).
315 Lang, Die Bemessungsgrundlage der Einkommensteuer, Seite 588.
316 *Richter,* FR 1983, 233.
317 Bedeutung des Wortes „zwangsläufig" nach Duden.
318 Bedeutung des Wortes „entziehen" nach Duden.

Verhalten die Zwangsläufigkeit ausschließt, ob ein subjektiver oder objektiver Maßstab gilt und auf welchen Umstand hinsichtlich der Frage der Kausalität abzustellen ist. Im Ergebnis wird ein unbestimmter Rechtsbegriff, der Begriff der Zwangsläufigkeit, durch einen anderen unbestimmten Terminus, das *„nicht entziehen können"*, ausgetauscht.

bb) Historische Auslegung

Der Gesetzesbegründung kann entnommen werden, dass nur solche Aufwendungen anerkannt werden, die den Umständen nach notwendig sind. Ob diese Voraussetzung vorliegt, ist unter Würdigung aller Umstände, insbesondere auch unter Berücksichtigung der Lebensstellung des Steuerpflichtigen zu beurteilen.[319]

Die Vorschrift wurde als Ausnahmevorschrift geschaffen, um außergewöhnliche Verhältnisse des Einzelfalls zu berücksichtigen.[320] Als Ausnahmevorschrift ist die Norm des § 33 EStG im Sinne des existenzsichernden Nettoprinzips eng auszulegen.[321] Ansonsten würde sie ihren Ausnahmecharakter verlieren und es besteht die Gefahr, dass die Ausnahme zur Regel wird. Bezogen auf § 33 EStG bedeutet dies: Private Aufwendungen sind nur ausnahmsweise abzugsfähig, da ansonsten die Gefahr besteht, dass das generelle Abzugsverbot gem. § 12 Nr. 1 EStG unterlaufen wird. Hätte der Gesetzgeber im Rahmen seines gesetzgeberischen Gestaltungsspielraums gewollt, dass von § 33 EStG Aufwendungen in einem größeren Maße erfasst sind, als verfassungsrechtlich geboten, so hätte er § 33 EStG nicht als eng auszulegende Ausnahmevorschrift geschaffen. Es gibt aufgrund der Gesetzesbegründungen keine Anhaltspunkte dafür, dass ein weitergehender steuerlicher Abzug von privaten Aufwendungen gewollt war.

Neuere gesetzliche Änderungen des § 33 EStG, wie beispielsweise das AmtshilfeRLUmsG aus dem Jahre 2013, bestätigen diesen Ausnahmecharakter. Zum AmtshilfeRLUmsG selbst ist keine Gesetzesbegründung vorhanden.[322] Der Gesetzentwurf des Bundesrats zum nicht verabschiedeten Jahressteuergesetz 2013 enthielt aber bereits denselben Gesetzeswortlaut des § 33 Abs. 2 Satz 4 EStG, wie er später im AmtshilfeRLUmsG verabschiedet wurde, sodass auf seine Begründung zurückgegriffen werden kann.[323] So heißt es in der Gesetzesbegründung

319 BT-Drucks. 2/481, Seite 91.

320 BT-Drucks. 2/481, Seite 91.

321 *G. Kirchhof*, DStR 2013, 1867 (1871).

322 *Bleschick*, FR 2013, 932 (933).

323 BT-Drucks. 17/13033, Seite 19; *Kanzler* nimmt ebenfalls Bezug auf die Gesetzesbegründung zum Jahressteuergesetz: *Kanzler*, in: H/H/R, EStG, § 33 Rz. 210 (Feb. 2016); a.A.: *Endert*, in: Frotscher/Geurts, § 33 EStG Rz. 8 (Feb. 2016).

zum Jahressteuergesetz 2013 wörtlich: „*Es ist daher angezeigt, die Anwendbarkeit auf einen engen Rahmen zu beschränken.*“[324] Hierdurch wird betont, dass der Wille des Gesetzgebers auf einen „*engen*“ Anwendungsbereich der Norm gerichtet ist.

Hinsichtlich der anderen diskutierten Auslegungsprobleme können aus der Gesetzesbegründung keine weiteren Erkenntnisse gewonnen werden.

cc) Systematik

Aus der Systematik des Gesetzes folgt, dass private Aufwendungen nur in einem engen Rahmen die Bemessungsgrundlage der Einkommensteuer mindern dürfen. Es gilt gem. § 12 Nr. 1 EStG der Grundsatz, dass private Aufwendungen nicht abzugsfähig sind.[325] Dieser Grundsatz würde ad absurdum geführt, wenn nahezu sämtliche privaten Aufwendungen gem. §§ 10, 33 EStG abzugsfähig wären. Dies hat somit auch Auswirkung auf die Auslegung des Begriffs der Zwangsläufigkeit. Er ist so auszulegen, dass § 33 EStG nur in einem engen Rahmen angewendet werden kann, um den Anwendungsbereich des § 12 Nr. 1 EStG nicht zu unterlaufen. Diese systematische Auslegung spricht, wie die historische Auslegung, insbesondere dagegen, Aufwendungen in einem größeren Maße steuerlich zu berücksichtigen, als es aufgrund der Verfassung geboten ist.

dd) Telos der Norm

Der Sinn und Zweck der Norm spielt eine entscheidende Rolle bei der Auslegung des Tatbestandsmerkmals der Zwangsläufigkeit. Er verwirklicht einfach gesetzlich das subjektive Nettoprinzip und ist daher geeignet, dem Tatbestand über den Einzelfall hinaus Struktur zu verschaffen.[326] Die Auslegung hat sich daher an dem Grundsatz zu orientieren, dass nach dem subjektiven Nettoprinzips unvermeidbare, existenzsichernde Aufwendungen vom Tatbestand des § 33 EStG erfasst sind. Konkret bezogen auf den Begriff der Zwangsläufigkeit bedeutet dies, dass zumindest das, was Gegenstand eines sozialhilferechtlichen Leistungsanspruchs ist, zwangsläufig im Sinne des § 33 EStG ist.[327] Durch strikte Auslegung nach dem Sinn und Zweck der Norm können zahlreiche, der in der Literatur diskutierten Auslegungsprobleme, wie beispielsweise die Kausalitätsfrage, die

---

324 BT-Drucks. 17/13033, Seite 128.

325 *Kanzler*, in: H/H/R, EStG, § 33 Rz. 14 (Feb. 2016).

326 *Lang*, Die Bemessungsgrundlage der Einkommensteuer, Seite 591.

327 So auch: *Lehner*, Einkommensteuerrecht und Sozialhilferecht, Seite 222.

Frage nach dem Verschulden und des objektiven oder subjektiven Maßstabs, gelöst werden.[328]

Im Steuerrecht ist noch keine subsumtionsfeste Kausalitätstheorie gefunden worden.[329] Auch kann der Grad des Verschuldens, der tatbestandsausschließend wirken soll, nicht eindeutig bestimmt werden. Dies wird durch die zahlreichen unterschiedlichen Auffassungen im Schrifttum belegt.[330] Im Anwendungsbereich des § 33 EStG kann aber auf die Suche nach der kausalen Ursache und der Frage des Verschuldens verzichtet werden, da aufgrund einer Auslegung nach dem Sinn und Zweck die Frage nach der kausalen Ursache und dem Verschulden entfällt. Vor allem durch die Anwendung des Kriteriums der Fahrlässigkeit würde der Sinn und Zweck der Norm verletzt.[331] Die Fragen nach der kausalen Ursache und dem Verschulden ist zu ersetzen durch die Frage, ob ein außergewöhnlicher Sachverhalt zwangsläufig die subjektive Leistungsfähigkeit mindert, ohne dass dem Steuerpflichtigen ein rechtsmissbräuchlicher Vorwurf zu machen ist.[332] Durch den strikten Bezug auf das subjektive Nettoprinzip wird insbesondere vermieden, dass in jedem Einzelfall Billigkeitserwägungen einfließen, was wiederum zu einer unüberschaubaren Einzelfallrechtsprechung und Rechtsunsicherheit führt. Die steuerliche Berücksichtigung hängt dann auch nicht von Wertungen im Einzelfall ab, sodass nicht nach einer *„wesentlichen Ursache"* gesucht werden muss. Hierzu folgendes Beispiel: Führt ein Steuerpflichtiger einen Zivilprozess wegen eines Autounfalls und besteht bei diesem Prozess eine hinreichende Erfolgsaussicht und ist er nicht mutwillig geführt, so besteht sozialhilferechtlich ein Anspruch auf Prozesskostenhilfe, falls der Kläger bedürftig ist. Ist der Kläger nicht bedürftig, so ist die Aufwendung für den Steuerpflichtigen zwangsläufig, da die Zivilprozesskosten Bestandteil eines sozialhilferechtlichen Leistungstatbestandes sind.[333] Auch hier gilt der Grundsatz: Was der soziale Staat gewährt, darf der Steuerstaat nicht nehmen.[334] Auf die Frage des Verschuldens und der kausalen Ursache kommt es, legt man den Begriff der Zwangsläufigkeit derart aus, gar nicht an.[335] Es ist irrelevant, ob den Steuerpflichtigen

---

328 Vgl. C.III.4.a) und B.IV.1.

329 So auch: Jakob/Jüptner, StuW 1983, 206 (210).

330 S. C.III.4.a).

331 Gegen das Erfordernis zur Prüfung des Verschuldens: *Lang*, Die Bemessungsgrundlage der Einkommensteuer, Seite 595.

332 So auch: *Arndt*, in: K/S/M, EStG, § 33 Rz. C 14 (Jan. 2001).

333 Prozesskosten als sozialhilferechtlicher Anspruch: C.V.1.b)dd)(2).

334 S. hierzu ausführlich B.IV.1.

335 So auch: *Lang*, Die Bemessungsgrundlage der Einkommensteuer, Seite 594 f.

ein Verschulden am Unfall trifft oder ob man bei der Frage der Kausalität auf das Anschaffen des Autos, die Unfallfahrt, die Führung des Prozesses oder gar die Zahlung der Prozesskosten abstellt. Entscheidend ist allein, ob ein sozialhilferechtlicher Leistungstatbestand existiert und der Staat dem Bürger durch Erbringung von existenziellen Leistungen zur Seite steht.[336]

So sind auch Umzugskosten aufgrund einer Kündigung des Vermieters wegen Eigenbedarfs im Rahmen des § 33 EStG zu berücksichtigen. Es ist offensichtlich von existenzieller *Bedeutung „ein Dach über dem Kopf zu haben“* und im gebildeten Beispiel lässt sich ein Umzug für den Mieter nicht vermeiden. Ein solcher Umzug würde Bedürftigen gem. § 35 Abs. 2 Satz 5 SGB XII erstattet werden.[337] Anders hingegen der Fall, indem der Mieter durch Beschädigung der Mietsache eine Kündigung des Vermieters auslöst. Hier ist der Umzug zwar ebenfalls von existenzieller Bedeutung, aber aufgrund seines sozial inadäquaten, gegebenenfalls sogar strafbaren Verhaltens, ist eine steuerliche Anerkennung zu versagen. Denn eine Grenze für den Anspruch des Steuerpflichtigen auf die Solidarität der Gemeinschaft durch die steuerliche Berücksichtigung des erhöhten Existenzminimums ist dort erreicht, wo er sich rechtsmissbräuchlich, sozial inadäquat, verhält.[338] Bei der Anwendung des § 33 EStG geht es neben der Erfassung der subjektiven Leistungsfähigkeit auch um die Frage, wann der Einzelne Anspruch auf die Solidarität der staatlichen Gemeinschaft in Form eines Steuerverzichts hat.[339] Der verfassungsrechtliche Anspruch an der Teilnahme am Gemeinschaftsleben beinhaltet nicht ein rechtsmissbräuchliches Verhalten, sodass derartige Aufwendungen auch nicht vom Existenzminimum erfasst sind.[340] Sind die Aufwendungen nicht Bestandteil des Existenzminimums, so sind sie auch nicht vom Tatbestand des § 33 EStG erfasst, da dieser nur existenzielle Aufwendungen erfasst.[341] Des Weiteren ist kein Grund ersichtlich, warum die Allgemeinheit die privaten Kosten einer Person tragen soll, die sich ihr gegenüber rechtswidrig und gemeinschaftsschädlich verhält. Vergleichbar zum Zivilrecht, wo rechtsmissbräuchliches Verhalten gem. § 242 BGB einen Anspruch ausschließen kann, gilt diese Wertung im übertragenen Sinne auch für die Anerkennung von

---

336 Zu den das subjektive Nettoprinzip quantifizierende Normen, siehe: B.IV.2.

337 Siehe hierzu: *Grube,* in: Grube/Wahrendorf, SGB XII, § 35 Rz. 68.

338 Keine außergewöhnliche Belastung bei rechts- und sittenwidrigem Verhalten: *Lang*, Die Bemessungsgrundlage der Einkommensteuer, Seite 594 f.; So auch schon: *Tipke,* StW, 1959, 86 (90).

339 *Loschelder,* in: Schmidt, EStG, § 33 Rz. 1.

340 *Lang*, Die Bemessungsgrundlage der Einkommensteuer, Seite 594 f.

341 S. B.III.1.

außergewöhnlichen Belastungen. Derjenige, der sich rechtsmissbräuchlich verhält, hat sein Recht, dass private Aufwendungen von der Allgemeinheit mitfinanziert werden, verwirkt. Beispiele hierfür sind die Versagung der Anerkennung von Strafprozesskosten eines verurteilten Angeklagten oder das oben genannte Beispiel aus dem Mietrecht. Derjenige der eine Straftat begeht, verhält sich rechtmissbräuchlich, sodass eine Anerkennung seiner Aufwendungen – jedenfalls aus diesem Grunde – zu versagen ist.

Diese Wertung entspricht auch dem Regelungssystem im Sozialhilferecht. Verhält sich der Bedürftige gegenüber der Gemeinschaft „*asozial*" in dem er beispielsweise eine zumutbare Arbeit nicht aufnimmt, so kann ihm gem. § 31 Abs. 1 Nr. 2 iVm. § 31a SGB II das Arbeitslosengeld gekürzt werden. Dem Sanktionssystem liegt der Gedanke des Förderns und Forderns zugrunde. Hiernach muss derjenige der in einer Notsituation mit dem Geld der Steuerzahler unterstützt wird, mithelfen, seine Situation zu verbessern.[342] Kommt er dieser Obliegenheit nicht nach, so verhält er sich gegenüber der Gemeinschaft schädlich, mithin also „*asozial*". Sowohl im Steuerrecht als auch im Sozialhilferecht wirkt sich somit ein schädliches Verhalten einer Person gegenüber der Gemeinschaft, die die Solidarität der Gemeinschaft in Anspruch nimmt, zu ihren Lasten aus.

Die Frage der Zwangsläufigkeit ist anhand eines objektiven Maßstabs zu beurteilen.[343] Eine subjektiv empfundene Verpflichtung ist nicht ausreichend. Dies gebietet der Sinn und Zweck der Norm, eine gleichmäßige Besteuerung nach dem Leistungsfähigkeitsprinzip sicherzustellen.[344] Dem würde es widersprechen, wenn subjektiv empfundene Verpflichtungen eine Steuerermäßigung nach sich ziehen würden. Überspitzt formuliert, könnte jeder Steuerpflichtige selbst entscheiden, welche Aufwendungen er als zwangsläufig ansieht und als außergewöhnliche Belastung vom Gesamtbetrag der Einkünfte abzieht.

ee) Verfassungsrechtliche Auslegung

Das subjektive Nettoprinzip wird aus Art. 3 GG abgeleitet und ist daher ein Prinzip von Verfassungsrang.[345] Hieraus folgt, dass auch eine verfassungsrechtliche Auslegung möglich ist.[346] Diese Auslegung spricht für die vorgenommene Auslegung

---

342 *Knickrehm/Hahn,* in: Kommentar zum Sozialrecht, § 31 SGB II Rz. 2.

343 *Mellinghoff,* in: Kirchhof, EStG, § 33 Rz. 28; *Arndt,* in: K/S/M. § 33 Rz. C 26 (Jan. 2001).

344 So auch: *Kanzler,* in: H/H/R, § 33 Rz. 177 (Feb. 2016).

345 s. B.IV.1.; *Lang,* in: FS-Kruse, Seite 313 (315).

346 Siehe zur verfassungsrechtlichen Auslegung: *Larenz,* Methoden der Rechtswissenschaft, Seite 339, 344.

und beispielsweise gegen das in der Literatur vertretene Auslegungsergebnis, es sei stets unter Einbezug der Grundrechte die *„wesentliche Ursache“* für die Frage der Zwangsläufigkeit entscheidend.[347] Aufgrund der Tatsache, dass die Norm des § 33 EStG eine einfachgesetzliche Konkretisierung des subjektiven Nettoprinzips ist, unterstützt eine verfassungsrechtliche Auslegung, die vorgenommene teleologische Auslegung. Insbesondere führt das subjektive Nettoprinzip dazu, dass es einen generellen Maßstab von Indisponibilität und damit auch von Zwangsläufigkeit im Sinne des § 33 EStG gibt.[348] Durch die Rechtsprechung des Bundesverfassungsgerichts wurde das Prinzip der Steuerfreiheit des Existenzminimums und damit auch der Kern des subjektiven Nettoprinzips dahin gehend konkretisiert, dass das Sozialhilferecht als quantifizierende Größe heranzuziehen ist und kein über dem Sozialhilfeniveau liegender Lebensstandard durch die Allgemeinheit mitfinanziert werden soll.[349] Der Begriff der Zwangsläufigkeit kann somit generell so ausgelegt werden, dass er nur Aufwendungen erfasst, die auch Bedürftigen vom Staat gewährt werden: nicht weniger, aber auch nicht mehr. Das Sozialhilferecht dient somit als genereller Maßstab. Es sind daher nicht stets Wertungen im Einzelfall erforderlich.

ff) Zusammenfassung der eigenen Auslegung

Der Tatbestand ist derart auszulegen, dass er nur Aufwendungen erfasst, die aufgrund des subjektiven Nettoprinzips geboten sind. Ein darüber hinausgehender Abzug ist weder vom Gesetzgeber gewollt, noch entspricht er dem Sinn und Zweck der Norm und dem verfassungsrechtlichen subjektiven Nettoprinzip. Es ist nicht nur auf die Aufwendung, sondern auch auf das der Aufwendung zugrunde liegende Ereignis abzustellen. Für die Frage der Zwangsläufigkeit sind also die Lebensumstände, die zu der eigentlichen Aufwendung geführt haben, von Bedeutung. Der Streit hinsichtlich der Kausalitätstheorien ist dahingehend zu lösen, dass eine Ursache unter Berücksichtigung des subjektiven Nettoprinzips zwangsläufig sein muss. Dies ist der Fall, wenn spiegelbildlich ein sozialhilferechtlicher Leistungstatbestand besteht. Auf ein Verschulden des Steuerpflichtigen kommt es nicht an. Vielmehr ist entscheidend, ob der Steuerpflichtige sich sozial inadäquat bzw. rechtsmissbräuchlich verhalten hat.

---

347 S. C.III.4.a).

348 Anders vor grundlegenden Entscheidungen des BVerfG: *Steger*, Die außergewöhnliche Belastung im Steuerrecht, Seite 112.

349 BVerfG Urteil vom 13.2.2008 2 BvL 1/06, DStR 2008, 604 (610).

5. Die Zwangsläufigkeit der Höhe nach

a) Diskussion innerhalb des Schrifttums

Der Höhe nach sind Aufwendungen nach dem Wortlaut des § 33 Abs. 2 EStG zwangsläufig, wenn sie notwendig sind und einen angemessenen Betrag nicht übersteigen. Nur der Anteil der Kosten, der nicht notwendig und angemessen ist, ist nicht als außergewöhnliche Belastung anzuerkennen.[350] Ein Teil des Schrifttums beschränkt die Anwendung des Tatbestandsmerkmals der Notwendigkeit auf Aufwendungen zugunsten Dritter.[351] Die überwiegenden Stimmen im Schrifttum prüfen hingegen stets beide Voraussetzungen.[352] Bei der Frage der Notwendigkeit seien die individuellen Lebensbedürfnisse zu berücksichtigen.[353] Bei der Prüfung der Angemessenheit sei auf objektive Kriterien abzustellen.[354] Insbesondere habe ein Vergleich, zwischen Besserverdienenden und Steuerpflichtigen mit durchschnittlichem Einkommen zu unterbleiben.[355] Einigkeit besteht innerhalb des Schrifttums insofern, dass das Leistungsfähigkeitsprinzip den Umfang der Tatbestandsvoraussetzungen der Notwendigkeit und Angemessenheit konkretisiert.[356] Es wird auch vertreten, dass die Tatbestandsvoraussetzungen der Notwendigkeit und der Angemessenheit nur klarstellende Bedeutung hätten, da Aufwendungen bereits aus rechtlichen, tatsächlichen oder sittlichen Gründen nicht zwangsläufig seien, soweit sie einen notwendigen und angemessenen Betrag übersteigen.[357]

b) Eigene Auslegung

Aufwendungen müssen auch der Höhe nach zwangsläufig sein. Hierfür bedarf es aber nicht der einschränkenden Tatbestandsmerkmale der Notwendigkeit und der Angemessenheit. Die Begriffe selbst sind in höchstem Maße unbestimmt

---

350 *Endert,* in: Frotscher/Geurts, EStG, § 33 Rz. 42 (Juli 2014).

351 *Kanzler,* in: H/H/R, EStG, § 33 Rz. 196 (Feb. 2016).

352 *Heger,* in: Blümich, EStG, § 33 Rz. 123 (Nov. 2014); *Endert,* in: Frotscher/Geurts, EStG, § 33 Rz. 42 (Juli 2014); *Loschelder,* in: Schmidt, EStG, § 33 Rz. 27.

353 *Loschelder,* in: Schmidt, EStG, § 33 Rz. 27.

354 *Loschelder,* in: Schmidt, EStG, § 33 Rz. 27; *Endert,* in: Frotscher/Geurts, EStG, § 33 Rz. 42 (Juli 2014);.

355 *Birk/Desens/Tappe,* Steuerrecht, Rz. 1074; *Endert,* in: Frotscher/Geurts, EStG, § 33 Rz. 42 (Juli 2014).

356 *Arndt,* in: K/S/M, EStG, § 33 Rz. C 33 (Jan. 2001).

357 *Kanzler,* in: H/H/R, EStG, § 33 Rz. 194 (Feb. 2016); deklaratorische Bedeutung: *Arndt,* in: K/S/M, EStG, § 33 Rz. C 32 (Jan 2001); a.A. *Rasenack,* DB 1983, 1275.

und bedürften einer Konkretisierung.[358] Sie haben allein eine klarstellende, deklaratorische Funktion.[359] Sie sollen klarstellen, dass die Aufwendungen auch der Höhe nach zwangsläufig sein müssen. Dies folgt bereits aus der Gesetzesbegründung. In dieser heißt es wörtlich: „*Eine Ergänzung ist nur zur Klarstellung insofern vorgenommen worden, als auch solche Aufwendungen, denen sich der Steuerpflichtige nicht entziehen kann, nur anerkannt werden, soweit sie den Umständen nach notwendig sind und einen angemessenen Betrag nicht übersteigen.*“[360]

Bereits durch die Anwendung der Tatbestandvoraussetzung des sich „*nicht entziehen kann*“ ist sichergestellt, dass Aufwendungen, auch der Höhe nach, zwangsläufig sein müssen. Hierzu folgendes Beispiel: Aufgrund eines Hochwasserschadens ist eine teure Markenspülmaschine eines an Multiple-Sklerose erkrankten Steuerpflichtgen zerstört worden. Dieser ist aufgrund seiner fortgeschrittenen Erkrankung auf eine Spülmaschine angewiesen. Dem Grunde nach ist die Aufwendung für eine Spülmaschine zwangsläufig, da sie für den Steuerpflichtigen von existenzieller Bedeutung ist und Gegenstand eines sozialhilferechtlichen Leistungsanspruchs wäre. Jedoch besteht der Höhe nach sozialhilferechtlich nur ein Anspruch auf ein gängiges Modell einer Spülmaschine. In genau dieser Höhe ist somit die Aufwendung der Höhe nach zwangsläufig. Einer darüber hinausgehenden Aufwendung für eine teurere Markenspülmaschine, kann sich der Steuerpflichtige entziehen. Eine Markenspülmaschine ist für ihn nicht von existenzieller Bedeutung, sodass die zusätzliche Aufwendung hier für ihn nicht zwangsläufig ist. Diese Auslegung wird durch die frühere Rechtsprechung bestätigt. Die Rechtsprechung prüfte schon vor Aufnahme der Begriffe der Notwendigkeit und Angemessenheit in den Tatbestand des § 33 EStG im Jahre 1954, ob die Aufwendungen der Höhe nach außergewöhnlich und zwangsläufig sind.[361] Demnach konnten Unterhaltsaufwendungen der Höhe nach nur zwangsläufig sein, wenn unter Rücksicht auf die steuerliche Gleichmäßigkeit und soziale Gerechtigkeit die Aufwendung im Rahmen steuerlicher Leistungsfähigkeit als angemessen und notwendig angesehen werden konnten.[362]

Fraglich ist, wie die Zwangsläufigkeit der Höhe nach näher konkretisiert werden kann. Welche Aufwendungen sind noch notwendig und angemessen? Der Wortlaut selbst ist durch die Verwendung der Begriffe „*angemessen*“ und

358 So auch: *Kanzler*, in: H/H/R, EStG, § 33 Rz. 196 (Feb. 2016).

359 So auch: *Heger*, in: Blümich, EStG, § 33 Rz. 123 (Nov. 2014).

360 BT-Drucks. 2/481, Seite 91.

361 BFH vom 3.12.1964 IV 47/62 U, BFHE 81, 251.

362 BFH vom 25.10.1963 IV 412/60, HFR 1964, 136.

„notwendig" denkbar unbestimmt.[363] Die Gesetzesbegründung enthält keine konkretisierenden Ausführungen.[364] Nach dem Sinn und Zweck der Norm, sind nur existenzsichernde Aufwendungen zu berücksichtigen.[365] Dies spricht dafür, die Anwendung auf einen engen Rahmen zu begrenzen. Verfassungsrechtlich müssen zwangsläufige, private Aufwendungen im steuerlichen Einkommensbegriff angemessen, nach Auffassung des Bundesverfassungsgerichts zumindest *„in realitätsgerechter Höhe"* berücksichtigt werden.[366] Orientierung hierfür bietet das Sozialhilferecht.[367] Maßgeblich für die Frage der Zwangsläufigkeit der Höhe nach sind also die sozialhilferechtlich erbrachten Leistungen. Dies entspricht einer strengen Auslegung am Sinn und Zweck der Norm. Um die Gleichmäßigkeit der Besteuerung sicherzustellen, muss dieser Grundsatz für alle Fallgruppen des § 33 EStG gelten.

c) Beispiel: Anwaltskosten aufgrund von Honorarvereinbarungen

Von praktischer Bedeutung ist die Zwangsläufigkeit der Höhe nach von Rechtsanwaltskosten, die auf Vergütungsvereinbarungen/Honorarvereinbarungen beruhen. Hier stellt sich die Frage, ob Aufwendungen aufgrund von Vergütungsvereinbarungen angemessen und notwendig sind. In der Literatur wird zum Teil vertreten, dass Aufwendungen aufgrund von Vergütungsvereinbarungen generell zu berücksichtigen seien, da sie bereits nach dem Kostenrecht nicht sittenwidrig und damit angemessen sein müssen.[368] Ebenso wird vertreten, dass jedenfalls dann, wenn die Sache für den Steuerpflichtigen von äußerst großer Bedeutung war, das Stundenhonorar insgesamt anzuerkennen sei. Wann eine Sache von äußerst großer Bedeutung ist, bleibt ungeklärt. Für die Angemessenheit und Notwendigkeit würde sprechen, dass die Abweichung von den gesetzlichen Gebühren gem. § 3 f. RVG zulässig sei.[369] Andere Stimmen im Schrifttum möchten

---

363 So auch: *Kanzler*, in: H/H/R, EStG, § 33 Rz. 196 (Feb. 2016).

364 BT-Drucks. 2/481, Seite 91.

365 S. B.III.1. und B.IV.1.

366 Ständige Rechtsprechung BVerfG: BVerfG vom 16.3.2005 2 BvL 7/00, BVerfGE 112, 268, mwN; BVerfG vom 22.2.1984 1 BvL 10/80, BVerfGE 66, 214.

367 BVerfG vom 26.1.1994 1 BvL 12/86, BVerfGE 89, 346 (355); BVerfG vom 4.10.1984 1 BvR 789/79, BVerfGE 67, 290 (298); BVerfG vom 22.2.1984 1 BvL 10/80, BVerfGE 66, 214 (224); *Brandis*, in: DStjG Bd. 29, 93 (101); *Wernsmann*, in: H/H/Sp, AO/FGO, § 4 AO Rz. 507 (Aug. 2015).

368 *Meyer-Götz*, FamFR 2011, 365.

369 *Elden*, FPR 2012, 318.

vergleichbar zu den Krankheitskosten die Aufwendungen insoweit anerkennen, als sie nicht in einem offensichtlichen Missverhältnis stehen.[370]

Dem steht die Rechtsprechung des BFH und der Finanzgerichte entgegen. Grundsätzlich sind nur Kosten in Höhe der gesetzlichen Gebühren nach dem RVG notwendig und angemessen.[371] Denn der Steuerpflichtige kann sich in der Regel dem Abschluss einer Vergütungsvereinbarung entziehen.[372] Der Abschluss der Kosten auslösenden Vergütungsvereinbarung beruht auf einer freien Willensentscheidung des Klägers.[373] Es entspricht auch dem subjektiven Nettoprinzip, nur Aufwendungen anzuerkennen, die nach dem RVG entstanden sind. Sofern dem Bedürftigen PKH bewilligt wurde und gem. § 121 ZPO ein Rechtsanwalt beigeordnet wurde, so erhält dieser gem. § 45 RVG grundsätzlich auch nur die gesetzlichen Gebühren nach dem RVG.[374] Diese können aufgrund der Regelung in § 49 RVG allerdings geringer ausfallen, als die gesetzlichen Gebühren eines Wahlverteidigers gem. § 13 RVG.[375]

Von dieser Regel, dass nur Anwaltsgebühren in der Höhe der gesetzlichen Gebühren nach dem RVG steuerlich anzuerkennen sind, sind jedoch Ausnahmen geboten. Ausnahmsweise können auch Aufwendungen, die aufgrund von Vergütungsvereinbarungen höher sind als die Aufwendungen, die nach dem RVG entstehen, außergewöhnliche Belastungen sein. Die Aufwendungen müssen gem. § 33 Abs. 2 Satz 1 EStG der Höhe nach notwendig und angemessen sein. Für den Fall, dass der Steuerpflichtige Rechtsbeistand nur aufgrund von Vergütungsvereinbarung erlangen kann – einem durch das FG Schleswig Holstein entschiedenen Fall lag ein Rechtsstreit in England zugrunde, wo es kein dem RVG vergleichbares System gibt – erkennt die Rechtsprechung die Aufwendungen der Höhe nach an. Dies gilt aber nur unter der Voraussetzung, dass die Höhe der Vergütung für einen vergleichbar qualifizierten Anwalt als angemessen angesehen wird.[376] Ebenso ist eine Berücksichtigung von Aufwendungen – denen eine Vergütungsvereinbarung zugrunde liegt – nach Ansicht der Rechtsprechung möglich, wenn der Steuerpflichtige nachweist, dass der Abschluss der Vergütungsvereinbarung für eine sachgerechte und qualifizierte Interessenwahrnehmung notwendig und die Höhe der Aufwendungen zudem angemessen

370 *Degel/Haase,* DStR 2005, 1260.
371 FG Münster vom 18.6.2014 10 K 3686/11 E, EFG 2015, 300.
372 BFH vom 18.10.2007 VI R 42/04, DStR 2007, 2254.
373 FG Hamburg vom 9.7.2004 VII 62/02, juris.
374 *Motzer,* in: Münchener Kommentar, ZPO, § 121 Rz. 26.
375 *Motzer,* in: Münchener Kommentar, ZPO, § 121 Rz. 27 f.
376 FG Schleswig Holstein vom 17.4.2013 5 K 156/12, EFG 2013, 1127.

war.[377] In diesen Fällen beruht das kostenauslösende Ereignis, der Abschluss der Vergütungsvereinbarung, nicht auf einer freien Willensentscheidung des Steuerpflichtigen. Für ihn ist es unausweichlich, eine Vergütungsvereinbarung abzuschließen, um eine sachgerechte Verteidigung zu erlangen. Dem steht auch nicht die Rechtsprechung des BFH entgegen.[378] Der BFH lehnte die Zwangsläufigkeit der Aufwendungen aufgrund einer Honorarvereinbarung unter anderem mit dem Argument ab, dass effizienter und qualifizierter Rechtsbeistand im konkreten Fall auch ohne Vergütungsvereinbarung zu erlangen sei.[379] Hieraus kann der Umkehrschluss gezogen werden, dass, sollte qualifizierter Rechtsbeistand nur auf Grundlage einer Vergütungsvereinbarung erlangt werden können, der Steuerpflichtige sich dieser nicht entziehen kann und die Aufwendung somit der Höhe nach zwangsläufig ist. Hiernach steht dem Steuerpflichtigen somit das Recht zu, einen im Einzelfall qualifizierten Rechtsanwalt zu beauftragen. Gerade in komplexen Fragen des Wirtschafts- oder Steuerrechts wird erfahrungsgemäß qualifizierter Rechtsbeistand, nur auf der Grundlage einer Vergütungsvereinbarung zu erhalten sein.[380] Dabei sind die Nachweisanforderungen an den Steuerpflichtigen – soweit ersichtlich – noch nicht abschließend geklärt, was zu erheblicher Rechtsunsicherheit führt. Jedoch gilt, jedenfalls nach in der Literatur vertretener Auffassung, folgender Grundsatz: Der Steuerpflichtige muss nicht nachweisen, dass er sich bemüht hat, einen Anwalt zu finden, der bereit gewesen wäre, ihn auf Grundlage der RVG zu vertreten.[381]

Kann also in der BRD qualifizierter Rechtsbeistand nur aufgrund einer Vergütungsvereinbarung erlangt werden, da im Einzelfall kein qualifizierter Rechtsbeistand bereit ist, auf Grundlage des RVG abzurechnen, müssen ausnahmsweise Aufwendungen, die über die Kosten nach dem RVG hinausgehen, anerkannt werden. Dies gilt nur soweit die Kosten angemessen sind. Zur Bestimmung der Angemessenheit kann auf die durchschnittlichen Stundensätze von deutschen Anwälten zurückgegriffen werden. Laut einer Studie aus dem Jahre 2009 beträgt

---

377 FG Münster vom 19.8.2011 14 K 2610/10, EFG 2011, 2059; Gegen eine Anerkennung von Kosten, die über die Erstattung nach dem Kostenrecht hinausgehen: BFH vom 18.10.2007 VI R 42/04, DStR 2007, 2254.

378 Zuletzt hat der BFH dies ausdrücklich offengelassen: BFH vom 1.10.2014 IX R 7/14, BFH/NV 2015, 327.

379 BFH vom 18.10.2007 VI R 42/04, DStR 2007, 2254.

380 *Stöber*, FR 2011, 790; *Olgemöller*, AG 2008, 495.

381 *Wagner*, EFG 2011, 2059.

der durchschnittliche Stundensatz € 182,--.[382] Jedenfalls in dieser Höhe sind die Aufwendungen noch angemessen.

Diese Auslegung steht auch im Einklang mit der Rechtsprechung des Bundesverfassungsgerichts. Hiernach sind Aufwendungen zumindest in realitätsgerechter Höhe anzuerkennen.[383] Wenn qualifizierter Rechtsbeistand nur auf Grundlage einer Vergütungsvereinbarung erlangt werden kann und der Steuerpflichtige Aufwendungen in Höhe der durchschnittlichen Stundensätze tätigt, so sind die Aufwendungen nicht realitätsfremd. Es entspricht somit auch den verfassungsrechtlichen Vorgaben, Aufwendungen aufgrund einer Vergütungsvereinbarung anzuerkennen.

6. Zumutbare Belastung

a) Inhalt des Tatbestandsmerkmals nach Rechtsprechung und Literatur

Sind die übrigen Tatbestandsmerkmale des § 33 EStG erfüllt, so sind die Aufwendungen nur insoweit vom Gesamtbetrag der Einkünfte abzuziehen, wie sie die zumutbare Belastung gem. § 33 Abs. 3 EStG übersteigen.[384] Die zumutbare Belastung gem. § 33 Abs. 3 EStG ist abhängig vom Familienstand, der Anzahl der Kinder des Steuerpflichtigen und dem Gesamtbetrag seiner Einkünfte. So beträgt beispielsweise die zumutbare Belastung bei einem ledigen Steuerpflichtigen ohne Kinder mit Einkünften zwischen € 15.340,-- bis € 51.130,-- sechs Prozent der Einkünfte und bei Einkünften iHv. über € 51.130 sieben Prozent der Einkünfte. Liegt der Gesamtbetrag der Einkünfte bei € 50.000,--, beträgt die zumutbare Belastung bei einem ledigen Steuerpflichtgien € 3.000,--. Nur hierüber hinausgehende Aufwendungen sind im Rahmen des § 33 EStG de lege lata anzuerkennen.

In der Literatur ist umstritten, ob die Regelung des § 33 EStG gegen das Leistungsfähigkeitsprinzip verstößt und verfassungswidrig ist. Im Schrifttum wird vertreten, jede zumutbare Belastung verstoße gegen das Leistungsfähigkeitsprinzip und sei verfassungswidrig.[385] Aufgrund einiger jüngerer Entscheidungen des Bundesverfassungsgerichts,[386] die auf den § 33 Abs. 3 EStG übertragen werden

---

382 *Hommerich/Kilian,* BRAK-Mitt. 2009, 233.

383 S. C.5.b).

384 *Heger,* in: Blümich, EStG, § 33 Rz. 134 (Nov. 2014).

385 *Paus,* DStZ 2006, 373 (375); *Tipke,* StuW 1980, 281 (290); *Tipke,* StuW 1974, 340 (347); *Eggesiecker,* FR 1971, 450 (457).

386 BVerfG vom 9.12.2008 2 BvL 1/07, DStR 2008, 2803; BVerfG vom 13.2.2008 2 BvL 1/06, FR 2008, 372; BVerfG vom 11.1.2005 2 BvR 167/02, DStR 2005, 911.

könnten, könnte die Norm verfassungswidrig sein. Dies wird unter anderem damit begründet, dass de lege lata die in § 33 Abs. 3 EStG enthaltene Tarifkonstruktion verfassungswidrig sei und Verstöße gegen das Leistungsfähigkeitsprinzip beziehungsweise dem Gebot der Steuerfreiheit des Existenzminimums vorlägen.[387]

Andere Stimmen in der Literatur vertreten die Auffassung, dass die zumutbare Belastung mit dem Leistungsfähigkeitsprinzip vereinbar sei und sehen keine verfassungsrechtliche Bedenken.[388] Das Bundesverfassungsgericht ist der Auffassung, dass die Norm verfassungsgemäß sei, solange dem Steuerpflichtigen ein disponibles Einkommen verbleibe, das über dem Regelsatz für das Existenzminimum liege. Mangels hinreichender Erfolgsaussicht hat es im Jahre 1987 ein Verfahren nicht zur Entscheidung angenommen.[389] In der Literatur wird die Auffassung des Bundesverfassungsgerichts zum Teil kritisiert.[390] Dieser Beschluss wirkt vor dem Hintergrund des mittlerweile stärker ausgeprägten Gebots der Steuergerechtigkeit etwas *„angestaubt"*.[391] Erneute Verfassungsbeschwerden gegen § 33 Abs. 3 EStG wurden im Jahre 1997 und 2005 nicht zur Entscheidung angenommen.[392] Jedoch hat der BFH in einem Fall, in dem es um die Frage der zumutbaren Belastung geht, nunmehr die Revision zugelassen.[393] Es stellt sich die Rechtsfrage, ob die Kürzung von Aufwendungen durch die zumutbare Belastung, als Verstoß gegen das aus Art. 3 GG abzuleitende Leistungsfähigkeitsprinzip anzusehen ist.[394]

b) *Eigene Auslegung*

Die Frage, ob eine zumutbare Belastung gegen das subjektive Nettoprinzip verstößt, muss differenziert betrachtet werden. Entscheidend hierfür ist, in welchem Umfang Aufwendungen im Rahmen des § 33 EStG anerkannt werden. Soweit

---

387 Hierzu ausführlich: *Kosfeld*, FR 2013, 359.

388 *Kanzler*, in: H/H/R, EStG, § 33 Rz. 216 (Feb. 2016); *Endert*, in: Frotscher/Geurts, EStG, § 33 Rz. 43 (Juli 2014).

389 BVerfG vom 29.10.1987 1 BvR 672/87, HFR 1989, 152.

390 *Kosfeld*, FR 2009, 366.

391 *Geserich*, DStR 2013, 1861 (1867).

392 FG Niedersachsen vom 7.12.2011 2 K 19/11, FR 2012, 968; BVerfG vom 20.5.2005 2 BvR 923/03, nv; BVerfG vom 14.3.1997 2 BvR 861/92, Information StW 1997, 543.

393 Anhängiges Verfahren: III R 62/13; in einem anderen Verfahren hat der BFH jüngst die zumutbare Belastung für verfassungsgemäß erklärt: BFH vom 2.9.2015 VI R 32/13, BStBl. II 2016, 151.

394 Anhängiges Verfahren: III R 62/13.

Aufwendungen nur anerkannt werden, wie sie sozialhilferechtlich gewährleistet werden, muss die Anrechnung einer zumutbaren Belastung unterbleiben. In diesem Fall verstößt eine Anrechnung schlichtweg gegen den durch das Bundesverfassungsgericht aufgestellten Grundsatz, dass Aufwendungen des Steuerpflichtigen jedenfalls in dem Umfang von der Bemessungsgrundlage freigestellt werden müssen, wie sie sozialhilferechtlich gewährleistet werden.[395] Eine zumutbare Belastung würde in diesem Fall gegen den Sinn und Zweck der Norm und gegen die verfassungsrechtliche Auslegung anhand des subjektiven Nettoprinzips verstoßen.[396] Der Steuerpflichtige würde vom Staat schlechter behandelt, als der Sozialhilfeempfänger, was an folgendem Beispiel deutlich wird:

Ein lediger, kinderloser Steuerpflichtiger, bei dem der Gesamtbetrag der Einkünfte € 50.000,-- beträgt, hat in einem Veranlagungszeitraum beispielsweise Aufwendungen für einen Zivilprozess, Beerdigungskosten oder Krankheitsaufwendungen iHv. € 2.900,-- zu tragen, welche spiegelbildlich sozialhilferechtlich gewährleistet werden. Dies führt dazu, dass die Aufwendungen beim Steuerpflichtigen aufgrund der zumutbaren Belastung iHv. € 3.000,-- völlig unberücksichtigt bleiben würden. Hingegen würde der Sozialhilfeempfänger neben seiner *„Grundsicherung“* zusätzliche Leistungen erhalten. Das erhöhte Existenzminimum des Steuerpflichtigen, welches vorliegend nicht dem Grundfreibetrag iHv. € 8.354,-- entspricht, sondern € 11.254,-- beträgt, würde nicht berücksichtigt werden. Dabei ist es irrelevant, ob der Steuerpflichtige ausreichende weitere Einkünfte hat, die er für die Aufwendung verwenden kann und ihm deshalb ein Existenzminimum verbleibt.[397] Entscheidend ist im vorliegenden Fall vielmehr, dass er über Aufwendungen iHv. € 11.254,-- nicht frei verfügen – disponieren – kann, da die Aufwendungen zum steuerfreien Existenzminimum gehören und somit zwangsläufig sind. Nach der Rechtsprechung des Bundesverfassungsgerichts ist es nicht ausreichend, dass dem Steuerpflichtigen nach Steuern ein Betrag oberhalb des Existenzminimums verbleibt, sondern der Betrag in Höhe des erhöhten Existenzminimums darf erst gar nicht der Besteuerung unterworfen werden.[398] Eine Rechtfertigung dieses Verstoßes gegen das subjektive Nettoprinzip kommt

---

395 BVerfG vom 13.2.2008 2 BvL 1/06, DStR 2008, 604; *Haupt*, DStR 2010, 960; *Karrenbrock/Petrak*, DStR 2011, 552.

396 So auch: *Lang*, Kölner Entwurf eines Einkommensteuergesetzes, Rz. 464; Kritisch in Bezug auf das Verhältnis zum subjektiven Nettoprinzip auch: *Brandis*, in: DStjG Bd. 29, 93 (111), mwN.

397 *Lehner*, Einkommensteuerrecht und Sozialhilferecht, Seite 410.

398 BVerfG vom 29.5.1990 1 BvL 20/84, 1 BvL 26/84, 1 BvL 4/86, BVerfGE 82, 60; *Haupt*, DStR 2010, 960 (962); *Lehner*, Einkommensteuerrecht und Sozialhilferecht, Seite 410.

nicht in Betracht.[399] Eine zumutbare Belastung ist somit nicht mit dem subjektiven Nettoprinzip vereinbar und daher abzulehnen.

Anders ist die Frage der zumutbaren Belastung und ihr Verhältnis zum subjektiven Nettoprinzip hingegen zu beurteilen, wenn der Gesetzgeber Aufwendungen in einem größeren Umfang im Rahmen des § 33 EStG anerkennt, als dies spiegelbildlich im Sozialhilferecht der Fall ist. Ohne Zweifel steht dem Gesetzgeber der Spielraum zu, im Rahmen des § 33 EStG auch Aufwendungen anzuerkennen, die nicht Bestandteil des Existenzminimums sind.[400] Dies setzt jedoch voraus, dass man das Tatbestandsmerkmal weiter auslegt und nicht auf das durch das subjektive Nettoprinzip Gebotene begrenzt. Für diesen Fall wäre auch eine zumutbare Belastung mit dem subjektiven Nettoprinzip in seiner Gestalt, die es durch die Konkretisierung des Bundesverfassungsgerichts erfahren hat, vereinbar.[401] Hierzu folgendes Beispiel: Einem ledigen, kinderlosen Steuerpflichtigem mit einem Gesamtbetrag der Einkünfte iHv. € 50.000,-- entstehen im Veranlagungszeitraum Steuerberatungskosten iHv. € 3.000,--. Diese Steuerberatungskosten werden sozialhilferechtlich nicht gewährleistet.[402] Sie sind somit auch nicht Bestandteil des zwingend steuerlich zu verschonenden Existenzminimums. Legt man den § 33 EStG also derart aus oder fasst ihn de lege ferenda ausdrücklich so, dass er auch über dem Existenzminimum liegende Aufwendungen – hier Steuerberatungskosten – erfasst, so kann der anzuerkennende Betrag auch durch eine zumutbare Belastung verringert werden. Dem Steuerpflichtigen würde dann immer noch zumindest das sozialhilferechtlich gewährleistete Existenzminimum verbleiben. Ihm würde nicht weniger gewährt werden als dem Sozialhilfeempfänger. Hierdurch würde der Rechtsprechung des Bundesverfassungsgerichts entsprochen werden. Im Beispielsfall würde die zumutbare Belastung gem. § 33 Abs. 3 EStG € 3.000,-- betragen, sodass der Steuerpflichtige die Aufwendung – zulässigerweise – vollständig selbst tragen müsste.

Gegen eine zumutbare Belastung spricht auch die Systematik des Einkommensteuergesetzes.[403] Die mit dem § 33 EStG dem Rechtscharakter nach verwandte Vorschrift der Sonderausgaben gem. § 10 EStG kennt keine zumutbare Belastung. Wie § 33 EStG stellt auch der Sonderausgabenabzug gem. § 10 EStG eine Ausnahme von § 12 EStG dar, wonach grundsätzlich private Aufwendungen die

399 *Karrenbrock/Petrak,* DStR 2011, 552 (555).

400 S. A.II.

401 *Leisner,* Existenzsicherung im öffentlichen Recht, Seite 359.

402 BFH vom 16.2.2011 X R 10/10, BFH/NV 2011, 977.

403 So auch schon: *Tipke,* StuW 1980, 281 (290).

Bemessungsgrundlage der Einkommensteuer nicht mindern.[404] Der Gesetzgeber erzeugt durch die zumutbare Belastung einen Wertungswiderspruch, indem er in einer Vorschrift Aufwendungen zum Teil unbeschränkt zum Abzug zulässt – § 10 Abs. 1 Nr. 1a und Nr. 4 – und in einer anderen Vorschrift – § 33 EStG – dem Steuerpflichtigen einen Eigenanteil zumutet.

An der aktuellen Fassung des § 33 Abs. 3 EStG, der keine Differenzierung zwischen Aufwendungen, die Bestandteil des steuerfreien Existenzminimums sind und solche, die darüber hinausgehend anerkannt werden, enthält, sollte somit nicht länger festgehalten werden. Möchte man de lege ferenda den Steuerpflichtigen auch weiterhin zumuten, Aufwendungen teilweise selbst zu tragen, so kann dies nur für Aufwendungen gelten, die nicht Bestandteil des subjektiven Nettoprinzips sind. Vor allem Aufwendungen, die dem Kern des subjektiven Nettoprinzips – der Steuerfreiheit des Existenzminimums – unterfallen, dürfen nicht im Rahmen einer zumutbaren Belastung gekürzt werden. Letztendlich handelt es sich bei der zumutbaren Belastung noch um einen *„alten Zopf"*, der aus der Zeit stammt, als man § 33 EStG noch als Billigkeitsvorschrift betrachtete.[405] Dieser sollte nun abgeschnitten werden.

IV. Zwischenfazit

Wie die obigen Ausführungen gezeigt haben, beinhaltet der § 33 EStG in seiner aktuellen Fassung zahlreiche dogmatische – zum Teil bisher ungeklärte – Probleme. Die dogmatische Anknüpfung, Abgrenzung und der Inhalt der einzelnen Tatbestandsmerkmale sind in höchstem Maß innerhalb des Schrifttums umstritten. Dabei könnten zahlreiche unterschiedliche Auffassungen durch einen klareren Wortlaut und einer besseren Systematik der Vorschrift vermieden werden. Würde beispielsweise der Terminus der Belastung nicht nur im Klammerzusatz, sondern im eigentlichen Wortlaut der Vorschrift verwendet werden, dürfte der Streit, ob eine Belastung Tatbestandsvoraussetzung ist und was hierfür die dogmatische Anknüpfung ist, obsolet sein. Aufgrund seines unbestimmten Inhalts lässt der § 33 EStG zahlreiche Auslegungsmöglichkeiten zu und fördert so eine uneinheitliche Auslegung des Gesetzestextes. Dies lässt vermuten, dass die Rechtsprechung stark durch Einzelfallentscheidungen geprägt ist und keine einheitliche, systematische Auslegung enthält. Jedoch kann der Tatbestand, wie die vorgenommene Auslegung gezeigt hat, unter strikter Anwendung des subjektiven Nettoprinzips auf einen engen und klar abgrenzbaren Rahmen begrenzt

404 *Heinicke,* in: Schmidt, EStG, § 10 Rz. 1.

405 *Tipke,* FR 1990, 349 (350).

werden. Hierzu ist es erforderlich, den Tatbestand streng am Sinn und Zweck der Norm auszulegen. Durch die Ausrichtung der Auslegung am subjektiven Nettoprinzip wird Steuergerechtigkeit hergestellt,[406] die durch die Berücksichtigung von Billigkeitserwägungen im Einzelfall hingegen nicht erreicht werden kann.

Die durch die vorgenommene Auslegung gewonnenen Erkenntnisse können wie folgt zusammengefasst werden:

1. Der § 33 EStG ist keine Billigkeitsvorschrift und keine Tarifvorschrift. Er ist vielmehr eine Norm aus dem System der privaten Abzüge.
2. Die Auslegung des Tatbestands hat sich sowohl einfach gesetzlich – bei einer Auslegung nach dem Sinn und Zweck der Norm – als auch verfassungsrechtlich am subjektiven Nettoprinzip zu orientieren. Hierdurch kann eine beliebige, durch Wertungen geprägte und auf den Einzelfall beschränkte Auslegung vermieden werden.
3. Der Tatbestand des § 33 EStG setzt eine Belastung des Steuerpflichtigen voraus. Bei strikter Anwendung des subjektiven Nettoprinzips ist die Gegenwertlehre entbehrlich.
4. Sowohl bei der Beurteilung der Außergewöhnlichkeit als auch der Zwangsläufigkeit ist auf die Lebensumstände, die der Aufwendung zugrunde liegen, abzustellen.
5. Nach dem Sinn und Zweck und aus systematischen Gründen sind alle Aufwendungen außergewöhnlich, die nicht bereits durch die Tatbestände der gewöhnlichen Aufwendungen gem. der §§ 32 und 32a EStG erfasst sind. De lege lata muss aber aufgrund des eindeutigen Wortlauts ein Gruppenvergleich durchgeführt werden, worauf de lege ferenda zu verzichten ist.
6. Zwangsläufig sind alle Aufwendungen, die für den Steuerpflichtigen indisponibel sind. Indisponibel sind alle Aufwendungen, die der Steuerpflichtige für existenziell notwendige Aufwendungen verwenden muss, wobei auf das sozialhilferechtliche Existenzminimum als quantifizierende Größe für den existenziell notwendigen Lebensbedarf abzustellen ist.
7. Die Definition in § 33 Abs. 2 EStG ist insoweit überflüssig, wie sie den Begriff der Zwangsläufigkeit derart beschreibt, dass sich der Steuerpflichtige ihm nicht aus rechtlichen, tatsächlichen oder sittlichen Gründen entziehen kann. Diesen Begriffen kommt keine konkretisierende Funktion zu.
8. Ein Abzug von privaten Aufwendungen, der über das hinausgeht, was Inhalt eines sozialhilferechtlichen Leistungstatbestands ist, ist weder vom Sinn und Zweck der Norm noch aus verfassungsrechtlichen Erwägungen geboten und

---

406 *Schaumburg, Heide/Schaumburg, Harald,* StuW 2013, 61, mwN.

kann auch nicht dem Willen des Gesetzgebers entnommen werden. Er ist abzulehnen, da er den Einzelnen auf Kosten der Allgemeinheit bevorzugt und diese dadurch belastet.

9. Die Tatbestandsmerkmale der Notwendigkeit und Angemessenheit haben in Bezug auf die Frage der Zwangsläufigkeit der Höhe nach nur klarstellende Bedeutung.
10. De lege ferenda sollte auf das Tatbestandsmerkmal der zumutbaren Belastung verzichtet werden. Aufgrund des subjektiven Nettoprinzips muss jedenfalls für Aufwendungen, die den existenziellen Bereich des Steuerpflichtigen betreffen, auf das Tatbestandsmerkmal der zumutbaren Belastung verzichtet werden.

D. Viertes Kapitel: Analyse der Rechtsprechung zu § 33 EStG

Im folgenden Kapitel soll untersucht werden, ob der Rechtsprechung über den Einzelfall hinaus Grundsätze entnommen werden können, die den unbestimmten Tatbestand des § 33 EStG näher konkretisieren. Dies wäre der Fall, wenn es Strukturprinzipien jenseits der durch die Rechtsprechung gebildeten Fallgruppen gäbe. Voraussetzung hierfür ist, dass die Rechtsprechung systematisch und einheitlich ist, da denknotwendig nur einer systematischen und einheitlichen Rechtsprechung allgemeine Grundsätze entnommen werden können. Eine systematische Rechtsprechung läge beispielsweise dann vor, wenn die Rechtsprechung stets Aufwendungen als außergewöhnliche Belastung anerkennen würde, sobald der Staat *„einspringt"* und den Bedürftigen finanziell unterstützt. Ein Strukturprinzip wäre also vorhanden, wenn, korrespondierend zu den sozialhilferechtlichen Leistungstatbeständen, Aufwendungen als außergewöhnliche Belastungen anerkannt würden. Es stellt sich daher die Frage, ob die Rechtsprechung, entgegen der Auffassung von *Eisenberg* in das *„Monstrum"*, des § 33 EStG ein klares System hineingebracht hat.[407] Es soll, die in der Literatur vertretene These, das Fallrecht der Rechtsprechung entziehe sich einer systematischen Kommentierung, untersucht werden.[408] Ein wichtiger Einschnitt in der Rechtsprechung stellt der Zuständigkeitswechsel vom III. Senat auf den VI. Senat im Jahre 2009 dar, sodass auch zu untersuchen ist, welche Auswirkungen der Zuständigkeitswechsel auf eine eventuell vorhandene Systematik der Rechtsprechung hat. Ist aufgrund des Zuständigkeitswechsels eine Systematik verloren gegangen oder gibt es erst seit dem Zuständigkeitswechsel eine Systematik in der Rechtsprechung? Ebenfalls soll untersucht werden, wie das Verhältnis der Rechtsprechung zum subjektiven Nettoprinzip ist. Wird es stets gewahrt und wird die Anerkennung von Aufwendungen durch das subjektive Nettoprinzip begrenzt? Die Analyse beruht auf einer Auswertung aller Entscheidungen des VI. Senats sowie ausgewählten Urteilen des zuvor zuständigen III. Senats und anderen Senaten des BFH.

Der Gesetzgeber geht offenbar davon aus, dass es allgemeingültige Grundsätze der Außergewöhnlichkeit und Zwangsläufigkeit gibt. So heißt es in einer neueren Gesetzesbegründung zu § 33 EStG: *„Die generelle steuermindernde Berücksichtigung von Prozesskosten entspricht nicht den sonst bei außergewöhnlichen Belastungen*

407 *Eisenberg,* FR 1973, 369.

408 So *Arndt,* in: K/S/M, EStG, § 33 Rz. A 39 (Jan. 2001).

geltenden Grundsätzen der Zwangsläufigkeit und Außergewöhnlichkeit."[409] Leider lässt der Gesetzgeber offen, welche „*geltenden Grundsätze*" die Außergewöhnlichkeit und Zwangsläufigkeit bestimmen.

Kann der aktuellen Rechtsprechung keine Systematik entnommen werden, so ist eine Neufassung des Gesetzestextes angezeigt, um die durch die Auslegung gewonnen Erkenntnisse gesetzlich zu normieren. Ebenfalls würde eine Vielzahl von Rechtsprechungsänderungen dafür sprechen, den Gesetzeswortlaut neu zu fassen. Denn zahlreiche Rechtsprechungsänderungen sind für den Steuerpflichtigen mit Rechtsunsicherheit verbunden. Dies könnten für die Zukunft durch einen klareren und bestimmten Gesetzeswortlaut vermieden werden. Hierdurch könnte für die Zukunft mehr Rechtsklarheit, Rechtssicherheit und im Ergebnis mehr Steuergerechtigkeit geschaffen werden.

I. Telos der Norm

1. Rechtsprechung des III. Senats

Nach ständiger Rechtsprechung des III. Senats besteht der Sinn und Zweck des § 33 EStG darin, in Ergänzung zu den §§ 10, 32, 32a EStG sicherzustellen, dass die Besteuerung erst jenseits des Existenzminimums einsetzt.[410] Der § 33 EStG trage all denjenigen Fällen Rechnung, in denen das Existenzminimum höher als im Normalfall ist.[411] Ziel sei es, zwangsläufige Mehraufwendungen für existenznotwendigen Grundbedarf zu berücksichtigen.[412] Somit erfasse der § 33 EStG nur existenziell notwendige private Abflüsse zur Erfassung des subjektiven Leistungsfähigkeitsprinzips.[413] Die Vorschrift soll das Prinzip der Besteuerung nach der subjektiven Leistungsfähigkeit umsetzen.[414] Der Einzelne habe nur einen Anspruch auf die Solidarität der Gemeinschaft, wenn ihn die Steuerzahlung überfordert oder wenn die Aufwendung einen Bereich der Lebensführung betrifft,

---

409 Gesetzesbegründung zum Jahressteuergesetz 2013, BT-Drucks. 17/13033, Seite 128.

410 BFH vom 21.6.2007 III R 48/04, NJW 2007, 3598; BFH vom 20.11.2003 III R 2/02, BFH/NV 2004, 630; BFH vom 19.5.1995 III R 12/92, BFHE 178, 207.

411 BFH vom 19.6.2008 III R 57/05, NJW 2009, 623; BFH vom 19.5.1995 III R 12/92, BFHE 178, 207.

412 BFH vom 3.3.2005 III R 12/04, BFH/NV 2005, 1287.

413 BFH vom 21.6.2007 III R 48/04, NJW 2007, 3598; BFH vom 21.1.2005 III B 85/04, BFH/NV 2005, 1048.

414 BFH vom 21.1.2005 III B 85/04, BFH/NV 2005, 1048.

der seiner individuellen Gestaltungsmöglichkeit entzogen ist.[415] Hingegen entspräche es nicht dem Sinn und Zweck des § 33 EStG, dem Steuerpflichtigen die Kostenlast zu erleichtern, wenn sich das im eigenen Interesse bewusst in Kauf genommene Risiko zu seinem Nachteil realisiert habe.[416]

2. Rechtsprechung des VI. Senats

Die Rechtsprechung des VI. Senats betont ebenfalls in ständiger Rechtsprechung, dass es das Ziel des § 33 EStG sei, zwangsläufige Mehraufwendungen für den existenznotwendigen Grundbedarf zu erfassen, die sich wegen ihrer Außergewöhnlichkeit einer pauschalen Erfassung in Freibeträgen entziehe.[417]

3. Analyse Telos der Norm

Sowohl der III. als auch der VI. Senat heben in einer Vielzahl von Entscheidungen den Sinn und Zweck der Norm hervor. Beide Senate gehen davon aus, dass das Ziel des § 33 EStG darin besteht, zwangsläufige Mehraufwendungen für den existenziellen Grundbedarf durch § 33 EStG zu erfassen. Dennoch gibt es, trotz des anscheinenden gleichen Normverständnisses der Senate – wie noch zu zeigen sein wird – Unterschiede in der Auslegung der Tatbestandsmerkmale. Dies legt die Vermutung nahe, dass den allgemeinen Grundsätzen unterschiedliche Auffassungen hinsichtlich ihrer näheren Ausgestaltung zugrunde liegen bzw. ihnen bei der Auslegung/Konkretisierung der Norm unterschiedliches Gewicht beigemessen wird.

Die durch die Rechtsprechung aufgestellten Grundsätze hinsichtlich des Sinn und Zwecks der Norm decken sich mit der einhelligen Auffassung im Schrifttum. Der Sinn und Zweck des § 33 EStG besteht nach allgemeiner Auffassung im Schrifttum darin, sicherzustellen, dass eine Besteuerung erst jenseits des Existenzminimums einsetzt und ein erhöhter Grundbedarf berücksichtigt wird.[418] Die allgemeinen Grundsätze der Rechtsprechung stehen auch im Einklang

---

415 BFH vom 15.10.2007 III B 112/06, DStRE 2008, 571; BFH vom 26.4.2006 III B 113/05, BFH/NV 2006, 1469; BFH vom 3.3.2005 III R 12/04, BFH/NV 2005, 1287.

416 BFH vom 18.3.2004 III R 24/03, DStR 2011, 1124.

417 BFH vom 19.4.2012 VI R 74/10, NJW 2012, 3261; BFH vom 29.3.2012 VI R 47/10, BFHE 236, 85; BFH vom 29.3.2012 VI R 21/11, DStR 2012, 1174;BFH vom 5.10.2011 VI R 88/10, BFH/NV 2012, 35; BFH vom 12.5.2011 VI R 37/10, NJW 2011, 3183; BFH vom 11.11.2010 VI R 17/09, DStR 2011, 115.

418 Siehe nur: *Heger,* in: Blümich, EStG, § 33 Rz. 4 (Nov. 2014); *Loschelder,* in: Schmidt, EStG, § 33 Rz. 1; *Arndt,* in: K/S/M, EStG, § 33 Rz. A1 f. (Jan. 2001).

mit der Rechtsprechung des Bundesverfassungsgerichts, wonach das Existenzminimum des Steuerpflichtigen nicht besteuert werden darf.[419] Wie die Rechtsprechung den für den § 33 EStG allgemeingültigen Grundsatz *„zwangsläufige Mehraufwendungen für existenznotwendigen Grundbedarf zu erfassen“* näher auslegt und im Einzelfall anwendet, wird in diesem Kapitel einer näheren Betrachtung unterzogen.

II. Verhältnis des Steuerrechts zum Sozialrecht im Rahmen des § 33 EStG

1. Rechtsprechung des III. Senats

Nach der Auffassung des III. Senats ist der Einfluss sozialrechtlicher Rechtsgrundsätze auf die Auslegung des § 33 EStG dahin gehend geklärt, dass der Einzelne nur dann einen Anspruch auf die Solidarität der Gemeinschaft hat, wenn ihn entweder die Steuerzahlung überfordert oder wenn die Aufwendungen einen Bereich der Lebensführung betreffen, der seiner individuellen Gestaltungsmöglichkeit entzogen ist.[420] Im erst genannten Fall können die Billigkeitsregelungen der §§ 163, 222, 227 AO zur Anwendung kommen.[421] Nur im zuletzt genannten Fall – Aufwendung betrifft einen Bereich der Lebensführung, der der Gestaltungsmöglichkeit des Steuerpflichtigen entzogen ist – soll § 33 EStG anwendbar sein.[422]

In einer Entscheidung, in der es um die Anerkennung für Aufwendungen einer künstlichen Befruchtung bei einer unverheirateten Frau ging, nahm der III. Senat Bezug auf das Sozialversicherungsrecht.[423] Für den Fall, dass das Sozialversicherungsrecht die homologe künstliche Befruchtung als Maßnahme anerkenne, für welche die Solidargemeinschaft der Versicherten im Sinne der §§ 27, 27a SGB V einzustehen habe, könne einkommensteuerlich in den Fällen, in denen kein Sozialversicherungsschutz bestehe, eine solche Maßnahme nicht mit Entscheidungen der frei gestaltbaren Lebensführung gleichgestellt werden.[424] Dies bedeutete also im Ergebnis: Gibt es einen sozialversicherungsrechtlichen Leistungstatbestand, besteht aber für den Steuerpflichtigen im Einzelfall kein Sozialversicherungsschutz, ist die Aufwendung als außergewöhnliche

---

419 S. B.IV.1.
420 BFH vom 26.4.2006 III B 113/05, BFH/NV 2006, 1469.
421 BFH vom 3.3.2005 III R 12/04, BFH/NV 2005, 1287.
422 BFH vom 3.3.2005 III R 12/04, BFH/NV 2005, 1287.
423 BFH vom 28.7.2005 III R 30/03, DStRE 2005, 1327.
424 BFH vom 28.7.2005 III R 30/03, DStRE 2005, 1327.

Belastung anzuerkennen. Eine solche Maßnahme unterliegt nicht der frei gestaltbaren Lebensführung. In dem obigen Fall versagte die Rechtsprechung eine Abzugsfähigkeit, da der § 27a SGB V eine Leistung nur für verheiratete Frauen vorsieht. Der III. Senat änderte diese Rechtsprechung später jedoch wieder und erkannte die Aufwendung als außergewöhnliche Belastung an.[425] Er begründete die Rechtsprechungsänderung damit, dass er Fallgruppen gebildet habe und der streitgegenständliche Fall der Fallgruppe der Krankheitskosten zuzuordnen sei. Des Weiteren würden grundgesetzliche Wertungen für einen Abzug sprechen.[426]

Aufwendungen, die durch Zöliakie (Glutenunverträglichkeit) bedingte Diätkosten entstehen, seien wegen des eindeutigen Wortlauts des § 33 Abs. 2 Satz 3 EStG nicht anzuerkennen. Gemäß § 33 Abs. 2 Satz 3 EStG können Aufwendungen für Diätverpflegung ohne Ausnahme keine außergewöhnliche Belastungen sein. Es bestünden keine verfassungsrechtlichen Bedenken, krankheitsbedingte Diätkosten nicht als außergewöhnliche Belastungen zu berücksichtigen.[427] Zwar würden diese in angemessener Höhe sozialhilferechtlich gem. § 30 Abs. 5 SGB XII gewährleistet, aber bei der Ermittlung des steuerlichen Existenzminimums müsse nicht jede sozialhilferechtliche Zusatzleistung mitberücksichtigt werden.[428] Zur Wahrung des Existenzminimums sei es ausreichend, wenn dem Steuerpflichtigen vom Erwerbseinkommen ein Betrag verbleibe, der dem entspricht, was Bedürftigen zur Befriedigung des Existenzminiums gewährleistet wird.

2. Rechtsprechung des VI. Senats

Die Rechtsprechung des VI. Senats knüpft in einigen Entscheidungen an das Sozialhilfe- bzw. Sozialversicherungsrecht an. Derartige Regelungen werden als Argumentationshilfen bei der Auslegung des Tatbestands herangezogen. So wird beispielsweise auf § 40 Abs. 4 SGB XI Bezug genommen, um bei behinderungsbedingten Umbauten zu begründen, dass sehr wohl zwischen Aufwendungen für das Haus im Ganzen und einzelnen Aufwendungen für krankheits- bzw. behinderungsbedingte Umbauten differenziert werden könne.[429] Es sei gem. § 40 Abs. 4 SGB XI ständige Übung, dass der medizinische Dienst der Krankenkassen im Rahmen von Bezuschussungen von baulichen Maßnahmen zur Verbesserung des Wohnumfelds Pflegebedürftiger, dies überprüfe.

---

425 BFH vom 10.5.2007 III R 47/05, DStR 2007, 1623.

426 BFH vom 10.5.2007 III R 47/05, DStR 2007, 1623.

427 BFH vom 21.6.2007 III R 48/04, HFR 2007, 1201.

428 BFH vom 21.6.2007 III R 48/04, HFR 2007, 1201.

429 BFH vom 24.2.2011 VI R 16/10, NJW 2011, 1902.

Allerdings besteht nicht stets ein Gleichklang zwischen Sozialhilferecht und Steuerrecht hinsichtlich des existenznotwendigen Bedarfs. So werden Fahrtkosten zur Wahrnehmung des Umgangsrechts sozialhilferechtlich gem. § 21 Abs. 6 SGB II als Mehrbedarf gewährt, finden aber keine Berücksichtigung im Rahmen des § 33 EStG.[430] Die Rechtsprechung geht davon aus, dass diese Aufwendung bereits durch den allgemeinen Freibetrag gem. §§ 31, 32 Abs. 6 EStG pauschalierend erfasst ist. Die Aufwendung ist somit nicht außergewöhnlich und scheidet daher aus dem Anwendungsbereich des § 33 EStG aus. Dies führt dazu, dass eine Aufwendung, die im Sozialhilferecht dem Mehrbedarf unterfällt, im Steuerrecht durch einen allgemeinen Freibetrag bereits pauschal abgegolten ist.

In dem Urteil zu den Zivilprozesskosten überträgt der erkennende Senat zwar die Voraussetzungen der Prozesskostenhilfe – hinreichende Erfolgsaussicht und fehlende Mutwilligkeit – auf den § 33 EStG, begründet dies aber nicht mit einem *„Gleichlauf“* von Sozialhilferecht und Steuerrecht. Vielmehr leitet er die Zwangsläufigkeit aus dem staatlichen Gewaltmonopol ab.[431]

3. Analyse Verhältnis Steuerrecht zum Sozialhilferecht

a) Rechtsprechungsänderungen

Die Rechtsprechung des III. und VI. Senats hat sich in Bezug auf das Sozialhilferecht nicht ausdrücklich geändert. Der VI. Senat nimmt in seinen Urteilen nur äußerst selten ausdrücklich Bezug auf das Sozialhilfe- bzw. Sozialversicherungsrecht.[432] Dennoch ist erkennbar, dass der VI. Senat, stärker als der III. Senat, Wertungen aus dem Sozialhilfe- und Sozialversicherungsrecht auf das Steuerrecht überträgt. Der III. Senat gab seine am Sozialversicherungsrecht orientierte Rechtsprechung zur künstlichen Befruchtung auf.[433] Hingegen überträgt der VI. Senat beispielsweise die Wertung aus § 40 Abs. 4 SGB XI, wonach bei Umbaumaßnahmen die einzelne Maßnahme beurteilt werden muss, auf den § 33 EStG. Des Weiteren wendet der VI. Senat bei Zivilprozesskosten die Voraussetzungen der fehlenden Mutwilligkeit und der hinreichenden Erfolgsaussicht gem. § 114 ZPO auf den § 33 EStG an.

430 BFH vom 15.5.2012 VI B 111/11, BFH/NV 2012, 1434.
431 BFH vom 12.5.2011 VI R 42/10, DStR 2011, 1308.
432 Exemplarisch: BFH vom 24.2.2011 VI R 16/10, NJW 2011, 1902.
433 S. D.II.1.

b) Verhältnis der Rechtsprechung zum subjektiven Nettoprinzip

Die Rechtsprechung, die sich ausdrücklich an den sozialhilferechtlichen Leistungstatbeständen als die das Existenzminimum quantifizierende Größe orientiert, entspricht dem subjektiven Nettoprinzip. Denn der Kern des subjektiven Nettoprinzips – die Steuerfreiheit des Existenzminimums – wird durch die sozialhilferechtlichen Leistungstatbestände quantifiziert.[434]

Die Rechtsprechung des III. Senats war, was das Verhältnis zwischen Sozialhilferecht und Steuerrecht betrifft, zunächst konsequent und stimmte mit der durch die eigene Auslegung gewonnenen Erkenntnis überein. Eine zunächst systematische Rechtsprechung ist durch eine fallgruppenorientierte Rechtsprechung abgelöst worden, wie das Beispiel der künstlichen Befruchtung belegt.[435] Hingegen belegt die Rechtsprechung des X. Senats des BFH eindeutig, dass sich das Steuerrecht am Sozialhilferecht zu orientieren hat und hierdurch der unbestimmte Tatbestand strukturiert werden kann. In seinen beiden Urteilen zu den Steuerberatungskosten wurde eine Abzugsfähigkeit von Steuerberatungskosten im Rahmen des § 33 EStG verneint. Dies wurde damit begründet, dass Steuerberatungskosten nicht sozialhilferechtlich gewährleistet werden.[436] Indem die Rechtsprechung den Abzug von privaten Aufwendungen zulässt, die nicht Bestandteil eines sozialhilferechtlichen Leistungstatbestands sind – Kosten für eine künstliche Befruchtung bei unverheirateten Frauen – geht sie über das hinaus, was aufgrund des subjektiven Nettoprinzips geboten ist.

Bei Kosten für das Umgangsrecht wird die Aufwendung nicht als außergewöhnliche Belastung anerkannt, obwohl sie Bedürftigen sozialhilferechtlich gewährt wird. Das Steuerrecht orientiert sich also insoweit nicht an den Leistungstatbeständen des Sozialhilferechts. Dies führt dazu, dass Aufwendungen nicht als außergewöhnliche Belastung anerkannt werden, obwohl dies aufgrund des subjektiven Nettoprinzips erforderlich sein könnte. Die Besteuerung darf erst jenseits des Existenzminimums einsetzen, welches zumindest das sozialhilferechtliche Leistungsniveau als quantifizierende Größe erfasst.[437] Die Rechtsprechung rechtfertigt die Versagung der Anerkennung damit, dass der Steuergesetzgeber, anders als das Sozialhilferecht, in verfassungsrechtlich zulässiger Weise vielfach nicht auf den Einzelfall abstelle. Vielmehr versuche der

---

434 S. B.IV.1.; BVerfG vom 13.2.2008 2 BvL 1/06, BVerfGE 120, 125.

435 S. D.II.1.

436 BFH vom 16.2.2011 X R 10/10, BFH/NV 2011, 977; BFH vom 4.2.2010 X R 10/08, DStR 2010, 739.

437 S. B.IV.1 und B.IV.2.

Steuergesetzgeber, durch pauschalierende Regelungen für eine möglichst große Gruppe von Steuerpflichtigen, eine ihrer Leistungsfähigkeit angemessene Regelung zu finden.[438] Auch im Bereich des subjektiven Nettoprinzips sei der Gesetzgeber befugt, generalisierende, typisierende und pauschalierende Regelungen zu treffen.[439] Dies ist im Hinblick auf die Umgangskosten geschehen, da diese vom Familienleistungsausgleich erfasst sind und somit durch den Kinderfreibetrag bzw. durch das Kindergeld abgegolten sind, sodass derartige Aufwendungen nicht außergewöhnlich sind.[440] Nach dem Willen des Gesetzgebers sind Aufwendungen zur Pflege des Eltern-Kind-Verhältnisses vom Kinderfreibetrag bzw. vom Kindergeld erfasst.[441] Hierunter können auch Aufwendungen für das Umgangsrecht subsumiert werden. Ein Verstoß gegen das subjektive Nettoprinzip liegt also nicht vor.

Anders ist hingegen die Rechtsprechung des III. Senats, hinsichtlich der durch Zöliakie bedingen Diätkosten, zu beurteilen. Im Gegensatz zu den eben erörterten Umgangskosten sind die Kosten für die Diätverpflegung nicht von einem pauschalierenden Tatbestand wie beispielsweise den §§ 32, 32a EStG erfasst. Sie sind daher – anders als die Umgangskosten – außergewöhnlich. Aufgrund des eindeutigen Wortlauts des § 33 Abs. 2 Satz 3 EStG ist es derzeit nicht möglich, derartige Kosten als außergewöhnliche Belastung zu berücksichtigen. Dies gilt selbst dann, wenn die Diät der Linderung von Schmerzen dient und die Aufwendung, wie andere Krankheitskosten, aus tatsächlichen Gründen zwangsläufig ist.[442] Das generelle Abzugsverbot in § 33 Abs. 2 Satz 3 EStG begegnet somit, entgegen der Auffassung der Rechtsprechung[443], sehr wohl verfassungsrechtlichen Bedenken. Aufwendungen für durch Zöliakie bedingte Diätkosten werden Bedürftigen gem. § 30 Abs. 5 SGB XII bzw. gem. § 21 Abs. 5 SGB II jedenfalls zum Teil ersetzt.[444] Im Rahmen des § 33 EStG bleiben die Aufwendungen gänzlich unberücksichtigt. Hierdurch wird das subjektive Nettoprinzip verletzt. Der Steuerstaat muss zumindest das Einkommen in Höhe des Sozialhilfeniveaus steuerfrei stellen.[445] Hiergegen wird durch § 33 Abs. 2 Satz 3 EStG verstoßen, wenn

438 BFH vom 28.3.1996 III R 208/94, BFHE 180, 551.

439 BFH vom 27.9.2007 III R 71/06, juris.

440 BFH vom 12.5.2012 VI B 111/11, BFH/NV 2012, 1434.

441 BT-Drucks. 11/2157, Seite 150.

442 FG Niedersachsen vom 10.5.2011 12 K 127/10, rkr, juris; FG Münster vom 16.11.2011 10 K 200/10 E, rkr, juris.

443 BFH vom 21.6.2007 III R 48/04, HFR 2007, 1201.

444 *Grube,* in: Grube/Wahrendorf, SGB XII, § 30 Rz. 50.

445 S. B.IV.1.; BFH vom 16.2.2011 X R 10/10, BFH/NV 2011, 977.

Diätaufwendungen unabhängig davon, ob sie Bestandteil von sozialhilferechtlichen Leistungstatbeständen sind, generell nicht als außergewöhnliche Belastungen anerkannt werden. Unzutreffend ist auch die Auffassung des III. Senats, dem Steuerpflichtigen müsse ein Betrag vom Erwerbseinkommen verbleiben, der mindestens dem sozialhilferechtlichen Leistungsniveau zur Befriedigung des Existenzminimums entspricht.[446] Der Rechtsprechung des Bundesverfassungsgerichts zur Folge muss dem Steuerpflichtigen nicht nur ein Betrag in Höhe des sozialhilferechtlichen Existenzminimums nach Abzug der Steuern verbleiben, sondern dieser Betrag darf erst gar nicht der Besteuerung unterworfen werden.[447] Dieses unterschiedliche Verständnis vom Prinzip der Steuerfreiheit des Existenzminimums hat erhebliche praktische Auswirkungen. Hierzu folgendes Beispiel: Hat ein Steuerpflichtiger Einkünfte iHv. € 50.000,-- und wendet einen Betrag iHv. € 3.000,-- für Diätkosten auf, so wäre nach der – unzutreffenden – Auffassung des III. Senats verfassungsrechtlich keine Anerkennung der Diätaufwendungen geboten, da dem Steuerpflichtigen noch ein Betrag oberhalb des Existenzminimums verbleibt. Wendet man jedoch die Rechtsprechung des BVerfG auf diese Diätkosten an, gelangt man zu einem anderen Ergebnis. Hiernach müssen die Diätaufwendungen iHv. € 3.000,-- als außergewöhnliche Belastungen anerkannt werden, da sie sozialhilferechtlich gewährleistet werden und somit Bestandteil des steuerlichen Existenzminimums sind.[448] Das steuerliche Existenzminimum muss zwingend aus der Bemessungsgrundlage ausscheiden und darf nicht besteuert werden.[449] Blendet man die Tatbestandsvoraussetzung der zumutbaren Belastung einmal aus, so müssen die Diätkosten iHv. € 3.000,-- bei einem Steuerpflichtigen mit Einkünften iHv. € 15.000 die Bemessungsgrundlage in gleichem Umfang mindern wie bei einem Steuerpflichtigen mit Einkünften iHv. € 500.000,--. Für beide ist die Aufwendung gleichermaßen zwangsläufig, determiniert durch das sozialhilferechtliche Leistungsniveau.

De lege ferenda sollte es auch bei Diätkosten darauf ankommen, ob die Aufwendungen für den Steuerpflichtigen unausweichlich und damit zwangsläufig sind, wobei als quantifizierende Größe auf die sozialhilferechtlichen Leistungstatbestände abzustellen ist. Hierdurch ist zugleich sichergestellt, dass nicht sämtliche Diätaufwendungen als außergewöhnliche Belastungen anzuerkennen sind. Sozialhilferechtlich werden die Diätaufwendungen nur in einem engen Rahmen gewährleistet, sodass nicht zu befürchten ist, dass bei Wegfall des generellen

---

446 So noch: BFH vom 21.6.2007 III R 48/04, HFR 2007, 1201.

447 BVerfG vom 29.5.1990 1 BvL 20/84, 1 BvL 26/84, 1 BvL 4/86, BVerfGE 82, 60.

448 Vgl. B.IV.1.

449 BVerfG vom 10.11.1998 2 BvL 42/93, DStRE 1999, 90.

Abzugsverbots Diätaufwendungen in einem wesentlich größeren Umfang anerkannt werden müssen. Zur Konkretisierung der anzuerkennenden Diätaufwendungen könnte zum Beispiel auf den Bericht *„Empfehlungen für die Gewährung von Krankenkostzulagen in der Sozialhilfe"* des Deutschen Vereins für öffentliche und private Fürsorge e. V. aus dem Jahre 2008 zurückgegriffen werden.[450] Dieser ersetzt zwar nicht die Einholung eines Sachverständigengutachtens im Einzelfall, kann aber dennoch zur Konkretisierung des notwendigen Bedarfs beitragen.[451] Auf Grundlage dieses Berichts wären beispielsweise bei einer Zöliakie und bei einer Niereninsuffizienz Aufwendungen iHv. 20 % der Regelbedarfsstufe 1 anzuerkennen.[452] Keine Anerkennung der Aufwendungen als außergewöhnliche Belastung käme hiernach beispielsweise bei Gicht, Bluthochdruck oder Neurodermitis in Betracht. In diesen Fällen ist kein krankheitsbedingter Mehraufwand gegeben.[453] Aufgrund der Empfehlung des Deutschen Vereins für öffentliche und private Fürsorge e. V. ist eine Orientierungshilfe gegeben, sodass diese Lösung zudem auch praktikabel ist.

Bei den Prozesskosten hingegen wird auf die Prozesskostenhilfe Bezug genommen und die dort geltenden Grundsätze des § 114 Abs. 1 ZPO auf den § 33 EStG übertragen. Der Gleichlauf zu der korrespondierenden Regelung im Prozesskostenhilferecht für Bedürftige stellt somit sicher, dass das Existenzminimum gewahrt wird.[454]

c) Verallgemeinerbare Grundsätze

In den meisten Entscheidungen des BFH zu den außergewöhnlichen Belastungen wird das Verhältnis zum Sozialhilferecht nicht thematisiert und nicht ausdrücklich auf sozialhilferechtliche Leistungstatbestände Bezug genommen.[455]

---

450 Deutscher Verein für öffentliche und private Fürsorge e. V., Empfehlungen des Deutschen Vereins zur Gewährung von Krankenkostenzulagen in der Sozialhilfe, NDV 2008, 503.

451 BSG vom 10.5.2011 B 4 AS 100/10 R, SozR 4-4200 § 21 Nr. 12; BSG vom 27.2.2008 B 14/7 b AS 64/06 R, BSGE 100, 83.

452 *Coseriu,* in: Kommentar zum Sozialrecht, § 30 SGB XII Rz. 13.

453 Deutscher Verein für öffentliche und private Fürsorge e. V., Empfehlungen des Deutschen Vereins zur Gewährung von Krankenkostenzulagen in der Sozialhilfe, NDV 2008, 503; *Coseriu,* in: Kommentar zum Sozialrecht, § 30 SGB XII Rz. 12.

454 Siehe hierzu nachfolgend unter D.V.1.b)dd)(2).

455 Siehe nur: BFH vom 14.11.2013 VI R 20/12, DStR 2014, 738; BFH vom 24.5.2012 VI B 120/11, BFH/NV 2012, 1438; BFH vom 29.3.2012 VI R 47/10, BFH/NV 2012, 1235; BFH vom 5.10.2011 VI R 49/10, HFR 2012, 35; BFH vom 30.6.2011 VI R 14/10,

Es stellt sich aber die Frage, ob den Urteilen dennoch ein abstrakter Grundsatz entnommen werden kann. Erkennt die Rechtsprechung also nur und insoweit Aufwendungen an, wie korrespondierend ein sozialhilferechtlicher Leistungstatbestand vorhanden ist?

Eine stichprobenartige Untersuchung der Entscheidungen, die nicht ausdrücklich auf das Sozialhilferecht Bezug nehmen, bestätigt jedoch, dass hinsichtlich des Verhältnisses des Steuerrechts zum Sozialhilferecht der Rechtsprechung keine verallgemeinerbaren Grundsätze entnommen werden können. Die Rechtsprechung erkennt im Ergebnis zum Teil Aufwendungen an, für die spiegelbildlich ein sozialhilferechtlicher Leistungstatbestand besteht, zum Teil aber bleibt sie auch hinter dem Sozialhilferecht zurück oder aber geht darüber hinaus.

So wird bei der künstlichen Befruchtung, obwohl der Leistungstatbestand des § 27a Abs. 1 Nr. 4 SGB V nur die homologe künstliche Befruchtung erfasst, auch für Kosten einer heterologen künstlichen Befruchtung ein Abzug der Aufwendung im Rahmen des § 33 EStG zugelassen.[456] Bei Aufwendungen für eine Krebstherapie werden Aufwendungen ebenfalls in einem größeren Umfang anerkannt, als dies sozialhilferechtlich der Fall ist.[457]

Ein Gleichlauf zwischen Sozialhilferecht und einer Anerkennung der Aufwendung im Rahmen des § 33 EStG besteht hingegen bei Zivil-, Strafprozesskosten und Steuerberatungskosten.[458] Für die Zivilprozesskosten gelten für die Frage der Zwangsläufigkeit die gleichen Voraussetzungen wie bei § 114 ZPO. Bei Strafprozesskosten wird eine Anerkennung verneint und es besteht spiegelbildlich kein sozialhilferechtlicher Leistungstatbestand, sodass ein Gleichlauf besteht. Gleiches gilt für Steuerberatungskosten. Die Kosten der krankheitsbedingten Heimunterbringung werden von § 33 EStG erfasst und korrespondierend dem Bedürftigen gem. § 61 Abs. 2 SGB XII gewährt[459], sodass auch hier die Leistungen des Sozialhilferechts der steuerlichen Anerkennung entsprechen. Bei selbstgenutztem Wohneigentum werden die Kosten für die notwendige

---

HFR 2011, 1207; BFH vom 15.6.2010 VI B 11/10, BFH/NV 2010, 1631; BFH vom 28.4.2010 VI B 167/09, HFR 2010, 835; BFH vom 4.11.2009 VI B 43/09, BFH/NV 2010, 852; BFH vom 11.2.2009 VI B 140/08, BFH/NV 2009, 762; BFH vom 27.8.2008 III R 50/06, BFH/NV 2009, 553; BFH vom 16.6.2008 III R 57/05, DStR 2008, 1961; BFH vom 25.10.2007 III R 63/06, BFH/NV 2008, 544; BFH vom 24.2.2000 III R 80/97, DStR 2000, 1005.

456 BFH vom 16.12.2010 VI R 43/10, DStR 2011, 356.

457 S. hierzu ausführlich: D.V.2.c)bb)(1).

458 S. hierzu ausführlich: D.V.1.b)dd)(2).

459 BFH vom 14.11.2013 VI R 20/12, DStR 2014, 738.

Instandhaltung gem. § 35 SGB XII bzw. gem. § 22 Abs. 2 SGB II für unabweisbare Aufwendungen der Instandhaltung übernommen.[460] Hierunter fallen auch die vom BFH anerkannten Sanierungsaufwendungen, beispielswese aufgrund einer gesundheitsgefährdenden Asbestbelastung, sodass auch insoweit ein Gleichlauf bestehen dürfte.[461]

Umgekehrt wird bei Kosten für das Umgangsrecht die Aufwendung nicht als außergewöhnliche Belastung anerkannt, obwohl sie Bedürftigen gem. § 21 Abs. 6 SGB II als Mehrbedarf gewährt wird.[462] Steuerrechtlich ist die Aufwendung bereits durch den Grundfreibetrag abgegolten. Das Steuerrecht orientiert sich also insoweit nicht am Sozialhilferecht. Bei durch Zöliakie veranlassten Aufwendungen ist der BFH aufgrund des eindeutigen Wortlauts des § 33 Abs. 2 Satz 3 EStG sogar gezwungen, hinter dem sozialhilferechtlichen Leistungsniveau zurückzubleiben.[463]

Wie die erläuterten Beispiele zeigen, besteht zwischen dem Sozialhilferecht und der Rechtsprechung des BFH kein einheitlicher Zusammenhang. Es lässt sich aus der Rechtsprechung kein verallgemeinerbarer Grundsatz ableiten. Insbesondere kann aufgrund der Untersuchung nicht der Grundsatz bestätigt werden, dass eine Anerkennung von Aufwendungen zumindest und nur insoweit erfolgt, wie korrespondierend im Sozialhilferecht Leistungstatbestände vorhanden sind. Ein Strukturprinzip ist insofern nicht vorhanden.

III. Aufwendung

1. Rechtsprechung des III. Senats

Aufwendungen sind allgemein alle beim Steuerpflichtigen abfließenden Güter, die in Geld oder Geldeswert bestehen.[464] Eine Aufwendung liegt nur bei einer bewussten und gewollten Einkommensverwendung vor.[465]

Der III. Senat prüft stets, soweit dies entscheidungserheblich ist, ob der Steuerpflichtige durch die Aufwendung belastet ist.[466] Die genaue dogmatische

460 *Coseriu,* in: Kommentar zum Sozialrecht, § 35 SGB XII Rz. 8; *Lauterbach,* in: Gagel, SGB II/III, § 22 SGB II Rz. 89 f. (September 2015).

461 Sanierungsmaßnahmen als außergewöhnliche Belastung: BFH vom 29.3.2012 VI R 47/10, DStRE 2012, 992.

462 S. D.II.3.b).

463 S. D.II.3.b).

464 BFH vom 29.8.1986 III R 209/82, BFHE 148, 22.

465 BFH vom 19.5.1995 III R 12/92, BFHE 178, 207.

466 Siehe nur: BFH vom 25.10.2007 III R 63/06, BFH/NV 2008, 544, mwN; BFH vom 10.10.1996 III R 209/94, DStR 1997, 997.

Anknüpfung für die Voraussetzung der Belastung lässt sich den Urteilen jedoch nicht entnehmen. So beschränkt sich die Ausführung des Senats beispielsweise auf folgende Ausführung: *„§ 33 EStG setzt voraus, dass der Steuerpflichtige eine (außergewöhnliche) „Belastung" zu tragen hat."*[467] Durch die Verwendung des Wortlauts *„(außergewöhnliche) Belastung"*, könnte man den Schluss ziehen, dass der Senat aus dem Klammerzusatz in § 33 Abs. 1 EStG *„(außergewöhnliche Belastung)"* die Tatbestandsvoraussetzung der Belastung herleitet.[468] Überschriften oder Klammerzusätze selbst, sind aber keine Tatbestandsvoraussetzungen.[469]

Über Einzelfälle und unterschiedliche Fallgruppen hinweg ist der Steuerpflichtige nach ständiger Rechtsprechung nur belastet, wenn Werte aus seinem Vermögen endgültig abfließen.[470] Eine Belastung liegt nach Auffassung des III. Senats nicht vor, wenn der Steuerpflichtige Gegenstände anschafft, die für ihn einen Gegenwert zu den aufgewendeten Kosten darstellen.[471] Dann läge nur eine bloße Vermögensumschichtung vor, die den Steuerpflichtigen nicht außergewöhnlich belaste.[472] Der Steuerpflichtige erlangt einen Gegenwert, wenn der entsprechende Gegenstand nicht nur für ihn, sondern auch für andere Personen von Wert sein kann und somit eine gewisse Marktfähigkeit besitzt, die in einem bestimmten Verkehrswert zum Ausdruck kommt.[473] Aufgrund dieser aufgestellten Grundsätze wurden Aufwendungen für den behindertengerechten Umbau eines Badezimmers oder den Einbau eines Aufzugs versagt, da die eingebauten Gegenständen auch von Dritten mitbenutzt werden können und nicht ausschließlich vom Steuerpflichtigen benutzt werden.[474] Bei medizinischen Hilfsmitteln, die ausschließlich vom Steuerpflichtigen benutzt werden können, tritt eine gewisse Marktfähigkeit zurück und der Steuerpflichtige müsse sich keinen Gegenwert

---

467 BFH vom 25.1.2007 III R 7/06, BFH/NV 2007, 1081; BFH vom 2.6.2005 III R 7/04, DStRE 2006, 336; BFH vom 10.10.1996 III R 209/94, DStR 1997, 997.

468 BFH vom 30.6.1999 III R 8/95, BFHE 189, 371; Ableitung aus dem Klammerzusatz: *Brockmeyer*, DStZ 1998, 214 (215).

469 So auch: *Kanzler*, FR. 1999, 1191 (1194).

470 BFH vom 25.10.2007 III R 63/06, BFH/NV 2008, 544; BFH vom 15.12.2005 III R 10/04, BFH/NV 2006, 931; BFH vom 2.6.2005 III R 7/04, DStRE 2006, 336; BFH vom 15.4.2004 III B 84/03, BFH/NV 2004, 1252; BFH vom 30.6.1999 III R 8/95, DB 1999, 2193; BFH vom 10.10.1996 III R 209/94, BFHE 182, 333.

471 BFH vom 2.6.2005 III R 7/04, DStRE 2006, 336.

472 BFH vom 2.6.2005 III R 7/04, DStRE 2006, 336.

473 BFH vom 25.1.2007 III B 103/06, BFH/NV 2007, 891.

474 BFH vom 25.1.2007 III R 7/06, BFH/NV 2007, 1081; BFH vom 25.1.2007 III B 103/06, BFH/NV 2007, 891; BFH vom 10.10.1996 III R 209/94, DStR 1997, 997.

anrechnen lassen.[475] Die Gegenwertlehre wird bei der Wiederbeschaffung von Hausrat und Kleidung nicht angewandt, wenn der Verlust auf einem unabwendbaren Ereignis beruht und es sich bei den wiederbeschafften Gegenständen um solche handelt, die zur angemessenen Auffüllung von Hausrat und Kleidung üblicherweise notwendig sind.[476]

Eine Korrektur der Gegenwertlehre findet über den Abzug des verlorenen Aufwands statt. Wird die Aufwendung für den Ausgleich eines endgültigen Verlusts in einem existenziell wichtigen Bereich auf Grund eines außergewöhnlichen Ereignisses getätigt, so entsteht verlorener Aufwand, sofern kein Verschulden des Steuerpflichtigen vorliegt und keine Ersatzansprüche gegenüber Dritten bestehen.[477] Kein verlorener Aufwand liegt vor, wenn eine allgemein zugängliche und übliche Versicherungsmöglichkeit nicht wahrgenommen wurde. Dies wird mit dem Sinn und Zweck der Norm und einer überschreitenden Ausdehnung des Tatbestands sowie einer fehlenden Rechtfertigung für die Belastung der Allgemeinheit begründet.[478]

Bei der Beurteilung der Frage, ob der Steuerpflichtige belastet ist, stellt der III. Senat auf die gesamten Aufwendungen für ein einheitliches Wirtschaftsgut ab.[479] Dies bedeutet beispielsweise, dass bei behindertengerechten Neubauten für die Frage des Gegenwerts nicht allein auf die Aufwendungen für die konkreten behindertengerechten Umbauten, wie beispielsweise eines Aufzugs oder Treppenlifts, abzustellen ist, sondern auf die Aufwendungen für das gesamte Haus.[480] Entscheidend ist nach der Auffassung der Rechtsprechung, dass für das Haus *„insgesamt"* wertvolle Einrichtungen geschaffen werden.[481] Dies gilt auch dann, wenn die Gegenstände nachträglich eingebaut werden.[482] In jüngeren Entscheidungen begründete der III. Senat den Gegenwert bei behindertengerechten Umbauten damit, dass die Gegenstände auch von Dritten mitbenutzt werden

475 BFH vom 9.8.1991 III R 54/90, BFHE 165, 272.
476 BFH vom 30.6.1999 III R 8/95, DStRE 1999, 784, mwN.
477 BFH vom 9.8.2001 III R 6/01, DStRE 2002, 157; BFH vom 6.5.1994 III R 27/92, BFHE 175, 332.
478 BFH vom 6.5.1994 III R 27/92, BFHE 175, 332.
479 BFH vom 10.10.1996 III R 209/94, BFHE 182, 333.
480 BFH vom 10.10.1996 III R 209/94, BFHE 182, 333.
481 BFH vom 25.2.2005 III B 96/04, BFH/NV 2005, 1278.
482 BFH vom 15.12.2005 III R 10/04, DStRE 2006, 714; BFH vom 25.2.2005 III B 96/04, BFH/NV 2005, 1278.

können.[483] Bemerkenswert ist die letzte Entscheidung des III. Senats zu behinderungsbedingten Umbauten/Anschaffungen. Hier wird mit keinem Wort auf die Gegenwertlehre eingegangen und die Abzugsfähigkeit eines durch die Eltern angeschafften Treppenlifts für den querschnittsgelähmten Sohn wird im Ergebnis bejaht.[484]

2. Rechtsprechung des VI. Senats

Der VI. Senat prüft die Belastung des Steuerpflichtigen – richtigerweise – unter der Tatbestandsvoraussetzung der Aufwendung.[485] So heißt es in einer Entscheidung des BFH wörtlich: „...*dass dem Kläger selbst angesichts der nur darlehensweise an die Schwiegermutter überlassenen Mittel keine Aufwendungen entstanden seien, scheidet die Berücksichtigung von Aufwendungen als außergewöhnliche Belastungen mangels eigener finanzieller Belastung des Klägers schon von vornherein aus.*“[486]

Das Tatbestandsmerkmal der Aufwendung – bewusste und gewollte Vermögensverwendung – hat der VI. Senat in seinen Entscheidungen bisher nicht abweichend vom III. Senat definiert. Es ist davon auszugehen, dass er sich somit der einhelligen Auffassung in Literatur und Rechtsprechung angeschlossen hat.[487]

Leistungen im Rahmen einer Vermögensauseinandersetzung – wie beispielsweise bei einem vorzeitigen Erbausgleich – sind keine Aufwendungen im Sinne des § 33 EStG.[488] Nach der ständigen Rechtsprechung des VI. Senats ist ein Steuerpflichtiger belastet, wenn er die Aufwendung endgültig selbst tragen muss.[489] Erhaltene Vorteile muss sich der Steuerpflichtige anrechnen lassen. Belastet ist der Steuerpflichtige nur in der Differenz zwischen außergewöhnlichem Aufwand und erhaltener Ersatzleistung, sofern diese auf demselben Ereignis beruht.[490]

Die Gegenwertlehre des III. Senats hat er bisher nicht ausdrücklich aufgegeben. Jedoch hat der VI. Senat bislang in keiner Entscheidung, unter Berufung auf die Gegenwertlehre, die Anerkennung der Aufwendung als außergewöhnliche

---

483 BFH vom 25.1.2007 III B 103/06, BFH/NV 2007, 891; BFH vom 27.12.2006 III B 107/06, BFH/NV 2007, 701; BFH vom 2.6.2005 III R 7/04, DStRE 2006, 336.

484 BFH vom 30.10.2008 III R 97/06, BFH/NV 2009, 728.

485 BFH vom 19.5.2009 VI B 113/08, BFH/NV 2009, 1631; s. C.II.1.b).

486 BFH vom 19.5.2009 VI B 113/08, BFH/NV 2009, 1631.

487 *Heger,* in: Blümich, EStG, § 33 Rz. 48 (Nov. 2014).

488 BFH vom 28.4.2010 VI B 167/09, DStRE 2010, 830.

489 BFH vom 14.4.2011 VI R 8/10, DStRE 2011, 889; BFH vom 19.5.2009 VI B 113/08, BFH/NV 2009, 1631.

490 BFH vom 14.4.2011 VI R 8/10, BFHE 233, 241.

Belastung versagt. Vielmehr weist er in seinen Entscheidungen, in Anknüpfung an die durch den III. Senat gebildeten Ausnahmen daraufhin, dass die Gegenwertlehre dem Abzug der Aufwendung nicht entgegensteht.[491] So sei die Gegenwertlehre nicht anzuwenden, wenn der Steuerpflichtige wegen einer aus tatsächlichen Gründen bestehenden Zwangslage Gegenstände des existenznotwendigen Bedarfs austauscht.[492] In einer anderen Entscheidung bedurfte es nach Auffassung des erkennenden Senats nicht des Rückgriffs auf die Gegenwertlehre.[493] Ebenso steht ein vorhandener Gegenwert behinderungsbedingten Umbaukosten nicht entgegen. Dies wird damit begründet, dass die behinderungsbedingten Aufwendungen jedenfalls im Streitfall stark unter dem Gebot der sich aus der Situation ergebenden Zwangsläufigkeit stehen.[494] Eine andere – nicht auf der Behinderung beruhende – Motivation des Steuerpflichtigen könne ausgeschlossen werden.[495] Deshalb trete die Erlangung eines Gegenwerts in Anbetracht der Gesamtumstände in den Hintergrund.[496] Die mögliche Nutzung von Gegenständen durch Dritte stelle keinen realen Gegenwert dar und sei daher ungeeignet, ein Abzugsverbot zu begründen.[497] Ebenso wird für die Beurteilung des eventuellen Gegenwerts nicht auf das Haus als solches, sondern auf die einzelnen Baumaßnahmen und Gewerke abgestellt.[498] Obwohl die Baumaßnahmen in einem einheitlichen Zusammenhang stehen, lasse sich jede für sich dahingehend überprüfen, ob sie der Linderung einer Krankheit diene oder aufgrund einer Behinderung des Steuerpflichtigen notwendig sei.[499]

3. Analyse Aufwendung/Belastung

a) Rechtsprechungsänderungen

Im Gegensatz zur früheren Rechtsprechung knüpft der VI. Senat die Voraussetzung der Belastung des Steuerpflichtigen eindeutig und dogmatisch korrekt am Wortlaut der Aufwendung an.[500] Die Rechtsprechung hinsichtlich der Anforderungen an eine

491 BFH vom 29.3.2012 VI R 21/11, DStR 2012, 1174.
492 BFH vom 29.3.2012 VI R 21/11, DStR 2012, 1174.
493 BFH vom 21.4.2010 VI R 62/08, DStR 2010, 1671.
494 BFH vom 24.2.2011 VI R 16/10, NJW 2011, 1902, mwN.
495 BFH vom 22.10.2009 VI R 7/09, DStR 2010, 47.
496 BFH vom 22.10.2009 VI R 7/09, DStR 2010, 47.
497 BFH vom 24.2.2011 VI R 16/10, NJW 2011, 1902.
498 BFH vom 24.2.2011 VI R 16/10, NJW 2011, 1902.
499 BFH vom 24.2.2011 VI R 16/10, NJW 2011, 1902.
500 Vgl. C.II.1.b).

Aufwendung bzw. an die Belastung ist mit Ausnahme der Gegenwertlehre identisch. So liegt nach Auffassung beider Senate eine Aufwendung bei einer bewussten und gewollten Einkommensverwendung vor.[501] Eine Belastung setzt nach weit überwiegender Auffassung voraus, dass der Steuerpflichtige die Aufwendung endgültig selbst tragen muss.[502]

Die Gegenwertlehre wird vom VI. Senat in einem deutlich engeren Rahmen als noch vom III. Senat angewandt. Dies wird dadurch deutlich, dass die Gegenwertlehre schon dann nicht anzuwenden ist, wenn aufgrund einer bestehenden Zwangslage Gegenstände des existenznotwendigen Bedarfs ausgetauscht werden müssen. Die weiteren Voraussetzungen des verlorenen Aufwands, wie beispielsweise das Verschulden des Steuerpflichtigen und andere Ersatzmöglichkeiten, werden hingegen nicht geprüft.

Darüber hinaus lässt der VI. Senat in einer Vielzahl von Entscheidungen *„dahin stehen"*, ob der Fundamentalkritik an der Gegenwertlehre zuzustimmen ist oder er verneint die Notwendigkeit des Rückgriffs auf die Gegenwertlehre.[503] Es scheint somit wahrscheinlich zu sein, dass der VI. Senat die Gegenwertlehre in Zukunft aufgeben wird. Hierfür spricht auch, dass der VI. Senat bisher in keiner Entscheidung eine Anerkennung einer Aufwendung als außergewöhnliche Belastung, unter Berufung auf die Gegenwertlehre, versagt hat.

Besonders bemerkenswert ist in diesem Zusammenhang die Rechtsprechung des VI. Senats zu den behindertenbedingten Umbaukosten.[504] Während die bisherige Rechtsprechung des III. Senats die Aufwendungen unter Berücksichtigung der Gegenwertlehre verneinte[505], werden diese Aufwendungen nunmehr anerkannt. Dies stellt eine weitere Rechtsprechungsänderung nach dem Zuständigkeitswechsel der Senate dar und ist ein weiterer Beleg für die mangelnde Rechtssicherheit im Anwendungsbereich des § 33 EStG. Eine weitere Rechtsprechungsänderung besteht hinsichtlich des Bezugspunkts für die Beurteilung der Aufwendung. Während bei Umbaumaßnahmen der III. Senat auf das Haus im Ganzen abstellte, betrachtet der VI. Senat die einzelne Baumaßnahme und Gewerke im Hinblick auf einen eventuell erlangten Gegenwert. Dem ist zuzustimmen. Hierdurch stellt er durch Bezugnahme auf § 40 Abs. 4 SGB XI einen

501 S. D.III.1 und D.III.2.

502 S. C.III.2.a).

503 BFH vom 24.2.2011 VI R 16/10, DStR 2011, 713; BFH vom 22.10.2009 VI R 7/09, DStR 2010, 47; BFH vom 21.4.2010 VI R 62/08, DStR 2010, 1671.

504 BFH vom 22.10.2009 VI R 7/09, DStR 2010,47.

505 S. D.III.1.

Gleichlauf zum Sozialhilferecht her, was systematisch korrekt ist. Es ist gem. § 40 Abs. 4 SGB XI ebenfalls auf die einzelnen baulichen Maßnahmen abzustellen.

Im Ergebnis ist festzuhalten, dass die Rechtsprechung des VI. Senats im Vergleich zur Rechtsprechung des III. Senats dogmatisch nachvollziehbar und in Bezug auf den Terminus der Belastung wesentlich weiter ist, da die Gegenwertlehre weitestgehend nicht mehr angewandt wird. Für den Steuerpflichtigen folgt hieraus, dass Aufwendungen in einem größeren Umfang anerkannt werden, als dies zuvor nach der Rechtsprechung des III. Senats der Fall war.

b) Verhältnis der Rechtsprechung zum subjektiven Nettoprinzip

Die neuere Rechtsprechung des VI. Senats, in der die Gegenwertlehre nicht mehr angewandt wird, entspricht mehr dem Sinn und Zweck der Norm und trägt dazu bei, dass das subjektive Nettoprinzip gewahrt wird.[506] Sie entspricht dem Ergebnis der in dieser Arbeit vorgenommenen Auslegung.[507] Die Anwendung der Gegenwertlehre verstößt gegen den Sinn und Zweck der Norm, zwangsläufige Aufwendungen für den existenziellen Bedarf steuerfrei zu stellen. Denn die Anwendung der Gegenwertlehre kann dazu führen, dass zwingend steuerlich zu verschonende Aufwendung, der Besteuerung unterworfen werden und hierdurch das subjektiven Nettoprinzip verletzt wird.[508] Die Rechtsprechung des III. Senats, in der die Gegenwertlehre oftmals dazu führte, dass Aufwendungen nicht anerkannt wurden, entsprach hingegen nicht dem Prinzip der Steuerfreiheit des Existenzminimums.

c) Verallgemeinerbare Grundsätze

Ein allgemeingültiges Strukturprinzip, das losgelöst von Einzelfällen und Fallgruppen das Tatbestandsmerkmal der Aufwendung konkretisiert, ist nicht ersichtlich. Die bestehenden Unsicherheiten beschränken sich allerdings weitestgehend auf die Gegenwertlehre. Die Definition der Aufwendung/Belastung ist im Übrigen durch eine ständige Rechtsprechung hinreichend bestimmt. Hiernach setzt eine Aufwendung eine bewusste und gewollte Einkommensverwendung voraus.[509] Eine Belastung ist gegeben, wenn der Steuerpflichtige die Aufwendung

506 Siehe hierzu: C.III.2.b)aa).
507 S. C.III.2.b)aa).
508 S. C.III.2.b)aa).
509 BFH vom 19.5.1995 III R 12/92, BStBl II 1995, 774; BFH vom 30.7.1982 VI R 67/79, HFR 1983, 12.

endgültig selbst tragen muss.[510] Bemerkenswert ist, dass der VI. Senat – soweit ersichtlich – in keinem ihm zur Entscheidung vorgelegten Sachverhalt eine Abzugsfähigkeit mangels Aufwendung bzw. Belastung des Steuerpflichtigen gem. § 33 EStG versagte. Dies ist ein Beleg dafür, dass das Tatbestandsmerkmal der Aufwendung aufgrund seiner Bestimmtheit weniger streitentscheidend ist als die anderen Tatbestandsvoraussetzungen des § 33 EStG.

Hingegen besteht eine erhebliche Rechtsunsicherheit im Hinblick auf die Gegenwertlehre. Dies gilt insbesondere für das Urteil hinsichtlich der Krebsabwehrtherapie. Aufgrund der starken Betonung auf die „*Gesamtumstände*" des „*Streitfalls*" und dem „*Gebot der sich aus der Situation ergebenden Zwangsläufigkeit*" folgt eine weitere Rechtsunsicherheit für den Steuerpflichtigen. Es werden nämlich keine allgemeingültigen Voraussetzungen aufgestellt, sondern es wird lediglich Umständen im Einzelfall Rechnungen getragen. Für den Steuerpflichtigen ist es nur schwer abschätzbar, wann nun ein Sachverhalt nach den „*Gesamtumständen*" so stark unter dem „*Gebot der sich aus der Situation ergebenden Zwangsläufigkeit*" steht und ein Gegenwert hierhinter zurücktritt. Diese weiteren unbestimmten Voraussetzungen sind ein Einfallstor für Billigkeitserwägungen und tragen somit nicht zur Steuergerechtigkeit aufgrund einer einheitlichen Rechtsprechung bei. So sehr es aus Sicht des Steuerpflichtigen und unter Berücksichtigung des subjektiven Nettoprinzips zu begrüßen ist, dass die Gegenwertlehre nicht angewandt wird, so sehr ist gleichzeitig die Begründung hierzu zu kritisieren. Eine weitere Rechtsunsicherheit resultiert daraus, dass der VI. Senat bisher nicht ausdrücklich die Gegenwertlehre aufgegeben hat.[511] Es bestehen daher noch Restzweifel, ob der VI. Senat in bestimmten Sachverhaltskonstellationen doch auf die Gegenwertlehre zurückgreifen würde. Auch wenn dies vor dem Hintergrund der bisherigen Rechtsprechung des VI. Senats unwahrscheinlich ist.

IV. Außergewöhnlichkeit

1. Rechtsprechung des III. Senats

Außergewöhnlich sind nach der ständigen Rechtsprechung des III. Senats alle Aufwendungen, die ihrer Art und dem Grunde nach außerhalb des Üblichen liegen.[512] Die typischen, üblichen Aufwendungen seien von § 32a EStG erfasst und

510 BFH vom 30.6.1999 III R 8/95, DStRE 1999, 784.

511 *Loschelder*, in: Schmidt, EStG, § 33 Rz. 9.

512 BFH vom 27.9.2007 III R 30/06, BFH/NV 2008, 539, mwN.

aus dem Anwendungsbereich des § 33 EStG ausgeschlossen.[513] Die Rechtsprechung bejaht in einer Vielzahl von Fällen die Außergewöhnlichkeit der Aufwendung dann, wenn sie nicht von § 32a EStG erfasst ist, und somit nicht typisch ist. Hingegen wird in einigen Entscheidungen nicht nur geprüft, ob die Aufwendung von § 32a EStG erfasst ist und somit nicht außergewöhnlich ist, sondern auch, ob anderen Steuerpflichtigen gleichfalls diese Aufwendungen entstanden sind.[514] So seien beispielsweise Erpressungsgelder außergewöhnlich, die gezahlt würden, um ein außereheliches Verhältnis geheim zu halten. Wer ein außereheliches Verhältnis eingehe, sei nicht üblicherweise einer Erpressung ausgesetzt.[515] Reiseaufwendungen für die Teilnahme an einer Beerdigung seien nicht außergewöhnlich. Der Tod sei Teil eines jeden Lebens und es könne nicht als ungewöhnlich angesehen werden, wenn sich ein Angehöriger zur Teilnahme an der Beerdigung aufgerufen sehe. Hiervon sei nicht nur eine kleine Minderheit betroffen.[516] Die Rechtsprechung wendet also teilweise die Gruppenvergleichsformel an, indem sie den Steuerpflichtigen konkret mit anderen Steuerpflichtigen vergleicht.

Völlig andere Kriterien legte der III. Senat bei Sanierungsaufwendungen für dioxinbelasteten Boden zugrunde. Diese Aufwendungen seien außergewöhnlich, wenn den Grundstückseigentümer kein Verschulden an der Belastung treffe, die Belastung für ihn zum Zeitpunkt des Grundstückserwerbs nicht erkennbar war und realisierbare Ersatzansprüche gegen Dritte nicht gegeben seien.[517] Diese Leitsätze widersprechen der Dogmatik des III. Senats in seinen anderen Entscheidungen. In den meisten Entscheidungen prüfte der III. Senat unter der Voraussetzung der Außergewöhnlichkeit, ob die Aufwendung von § 32a EStG erfasst ist oder nahm einen Gruppenvergleich vor.[518] Hier prüft der III. Senat unter der Voraussetzung der Außergewöhnlichkeit genau die Voraussetzungen, die er sonst unter dem Gesichtspunkt des verlorenen Aufwands beim Tatbestandsmerkmal Aufwendung/Belastung geprüft hat.[519] Diese Voraussetzungen nun unter dem Tatbestandsmerkmal der Außergewöhnlichkeit zu prüfen, stellt

---

513 BFH vom 10.5.2007 III R 39/05, DStR 2007, 1395.

514 BFH vom 18.3.2004 III R 31/02, DStRE 2004, 631; BFH vom 17.6.1994 III R 42/93, BB 1994, 1763; BFH vom 15.4.1992 III R 11/91, BFHE 168, 137.

515 BFH vom 18.3.2004 III R 31/02, DStRE 2004, 631.

516 BFH vom 17.6.1994 III R 42/93, DStR 1994, 1531.

517 BFH vom 20.12.2007 III R 56/04, BFH/NV 2008, 937.

518 BFH vom 27.9.2007 III R 30/06, BFH/NV 2008, 539; BFH vom 10.5.2007 III R 39/05, DStR 2007, 1395; BFH vom 27.9.2007 III R 56/01, BFH/NV 2008, 764; BFH vom 18.3.2004 III R 31/02, DStRE 2004, 631.

519 S. D.III.1.

einen Systembruch dar. Insbesondere findet die Prüfung dieser Voraussetzungen keinen Anknüpfungspunkt im Wortlaut des § 33 EStG und lässt sich auch nicht mit der Systematik der Norm begründen. Vielmehr müssen diese Überlegungen beim Merkmal der Belastung einfließen. Der Senat wäre unter Berücksichtigung seiner sonst angewandten Grundsätze zum selben Ergebnis gelangt: Die Aufwendung ist außergewöhnlich, da sie nicht von § 32a EStG erfasst ist und sogar ein Gruppenvergleich nicht zur Versagung der Abzugsfähigkeit führt, da einem Großteil der Steuerpflichtigen keine Sanierungsaufwendungen entstehen dürften. Selbst bei einem vorhandenen Gegenwert wären die Aufwendungen von § 33 EStG erfasst, da verlorener Aufwand vorläge.

So auch die ältere Rechtsprechung des III. Senats zu den Astbestsanierungen. Hier wurde die oben genannten Voraussetzungen – dogmatisch nachvollziehbar – unter der Tatbestandsvoraussetzung der Belastung und der Korrekturmöglichkeit des verlorenen Aufwands geprüft.[520]

2. Rechtsprechung des VI. Senats

Die Rechtsprechung des VI. Senats knüpft im Wesentlichen an die Rechtsprechung des III. Senats an. Demnach sind nach ständiger Rechtsprechung die typischen Aufwendungen von § 32a EStG erfasst und nur solche Aufwendungen, die außerhalb des Üblichen liegen, sind außergewöhnlich.[521] Unter Bezugnahme auf die Legaldefinition in § 33 Abs. 1 EStG, mit der allgemein die Gruppenvergleichsformel begründet wird, prüft der VI. Senat nur, ob die Aufwendung weder vom Grund- und Kinderfreibetrag noch durch den Behinderten- und Pflege-Pauschbetrag erfasst sind.[522] Zu den üblichen Kosten der Lebensführung zählen der sozialhilferechtliche Regelbedarf nach § 28 SGB XII iVm. dem Regelbedarfs-Ermittlungsgesetz und der Versorgungsbedarf für den Krankheits- und Pflegefall.[523] Aufwendungen die nicht davon erfasst sind, sind außergewöhnlich.[524] Eine konkrete Prüfung, ob Steuerpflichtigen gleicher Einkommens-, gleicher

520 BFH vom 9.8.2001 III R 6/01, DStRE 2002, 157.

521 BFH vom 15.5.2012 VI B 111/11, BFH/NV 2012, 1434, mwN; BFH vom 5.3.2009 VI R 60/07, BFH/NV 2009, 1111.

522 BFH vom 17.7.2014 VI R 42/13, DStR 2014, 1872; BFH vom 24.2.2011 VI R 16/10, DStR 2011, 713.

523 BFH vom 12.5.2011 VI R 42/10, DStR 2010, 1308.

524 BFH vom 12.5.2011 VI R 42/10, DStR 2010, 1308.

Vermögens- und gleichen Familienstandes die gleichen Aufwendungen entstanden sind (Gruppenvergleich), unterbleibt.[525]

Die Rechtsprechung zu den Sanierungsaufwendungen wurde durch den VI. Senat übernommen.[526] Er wendet die aufgestellten Grundsätze, im Unterschied zum III. Senat, aber nicht auf das Tatbestandsmerkmal der Außergewöhnlichkeit, sondern dogmatisch korrekt auf das Tatbestandsmerkmal der Aufwendung an. So heißt es in dem Urteil unter Zitierung der Rechtsprechung des III. Senats: *„Nach der Rechtsprechung des BFH können auch Kosten zur Wiederherstellung der Bewohnbarkeit eines selbstgenutzten Gebäudes, das durch ein von dem Steuerpflichtigen nicht beeinflussbares außergewöhnliches Ereignis beschädigt wurde, Aufwendungen i.S. von § 33 EStG sein. Voraussetzung hierfür ist, dass der Vermögensgegenstand für den Steuerpflichtigen eine existenziell wichtige Bedeutung hat, keine Anhaltspunkte für ein Verschulden des Steuerpflichtigen erkennbar, realisierbare Ersatzansprüche gegen Dritte nicht gegeben sind […].“*[527] In anderen Entscheidungen wendet der VI. Senat diese Grundsätze ebenfalls an, ohne sie aber eindeutig einem bestimmten Tatbestandsmerkmal zuzuordnen.[528] Sanierungsaufwendungen infolge von Baumängeln hingegen sind nach Auffassung der Rechtsprechung nicht außergewöhnlich, sodass eine Anerkennung im Rahmen des § 33 EStG ausscheidet.[529]

Privat veranlasste Umzugskosten seien, unabhängig vom Grund ihres Entstehens, grundsätzlich keine außergewöhnlichen Belastungen, da sie typische Lebenshaltungskosten darstellen würden, mit denen jedermann zu rechnen habe.[530] Ausnahmsweise könnten derartige Aufwendungen außergewöhnliche Belastungen sein, wenn der Umzug durch eine Krankheit zwingend erforderlich sei.[531] Aufwendungen für eine zweite Wohnung sind für die Dauer der Unbewohnbarkeit der Erstwohnung, die bis dahin den existenziellen Wohnbedarf abdeckte, ebenfalls außergewöhnlich.[532] Solche Aufwendungen seien nicht mehr der normalen Lebensgestaltung und Lebensführung zuzuordnen.

---

525 Exemplarisch: BFH vom 11.1.2011 VI B 60/10, BFH/NV 2011, 786; BFH vom 9.12.2010 VI R 14/09, DStR 2011, 569.

526 BFH vom 29.3.2012 VI R 70/10, DStRE 2012, 994.

527 BFH vom 29.3.2012 VI R 70/10, DStRE 2012, 994.

528 BFH vom 29.3.2012 VI R 21/11, BFH/NV 2012, 1239.

529 BFH vom 29.3.2012 VI R 70/10, BFHE 237, 90; BFH vom 11.2.2009 VI B 140/08, BFH/NV 2009, 762; So auch bereits: BFH vom 9.8.2001 III R 6/01, BFHE 196, 492.

530 BFH vom 8.10.2008 VI B 66/08, BFH/NV 2009, 149.

531 BFH vom 8.10.2008 VI B 66/08, BFH/NV 2009, 149.

532 BFH vom 21.4.2010 VI R 62/08, DStR 2010, 1671.

Des Weiteren sah der VI. Senat in seinen Entscheidungen unter anderem Aufwendungen für die krankheitsbedingte Unterbringung in einem Pflegeheim, krankheitsbedingte Besuchsfahrten, Sanierungsaufwendungen und behinderungsbedingte Umbaukosten ausdrücklich als außergewöhnlich an.[533]

3. Analyse Außergewöhnlichkeit

a) Rechtsprechungsänderungen

Durch den Zuständigkeitswechsel ist die Rechtsprechung systematisch geworden. Die vorherige Rechtsprechung des III. Senats war unsystematisch, da zum Teil die Gruppenvergleichsformel angewandt wurde und in anderen Entscheidungen hingegen nur ein Vergleich mit § 32a EStG stattfand. Eine Systematik, wann neben einem Vergleich mit § 32a EStG auch ein Gruppenvergleich stattfand, ist nicht zu erkennen. Einen Vergleich mit anderen Steuerpflichtigen nahm die Rechtsprechung beispielsweise bei Sachverhalten vor, in denen um die Anerkennung von Reisekosten zu Beerdigungen oder Hochzeiten oder Erpressungsgeldern gestritten wurde.[534] Bei der Beurteilung der Abzugsfähigkeit von Pflegeaufwendungen aufgrund einer Heimunterbringung nahm die Rechtsprechung hingegen keinen Gruppenvergleich vor.[535] Gründe, die diese unterschiedliche Rechtsprechung rechtfertigen würden, sind nicht ersichtlich.

Der VI. Senat begründet die Außergewöhnlichkeit der Aufwendung in ständiger Rechtsprechung damit, dass die Aufwendung nicht von § 32a EStG erfasst ist und somit unüblich ist.[536] Diese Rechtsprechung wird auch durch andere Senate des BFH, wie beispielsweise dem VIII. Senat, bestätigt.[537] Ein konkreter Gruppenvergleich wird in keiner Fallgruppe vorgenommen. Dies ist jedoch de lege lata nicht mit dem Wortlaut der Norm vereinbar. Wie die vorgenommene Auslegung des Tatbestands gezeigt hat, sollte de lege ferenda jedoch auf einen Gruppenvergleich verzichtet werden, um das subjektive Nettoprinzip nicht zu verletzen.[538]

---

533 BFH vom 24.5.2012 VI B 120/11, BFH/NV 2012, 1438; BFH vom 29.3.2012 VI R 70/10, BFHE 237, 90; BFH vom 5.10.2011 VI R 20/11, BFH/NV 2012, 38; BFH vom 24.2.2011 VI R 16/10, DStR 2011, 713; BFH vom 9.12.2010 VI R 14/09, DStR 2011, 569.

534 BFH vom 18.3.2004 III R 31/02, NJW 2004, 2039; BFH vom 17.6.1994 III R 42/93, BB 1994, 1763; BFH vom 15.4.1992 III R 11/91, BFHE 168, 137.

535 BFH vom 10.5.2007 III R 39/05, DStR 2007, 1395.

536 BFH vom 15.5.2012 VI B 111/11, BFH/NV 2012, 1434, mwN.

537 BFH vom 7.5.2013 VIII R 51/10, DStRE 2013, 1345.

538 S. C.III.3.b)aa).

Durch die Auslegung wurde ermittelt, dass richtigerweise alle Aufwendungen außergewöhnlich sind, die nicht von den §§ 32a, 32 Abs. 6 EStG erfasst sind.[539] Der *„dogmatische Ausreißer"* des III. Senats hinsichtlich der Sanierungsaufwendungen wurde korrigiert, indem nunmehr die aufgestellten Grundsätze unter dem Tatbestandsmerkmal der Aufwendung geprüft werden.[540]

Wenig überzeugend ist jedoch die Rechtsprechung des VI. Senats in Bezug auf die Umzugskosten, in der die Außergewöhnlichkeit von Umzugskosten verneint wird.[541] Sie knüpft an eine alte Entscheidung des VI. Senats aus dem Jahre 1975 an.[542] Die damalige Entscheidung beruhte noch auf der Gruppenvergleichsformel, die heute nicht mehr vom VI. Senat angewandt wird. Interessant an der Entscheidung des VI. Senats aus dem Jahre 2008 ist, dass die in zahlreichen Entscheidungen übliche Formulierung: *„Die typischen Aufwendungen der Lebensführung sind dagegen ungeachtet ihrer Höhe im Einzelfall aus dem Anwendungsbereich des § 33 des Einkommensteuergesetzes (EStG) ausgeschlossen. Sie werden in Höhe des Existenzminimums durch den Grundfreibetrag (§ 32a Abs. 1 Satz 2 EStG) berücksichtigt"*[543], in dieser Entscheidung nicht enthalten ist.[544] Anstatt sich auf die in einer über 30 Jahre alten Entscheidung aufgestellten Grundsätze zu berufen, wäre es dogmatisch und in Einklang mit den anderen jüngeren Entscheidungen notwendig gewesen, zu prüfen, ob die Umzugskosten von § 32a EStG erfasst sind. Von § 32a EStG sind wohl keine Umzugskosten erfasst, da sie nicht Bestandteil des Existenzminimumberichts sind, der die von § 32a EStG erfassten Aufwendungen näher konkretisiert. Die Umzugskosten sind somit außergewöhnlich. Systemwidrig ist es, eine Ausnahme für den Fall zuzulassen, dass der Umzug aufgrund einer Krankheit zwingend erforderlich ist. Hierbei handelt es sich nicht um die Frage der Außergewöhnlichkeit, sondern der Zwangsläufigkeit. Das Tatbestandsmerkmal der Zwangsläufigkeit muss aber neben dem Tatbestandsmerkmal der Außergewöhnlichkeit vorliegen und kann dieses nicht ersetzen.[545] Die Rechtssicherheit wird dadurch beeinträchtigt, dass nur *„grundsätzlich"* Umzugskosten keine außergewöhnlichen Belastungen sind. Im Folgenden wäre daher zu prüfen gewesen, ob die Aufwendung auch zwangsläufig war.

---

539 S. C.III.3.b)aa).

540 S. D.IV.2.

541 BFH vom 8.10.2008 VI B 66/08, BFH/NV 2009, 149.

542 BFH vom 28.2.1975 VI R 120/73, BFHE 115, 259.

543 Siehe nur: BFH vom 15.5.2012 VI B 111/11, BFH/NV 2012, 1434, mwN; BFH vom 6.2.2014 VI R 61/12, DStR 2014, 740.

544 BFH vom 8.10.2008 VI B 66/08, BFH/NV 2009, 149.

545 S. C.II.2.b).

Dies hängt maßgeblich vom Grund des Umzugs ab.[546] Hierbei ist danach zu differenzieren, ob der Mieter den Umzug durch sein Verhalten selbst verursacht hat oder beispielsweise aufgrund einer Eigenbedarfs-Kündigung des Vermieters umziehen muss. Demnach kommt es, entgegen der Auffassung des erkennenden Senats, sehr wohl auf den Grund des Entstehens der Umzugskosten an.

b) Verhältnis der Rechtsprechung zum subjektiven Nettoprinzip

Die aktuelle Rechtsprechung zum Tatbestandsmerkmal der Außergewöhnlichkeit stellt sicher, dass das subjektive Nettoprinzip im Einkommensteuerrecht gewahrt wird. Das steuerlich zu verschonende Existenzminimum wird im Allgemeinen von dem Grundfreibetrag in § 32a EStG und dem Freibetrag in § 32 Abs. 6 EStG erfasst.[547] Liegt ein im Einzelfall erhöhtes Existenzminimum vor, so ist durch die Rechtsprechung des VI. Senats sichergestellt, dass dieses durch die Anwendung des § 33 EStG ebenfalls steuerlich verschont wird. Denn nach der Rechtsprechung des VI. Senats können von § 33 EStG alle Aufwendungen erfasst sein, die nicht vom Grundfreibetrag gem. § 32a EStG erfasst werden.[548] Es ist also ausgeschlossen, dass aufgrund des Tatbestandsmerkmals der Außergewöhnlichkeit existenzsichernder Aufwand nicht die Bemessungsgrundlage der Einkommensteuer mindert. Anders war dies noch bei der Anwendung der Gruppenvergleichsformel, die einen konkreten Vergleich mit anderen Steuerpflichtigen enthielt. Hierbei war es möglich, dass Aufwendungen, die zur Bestreitung des Existenzminimums benötigt wurden, nicht die Bemessungsgrundlage minderten.[549]

Somit ist auch die Rechtsprechung zu den Sanierungsaufwendungen zutreffend. Sanierungsaufwendungen, die auf Baumängeln beruhen, sind sowohl nach der Rechtsprechung des III. als auch des VI. Senats nicht außergewöhnlich.[550] Derartige Schadensbeseitigungskosten seien nicht unüblich, da es sich hierbei nicht um ein ungewöhnliches mit einem Hochwasser vergleichbares Ereignis handele.[551] Dies entspricht auch den Wertungen im Sozialhilferecht. Im Sozialhilferecht werden auf Baumängel beruhende Sanierungsaufwendungen gem.

---

546 S. C.III.4.b)dd).

547 BFH vom 19.3.2014 III B 74/13, BFH/NV 2014, 1032.

548 Exemplarisch: BFH vom 5.3.2009 VI R 60/07, BFH/NV 2009, 1111.

549 S. C.III.3.b)aa).

550 BFH vom 29.3.2012 VI R 70/10, BFHE 237, 90; So auch bereits: BFH vom 9.8.2001 III R 6/01, BFHE 196, 492.

551 BFH vom 29.3.2012 VI R 21/11, BFHE 237, 93; BFH vom 11.2.2009 VI B 140/08, BFH/NV 2009, 762.

§ 22 Abs. 2 SGB II gewährt, sofern sie unerlässlich sind, um die Bewohnbarkeit des Hauses aufrechtzuerhalten.[552] Notwendige Erhaltungsmaßnahmen sind von § 22 Abs. 2 SGB II erfasst.[553] Angemessen sind sie jedoch nur in Höhe einer vergleichbaren Referenzmiete, da Mieter und Eigentümer gleich zu behandeln sind.[554] Für darüber hinausgehende Aufwendungen könnte der Eigentümer gem. § 22 Abs. 2 Satz 2 SGB II nur ein Darlehen erhalten. Dem Existenzminimumbericht der Bundesregierung für das Jahr 2014 zufolge, sind im sächlichen Existenzminimum iHv. € 8.124,-- Kosten der Unterkunft (Bruttokaltmiete und vergleichbare Aufwendungen für Haus- oder Wohnungseigentum) iHv. € 2.796,-- enthalten. Im Ergebnis sind die Aufwendungen des § 22 Abs. 2 SGB II Bestandteil des sächlichen Existenzminimums, sodass korrespondierend im Steuerrecht diese Aufwendungen nicht außergewöhnlich sind, da sie bereits in dem Grundfreibetrag des § 32a EStG berücksichtigt werden.

c) Verallgemeinerbare Grundsätze

Die Rechtsprechung des VI. Senats kann hinsichtlich des dogmatischen Bezugspunkts – Gruppenvergleich oder Vergleich mit § 32a EStG – verallgemeinert werden. Sie ist nicht auf Einzelfälle oder einzelne Fallgruppen beschränkt. Egal ob es um Aufwendungen für Krankheitskosten, Prozesskosten, behinderungsbedingte Umbaukosten, Fahrtkosten usw. geht, stets sind Aufwendungen außergewöhnlich, wenn sie nicht von § 32a EStG – dem Grundfreibetrag – erfasst sind.[555] Insofern besteht für den Steuerpflichtigen ein hohes Maß an Rechtssicherheit und Rechtsklarheit. Anders als bei einem ungewissen Ausgang eines Gruppenvergleichs mit anderen Steuerpflichtigen, führt ein Vergleich mit § 32a EStG zu einem sicheren und klar abgrenzbaren Ergebnis. Es ist gesetzlich klar normiert, welche Aufwendungen von § 32a EStG abgedeckt sind und somit aus dem Anwendungsbereich des § 33 EStG fallen. Der § 28 SGB XII iVm. dem Regelbedarfsermittlungsgesetz und dem Versorgungsbedarf für Krankheits- und Pflegefall, enthält in Verbindung mit dem Existenzminimumbericht der Bundesregierung

552 *Luik,* in: Eicher, SGB II, § 22 Rz. 137, mwN.

553 LSG Sachsen-Anhalt vom 22.5.2014 L 2 AS 172/14 B ER, juris.

554 *Knickrehm/Hahn,* in: Kommentar zum Sozialrecht, § 22 SGB II Rz. 19.

555 BFH vom 6.2.2014 VI R 61/12, BFHE 245, 18; BFH vom 24.5.2012 VI B 120/11, BFH/NV 2012, 1438; BFH vom 29.3.2012 VI R 70/10, BFHE 237, 90; BFH vom 5.10.2011 VI R 20/11, BFH/NV 2012, 38; BFH vom 12.5.2011 VI R 42/10, BFHE 234, 30; BFH vom 24.2.2011 VI R 16/10, DStR 2011, 713; BFH vom 9.12.2010 VI R 14/09, BFHE 232, 343.

genau die Aufwendungen, die Gegenstand des § 32a EStG sind, sodass ein Abgleich in tatsächlicher und rechtlicher Hinsicht möglich ist.

Fraglich ist, ob die Rechtsprechung hinsichtlich des Bezugspunkts der Außergewöhnlichkeit – der Aufwendung oder das ihr zugrunde liegende Ereignis – ebenfalls einheitlich ist. Den meisten jüngeren Entscheidungen des BFH lassen sich hierzu keine Erkenntnisse entnehmen. Die Außergewöhnlichkeit der Aufwendung wird in den meisten jüngeren Entscheidungen unproblematisch angenommen bzw. gar nicht erst geprüft.[556] In einigen Entscheidungen stellt der BFH aber vor allem auf das der Aufwendung zugrunde liegende Ereignis für die Beurteilung der Außergewöhnlichkeit der Aufwendung ab. So gehören zu den typischen Aufwendungen, die bereits durch den Grundfreibetrag abgegolten sind, die Kosten für Besuchsfahrten zu nahen Angehörigen.[557] Werden die Fahrten hingegen zur Linderung oder Heilung einer Krankheit vorgenommen, so können sie – anknüpfend an die Rechtsprechung des III. Senats – außergewöhnlich sein.[558] Entscheidend ist also nicht nur die Außergewöhnlichkeit der Aufwendung, sondern auch das ihr zugrunde liegende Ereignis. Hier ist der Grund für die Besuchsfahrt maßgeblich für die Abgrenzung zwischen gewöhnlichen und außergewöhnlichen Aufwendungen. Auch bei der durch die Rechtsprechung gebildeten Fallgruppe der Sanierungskosten ist der Grund für die Sanierungsaufwendungen und damit das der Aufwendung zugrunde liegende Ereignis maßgeblich. Bei Sanierungsaufwendungen aufgrund von Baumängeln fehlt es an der Außergewöhnlichkeit, da es sich hierbei *„erfahrungsgemäß nicht um ein ungewöhnliches Ereignis“* handelt.[559] Ist hingegen der Sanierungsbedarf aufgrund eines *„nicht beeinflussbaren außergewöhnlichen Ereignisses“* entstanden, so können die Aufwendungen außergewöhnlich im Sinne des § 33 EStG sein.[560] Ebenfalls ist bei den Unterbringungskosten in einem Pflegeheim der Grund für die Unterbringung nach Auffassung des VI. Senats entscheidend dafür, ob das Tatbestandsmerkmal der Außergewöhnlichkeit erfüllt ist. Erfolgt die

556 BFH vom 26.2.2014 VI R 27/13, BFHE 245, 18; BFH vom 6.2.2014 VI R 61/12, BFHE 244, 395; BFH vom 14.11.2013 VI R 21/12, BFH/NV 2014, 832.

557 BFH vom 15.5.2012 VI B 111/11, BFH/NV 2012, 1434; BFH vom 11.1.2011 VI B 60/10, BFH/NV 2011, 876.

558 BFH vom 15.5.2012 VI B 111/11, BFH/NV 2012, 1434; BFH vom 5.3.2009 VI R 60/07, HFR 2009, 784; BFH vom 6.4.1990 III R 60/88, BFHE 161, 432.

559 BFH vom 29.3.2012 VI R 70/10, HFR 2012, 738; BFH vom 11.2.2009 VI B 140/08, BFH/NV 2009, 762; So auch schon die Rechtsprechung des III. Senats: BFH vom 9.8.2001 III R 6/01, BFHE 196, 492.

560 BFH vom 29.3.2012 VI R 70/10, HFR 2012, 738.

Unterbringung im Pflegeheim nur altersbedingt, sind die Aufwendungen üblich und das Tatbestandsmerkmal der Außergewöhnlichkeit ist nicht erfüllt. Liegt hingegen eine krankheitsbedingte Unterbringung vor, ist das Tatbestandsmerkmal der Außergewöhnlichkeit erfüllt.[561]

Bei der Entscheidung zu den Umzugskosten stellte der VI. Senat hingegen ausdrücklich nur auf die Aufwendung ab. Der Grund des Umzugs sei für die Beurteilung der Außergewöhnlichkeit ohne Bedeutung.[562] Die Entscheidung nimmt Bezug auf eine ältere Entscheidung des VI. Senats aus dem Jahre 1975, in der die Außergewöhnlichkeit unter anderem mit dem *„Billigkeitscharakter"* der Norm verneint wird.[563] Mittlerweile ist die Rechtsprechung – richtigerweise – jedoch davon abgerückt, den § 33 EStG als Billigkeitsvorschrift zu verstehen.[564] Die Bezugnahme auf dieses fast 30 Jahre alte Urteil und der damit verbundenen Argumentation der *„Billigkeitsvorschrift"* entspricht somit nicht der ständigen Rechtsprechung in den anderen jüngeren Urteilen. Darüber hinaus ist die Entscheidung in sich widersprüchlich. Wird generell nicht auf den Grund des Umzugs abgestellt, kann auch bei einem krankheitsbedingten Umzug die Aufwendung nicht *„ausnahmsweise"* außergewöhnlich sein. Hier ist der Grund für die Aufwendung, die Erkrankung, entscheidend. Diese Ausnahme wird nicht näher begründet. Eine Begründung für diese Ausnahme wird auch nicht in dem Urteil aus dem Jahre 1965, auf das in der Entscheidung des VI. Senats verwiesen wird, gegeben.[565]

Im Ergebnis kann der Rechtsprechung aufgrund der Vielzahl der Entscheidungen, in denen auf das der Aufwendung zugrunde liegende Ereignis abgestellt wird und nur einer abweichenden Entscheidung, der allgemeine Grundsatz entnommen werden, dass das der Aufwendung zugrunde liegende Ereignis bei der Prüfung der Außergewöhnlichkeit miteinzubeziehen ist. Dies entspricht auch dem Ergebnis der in dieser Arbeit vorgenommenen Auslegung.[566] Nur unter Einbeziehung des Ereignisses kann die Frage, wann eine Aufwendung außergewöhnlich ist, beantwortet werden.[567]

---

561 BFH vom 9.12.2010 VI R 14/09, DStR 2011, 569; So auch bereits die Rechtsprechung des III. Senats: BFH vom 23.5.2002 III R 24/01, BFHE 199, 296; BFH vom 24.2.2000 III R 80/97, BFHE 191, 280.

562 BFH vom 8.10.2008 VI B 66/08, BFH/NV 2009, 149.

563 BFH vom 28.2.1975 VI R 120/73, BFHE 115, 259.

564 S. C.I.2.

565 BFH vom 14.12.1965 VI 102/65 U, BFHE 84, 311.

566 S. C.III.3.b)bb).

567 S. C.III.3.b)bb).

V. Zwangsläufigkeit dem Grunde nach

Ausgehend von der gesetzlichen Differenzierung in § 33 Abs. 2 EStG wird die Rechtsprechung anhand der drei unterschiedlichen Arten der Zwangsläufigkeit aus rechtlichen, tatsächlichen und sittlichen Gründen analysiert. Dies dient dazu Gemeinsamkeiten und Unterschiede innerhalb der drei Gruppen und im Anschluss daran im Vergleich der drei Gruppen zueinander herauszuarbeiten. Ein besonderer Schwerpunkt wird dabei auf die Rechtsprechung zu den Prozesskosten gelegt. Diese Fallgruppe wurde im Schrifttum und der finanzgerichtlichen Rechtsprechung in den letzten Jahren besonders kontrovers diskutiert.[568]

Allen drei Arten von Gründen ist gemein, dass sich der Steuerpflichtige wegen des jeweiligen Grundes der Aufwendung *„nicht entziehen kann“*. Nach der Rechtsprechung des III. Senats kann sich der Steuerpflichtige den Aufwendungen nicht entziehen, wenn die Gründe derart von außen auf die Entschließungsfreiheit einwirken, dass er ihnen nicht ausweichen kann.[569] Hatte der Steuerpflichtige die Möglichkeit, der Aufwendung auszuweichen, dann sei das Tatbestandsmerkmal der Zwangsläufigkeit nicht erfüllt.[570] Dabei sei entscheidend, ob das Ereignis, das der Aufwendung zugrunde lag, nach der Verkehrsanschauung zwangsläufig war.[571]

Grundsätzlich zwangsläufige Aufwendungen sind nicht mehr als zwangsläufige Aufwendung anzuerkennen, wenn der Steuerpflichtige es unterlässt, zumutbare Ersatzansprüche geltend zu machen. Dabei kann der Steuerpflichtige aber nicht auf die Inanspruchnahme von Sozialleistungen verwiesen werden. Denn dadurch würde ihm im ersten Schritt Einkommen zur Bestreitung seiner Existenz entzogen, das ihm im zweiten Schritt durch Sozialleistungen wieder gewährt werden müsste. Dies würde zu einem Widerspruch in der Rechtsordnung führen.[572] Die selbstbestimmte Existenzsicherung besitzt Vorrang vor den

---

568 Siehe nur: *Heim,* DStZ 2014, 165; *Kanzler,* FR 2014, 209; *Bleschick,* FR 2013, 932; *Mack/Zumwinkel,* AnwBl 2012, 788; *Geserich,* HFR 2011, 985; *Stöber,* FR 2011, 790; FG Hamburg vom 24.9.2012 1 K 195/11, DStRE 2013, 401; FG Niedersachen vom 15.5.2013 9 K 238/12, EFG 2013, 1337; FG München vom 5.3.2012 5 K 182/04, EFG 2013, 290; FG Düsseldorf vom 14.1.3013 11 K 1633/12, StE 2013, 214; Hessisches FG vom 12.12.2012 4 K 929/12, juris; Schleswig-Holsteinisches FG vom 21.2.2012 1 K 75/11, EFG 2013, 523.

569 BFH vom 20.4.2006 III R 23/05, BFH/NV 2006, 1916; BFH vom 29.11.1991 III R 192/90, BFH/NV 1992, 457; BFH vom 27.2.1987 III R 209/81, DB 1987, 1282.

570 BFH vom 26.6.2003 III R 36/01, DStR 2003, 2108.

571 BFH vom 26.2.1998 III R 59/97, DStRE 1998, 586.

572 BFH vom 11.11.2010 VI R 17/09, DStR 2011, 115.

staatlichen Transferleistungen.[573] Das Tatbestandsmerkmal der Zwangsläufigkeit ist bei vorsätzlichem oder grob fahrlässigem Verhalten nach Auffassung des BFH nicht gegeben. In diesem Fall habe der Steuerpflichtige die Ursache für die Aufwendung selbst gesetzt. Bei eines – so der BFH wörtlich – *„asozialen Verhaltens"* des Steuerpflichtigen sei es nicht gerechtfertigt, dass die Allgemeinheit über eine Steuerermäßigung seine Kosten mittrage. Hingegen schließe leicht fahrlässiges Verhalten die Zwangsläufigkeit der Aufwendung nicht aus.[574]

1. Rechtliche Gründe

a) Allgemeine rechtliche Gründe

aa) Rechtsprechung des III. Senats

Aus rechtlichen Gründen könne sich der Steuerpflichtige den Aufwendungen nur dann nicht entziehen, wenn er die rechtlichen Gründe nicht selbst gesetzt habe.[575] Daher könnten Verpflichtungen aufgrund von rechtsgeschäftlichen Vereinbarungen regelmäßig nicht zwangsläufig sein.[576] Etwas anderes gelte nur dann, wenn zusätzlich zu der selbst begründeten Rechtspflicht eine weitere unmittelbar aus dem Gesetz ergebende rechtliche oder sittliche Verpflichtung bzw. eine tatsächliche Zwangslage zur Leistung der Aufwendung bestehe.[577] Entsprechendes gelte, wenn die Übernahme der Rechtspflicht ihrerseits auf rechtlichen oder sittlichen Verpflichtungen bzw. einer tatsächlichen Zwangslage beruhe.[578] Entscheidend sei, ob das der Aufwendung zugrunde liegende Ereignis zwangsläufig war. Maßstab hierfür sei die Verkehrsanschauung. [579] Es sei daher irrelevant, ob sich der Steuerpflichtige subjektiv für rechtlich verpflichtet hielt.[580]

Aus rechtlichen Gründen können beispielsweise Beerdigungskosten zwangsläufig erwachsen, wenn eine gesetzliche Pflicht, beispielsweise gem. § 1615 Abs. 2

573 *Geserich,* SteuK 2011, 82.
574 So bereits grundlegend: BFH vom 5.7.1963 VI 272/61 S, BFHE 77, 487.
575 BFH vom 3.3.2005 III R 12/04, BFH/NV 2005, 1287; BFH vom 18.7.1986 III R 178/80, HFR 1986, 579.
576 BFH vom 19.5.1995 III R 12/92, BFHE 178, 207; BFH vom 18.4.1990 III R 126/86, BFHE 160, 516.
577 BFH vom 3.3.2005 III R 12/04, BFH/NV 2005, 1287; BFH vom 18.7.1986 III R 178/80, HFR 1986, 579.
578 BFH vom 3.3.2005 III R 12/04, BFH/NV 2005, 1287; BFH vom 18.7.1986 III R 178/80, HFR 1986, 579.
579 BFH vom 26.2.1998 III R 59/97, BFHE 185, 409.
580 BFH vom 19.5.1995 III R 12/92, BFHE 178, 207.

BGB, zur Übernahme der Beerdigungskosten besteht.[581] Hingegen seien Scheidungsfolgekosten nicht aus rechtlichen Gründen zwangsläufig.[582]

bb) Rechtsprechung des VI. Senats

Aufwendungen sind nur dann aus rechtlichen Gründen zwangsläufig, wenn die Aufwendung aufgrund einer unmittelbar aus dem Gesetz folgenden Verpflichtung geleistet wird.[583] Aus rechtlichen Gründen können beispielsweise Unterhaltsaufwendungen der Eltern an ihre Kinder zwangsläufig sein, da die Eltern gem. §§ 1601, 1610 BGB gesetzlich zum Unterhalt verpflichtet sind. Hierzu gehören beispielsweise Aufwendungen für die Heimunterbringung der Tochter. Solche Unterhaltsaufwendungen sind aus rechtlichen Gründen zwangsläufig, wenn die unterhaltene Person außerstande ist, sich selbst zu unterhalten.[584] Hat der Steuerpflichtige die Bedürftigkeit des Unterhaltenen adäquat dadurch mitverursacht, dass zuvor Vermögensgegenstände auf ihn übertragen wurden, so scheide eine Anerkennung der Unterhaltsleistung als außergewöhnliche Belastung aus.[585] Nicht aus rechtlichen Gründen zwangsläufig sind daher Unterhaltsleistungen für die keine gesetzliche Regelung besteht.[586]

Aus rechtlichen Gründen zwangsläufig können auch Mietzahlungen für eine zusätzliche Wohnung sein, wenn die ursprüngliche Wohnung unbewohnbar ist und aufgrund einer Ordnungsverfügung der Steuerpflichtige die Wohnung verlassen muss.[587]

cc) Analyse von allgemeinen rechtlichen Gründen

(1) Rechtsprechungsänderungen

Bei den rechtlichen Gründen im Allgemeinen ist es nach der Rechtsprechung von Bedeutung, ob die Aufwendung vom Steuerpflichtigen adäquat mitverursacht worden ist. Dies gilt sowohl für die Rechtsprechung des III. als auch des VI. Senats.[588] Insoweit besteht also eine einheitliche Rechtsprechung.

---

581 BFH vom 17.9.1987 III R 242/83, BFHE 151, 380.

582 BFH vom 30.6.2005 III R 27/04, BFHE 210, 306.

583 BFH vom 15.4.2010 VI R 51/09, DStRE 2010, 865.

584 BFH vom 11.2.2010 VI R 61/08, DStRE 2010 794.

585 BFH vom 1.12.2009 VI B 146/08, BFH/NV 2010, 637; So zuvor bereits: BFH vom 12.11.1996 III R 38/95, DStR 1997, 861.

586 BFH vom 15.4.2010 VI R 51/09, DStRE 2010, 865.

587 BFH vom 21.4.2010 VI R 62/08, DStR 2010, 1671.

588 S. D.V.1.a)aa) und D.V.1.a)bb).

Fraglich ist, ob der VI. Senat das Tatbestandsmerkmal der Zwangsläufigkeit aus rechtlichen Gründen dennoch restriktiver anwendet. Nach seiner Auffassung ist eine Zwangsläufigkeit der Aufwendung aus rechtlichen Gründen „*nur*“ dann gegeben, wenn die Aufwendung wegen einer unmittelbar aus dem Gesetz folgenden Verpflichtung geleistet wird.[589] Der III. Senat hingegen nahm die Zwangsläufigkeit der Aufwendung auch dann an, wenn die Übernahme der Rechtspflicht ihrerseits auf rechtlichen oder sittlichen Verpflichtungen bzw. einer tatsächlichen Zwangslage beruht.[590] Im Ergebnis stellt dies jedoch keine restriktivere Anwendung des Tatbestandsmerkmals dar. Vielmehr stellen die durch den III. Senat aufgezählten Voraussetzungen selbständige Gründe dar, die zur Zwangsläufigkeit der Aufwendung führen können. Dies steht nicht im Widerspruch zu der Rechtsprechung des VI. Senats. Verneint dieser die Zwangsläufigkeit der Aufwendung aus rechtlichen Gründen, da sie nicht auf einer unmittelbar aus dem Gesetz folgenden Verpflichtung beruht, so würde auch der VI. Senat weitere Gründe prüfen, die zur Zwangsläufigkeit der Aufwendung führen könnten.[591] Rechtsprechungsänderungen seit dem Zuständigkeitswechsel sind somit nicht ersichtlich.

(2) Verhältnis der Rechtsprechung zum subjektiven Nettoprinzip

Die Rechtsprechung zu den rechtlichen Gründen im Allgemeinen steht im Einklang mit dem subjektiven Nettoprinzip. Rechtliche Gründe führen nur dann zur Zwangsläufigkeit der Aufwendung, wenn eine Rechtspflicht besteht, die Aufwendung zu tätigen und der Steuerpflichtige die Ursache hierfür nicht selbst gesetzt hat.[592] Bestattungskosten werden sozialhilferechtlich gem. § 74 SGB XII ersetzt und können auch nach der höchstrichterlichen Rechtsprechung des BFH aufgrund der Regelung des § 1615 Abs. 2 BGB aus rechtlichen Gründen zwangsläufig sein. Die steuerliche Verschonung geht nicht weiter als die sozialhilferechtliche Leistungserbringung. Hinsichtlich der Fallgruppe des Unterhalts in besonderen Lebenslagen – hier die Heimunterbringung der Tochter – kann ausnahmsweise nicht auf das Sozialhilferecht als quantifizierende Größe abgestellt werden. Jemand der selbst bedürftig ist, ist selbstverständlich nicht selbst zur Erbringung von Unterhalt an Dritte verpflichtet (vgl. § 1603 Abs. 1 BGB). Es kann daher auch keine sozialhilferechtlichen Leistungstatbestände geben, die diese

589 BFH vom 15.4.2010 VI R 51/09, BFHE 229, 206.
590 BFH vom 3.3.2005 III R 12/04, BFH/NV 2005, 1287.
591 Siehe nur: BFH vom 15.4.2010 VI R 51/09, BFHE 229, 206.
592 S. D.V.1.a)bb).

Aufwendung abdecken würden.[593] Sozialhilferechtliche Leistungstatbestände sind in diesem Fall ein untaugliches Kriterium, um die Höhe des Existenzminimums zu quantifizieren. Hier können jedoch die grundgesetzlichen Wertungen aus den Art. 3 Abs. 1, 6 Abs. 1 GG zur Differenzierung zwischen zwangsläufigen Aufwendungen einerseits und beliebig frei verwendbaren Aufwendungen andererseits herangezogen werden. So darf der Staat aufgrund der Rechtsprechung des Bundesverfassungsgerichts Mittel, die für den Unterhalt von Kindern unerlässlich sind, nicht in gleicher Weise der Besteuerung unterwerfen wie Mittel, die der Steuerpflichtige zur Befriedigung anderer Bedürfnisse einsetzt.[594] Die durch den VI. Senat gebildete Fallgruppe des Unterhalts belastet die Allgemeinheit somit nicht unangemessen, da sie die Anerkennung von Aufwendungen nur unter engen Voraussetzungen zulässt, die der verfassungsrechtlichen Rechtsprechung entsprechen.

(3) Verallgemeinerbare Grundsätze

Bei den rechtlichen Gründen im Allgemeinen gilt der verallgemeinerbare Grundsatz, dass das die Aufwendung auslösende Ereignis unausweichlich und damit zwangsläufig sein muss. So beurteilt der BFH die Zwangsläufigkeit von Unterhaltszahlungen, Beerdigungskosten und Mietzahlungen für eine zusätzliche Wohnung stets unter Berücksichtigung des Kosten auslösenden Ereignisses.[595] Hierauf beruht auch der zweite verallgemeinerbare Grundsatz: Hat der Steuerpflichtige das Ereignis, welches die Aufwendung auslöste, adäquat mitverursacht, so ist die Aufwendung nicht aus rechtlichen Gründen zwangsläufig. Dies gilt gleichermaßen für die Fälle, in denen der Steuerpflichtige die Rechtspflicht durch den Abschluss eines Rechtsgeschäfts selbst herbeiführte oder aber die Unterhaltspflicht dadurch auslöste, dass er die Bedürftigkeit des Unterhaltsempfängers verursachte.[596] Im Ergebnis werden Aufwendungen jedenfalls und auch nur dann anerkannt, wenn korrespondierend ein sozialhilferechtlicher Leistungstatbestand besteht. Dies gilt für Beerdigungskosten genauso wie für

---

593 Jede Unterhaltsverpflichtung setzt die Leistungsfähigkeit des Unterhaltsverpflichteten voraus: *Brudermüller*, in: Palandt, BGB, § 1603 Rz. 1; BFH vom 6.2.2014 VI R 34/12, DStR, 2014, 1383.

594 BVerfG vom 16.3.2005 2 BvL 7/00, BVerfGE 112, 268, mwN.

595 BFH vom 21.4.2010 VI R 62/08, DStR 2010, 1671; BFH vom 11.2.2010 VI R 61/08, DStRE 201, 794; BFH vom 17.9.1987 III R 242/83, BFHE 151, 380.

596 S. D.V.1.a)aa) und D.V.1.a)bb).

die Mietzahlungen einer Zweitwohnung.[597] Besteht kein sozialhilferechtlicher Leistungstatbestand – wie beispielsweise bei Steuerberatungskosten oder Folgekosten einer Scheidung – so findet keine Anerkennung der Aufwendung statt. Von diesem Grundsatz wird nur in den Fällen – Unterhaltsaufwendungen – abgewichen, in denen ein Vergleich mit sozialhilferechtlichen Leistungstatbeständen untauglich ist, da es keine korrespondierenden sozialhilferechtliche Regelungen geben kann.

b) Prozesskosten

aa) Rechtsprechung des III. Senats

Bei Zivilprozesskosten sprach nach ständiger, jahrzehntelanger Rechtsprechung eine Vermutung gegen die Zwangsläufigkeit der Kosten.[598] Die Kosten seien nur zwangsläufig, wenn auch das die Zahlungsverpflichtung oder den Zahlungsanspruch adäquat verursachende Ereignis für den Steuerpflichtigen zwangsläufig ist, woran es bei einem Zivilprozess im Allgemeinen fehle.[599] Dies stelle jedoch keine starre Regel dar.[600] Vielmehr müsse der jeweilige Streitgegenstand und die Ursache des Streits berücksichtigt werden.[601] Aufgrund der *„Vielgestaltigkeit der Belastung"* der Steuerpflichtigen mit Prozesskosten sei es nicht möglich, eine allgemeingültige Regel zur Konkretisierung des Tatbestands zu entwickeln.[602] Die Rechtsprechung war aufgrund der möglichen Ausnahmen von der Regel einzelfallorientiert.[603] Es sei darüber hinaus – so die Auffassung des BFH – in der Regel der freien Entscheidung der Parteien überlassen, ob sie sich wegen eines zivilrechtlichen Anspruchs einem Prozesskostenrisiko aussetzen.[604] Wenn sich der Steuerpflichtige, trotz ungewissen Ausgangs, auf einen Prozess einlasse, liege die Ursache für die Prozesskosten in seiner Entscheidung, das Prozesskostenrisiko, in der Hoffnung auf ein für ihn günstiges Ergebnis, auf sich zu nehmen[605] Es entspräche nicht dem Sinn und Zweck des § 33 EStG, Aufwendungen zu

---

597 S. D.V.1.a)cc)(2); D.V.1.a)bb).
598 BFH vom 27.8.2008 III R 50/06, BFH/NV 2009, 553; BFH vom 9.5.1996 III R 224/94, NJW 1997, 542; BFH vom 18.7.1986 III R 178/80, HFR 1986, 579.
599 BFH vom 27.8.2008 III R 50/06, BFH/NV 2009, 553.
600 BFH vom 18.3.2004 III R 24/03, DStR 2004, 1124.
601 BFH vom 18.3.2004 III R 24/03, DStR 2004, 1124.
602 BFH vom 27.3.2000 III B 67/99, BFH/NV 2000, 1091.
603 So auch: *Kanzler,* FR 2014, 209 (213).
604 BFH vom 9.5.1996 III R 224/94, NJW 1997, 542.
605 BFH vom 27.8.2008 III R 50/06, BFH/NV 2009, 553.

berücksichtigen, wenn sich das im eigenen Interesse bewusst in Kauf genommene Risiko des Steuerpflichtigen zu seinem Nachteil realisiere.[606]

Nur unter bestimmten Voraussetzungen kann der Steuerpflichtige, trotz unsicherer Erfolgsaussichten, gezwungen sein, den Prozess zu führen. Dies sei der Fall, wenn der Prozess einen für den Steuerpflichtigen existenziell wichtigen Bereich des menschlichen Lebens berühre, mit der Folge, dass er ohne den Rechtsstreit Gefahr liefe, seine Existenzgrundlage zu verlieren und seine lebensnotwendigen Bedürfnisse nicht mehr in dem üblichen Rahmen befriedigen zu können.[607] Ausnahmen seien des Weiteren geboten, wenn der Streitgegenstand den Kernbereich des menschlichen Lebens berühre.[608] In der Folge stellte der BFH fest, dass Kosten für einen Scheidungsprozess, einen Vaterschaftsfeststellungsprozess oder einen Prozess um das Umgangsrecht mit den eigenen Kindern außergewöhnliche Belastungen sein können. In diesen Fällen sei der Kernbereich der menschlichen Existenz betroffen.[609] Hingegen sind keine Urteile ersichtlich, in denen der III. Senat aufgrund seines aufgestellten Grundsatzes, der Existenzbedrohung und der Gefahr die lebensnotwendigen Bedürfnisse nicht mehr im üblichen Rahmen befriedigen zu können, eine Ausnahme von der grundsätzlichen Versagung der Anerkennung als außergewöhnliche Belastung zuließ.[610]

Diese Grundsätze galten auch für Prozesskosten öffentlich rechtlicher Streitigkeiten.[611] Die Frage, ob Strafprozesskosten vom Tatbestand des § 33 EStG erfasst sind, hatte der III. Senat nicht zu entscheiden.

bb) Rechtsprechung des VI. Senats

Zu den in jüngerer Vergangenheit im Schrifttum meist diskutierten Urteilen des BFH in Bezug auf § 33 EStG gehört das Urteil des VI. Senats zu den Zivilprozesskosten vom 12.5.2011.[612] Hierin änderte der BFH seine jahrzehntelange Rechtsprechung zu der Anerkennung von Zivilprozesskosten als außergewöhnliche

---

606 BFH vom 27.8.2008 III R 50/06, BFH/NV 2009, 553; BFH vom 18.3.2004 III R 24/03, DStR 2004, 1124.

607 BFH vom 27.8.2008 III R 50/06, BFH/NV 2009, 553; BFH vom 23.5.2001 III R 33/99, BFH/NV 2001, 1391; BFH vom 9.5.1996 III R 224/94, NJW 1997, 542.

608 BFH vom 4.12.2001 III R 31/00, DStRE 2002, 756.

609 BFH vom 9.5.1996 III R 224/94, BFHE 181, 12; BFH vom 18.3.2004 III R 24/03, DStR 2004, 1124; BFH vom 4.12.2001 III R 31/00, DStRE 2002, 756.

610 So auch *Kanzler*, FR 2014, 209 (212).

611 BFH vom 20.4.2006 III R 23/05, BFH/NV 2006, 1916.

612 BFH vom 12.5.2011 VI R 42/10, DStR 2010, 1308; Siehe nur: *Elden*, FPR 2012, 318; *Ruzik/Bron*, DStR 2011, 2069; *Heine*, SteuK 2012, 27; *Mack/Zumwinkel*, AnwBl 2012,

Belastung.[613] Der BFH stellte hierbei den Grundsatz auf, dass die Prozesskosten, unabhängig vom Gegenstand des Prozesses, aus rechtlichen Gründen zwangsläufig sein können. Unausweichlich und damit zwangsläufig seien die Aufwendungen aber nur, wenn die beabsichtigte Rechtsverfolgung oder Rechtsverteidigung hinreichende Aussicht auf Erfolg biete und nicht mutwillig erscheine. Die Aufwendungen seien nicht „*freiwillig*“ erbracht worden, da der Steuerpflichtige streitige Ansprüche aufgrund des staatlichen Gewaltmonopols gem. Art. 20 Abs. 3 GG nur gerichtlich durchsetzen oder abwehren könne. Der Abzug der Aufwendung entspreche dem Sinn und Zweck der Norm, der verminderten subjektiven Leistungsfähigkeit des Steuerpflichtigen Rechnung zu tragen.

cc) Rechtsprechung der Finanzgerichte

Die Reaktionen der Finanzgerichte nach dem Grundsatzurteil des BFH vom 12.5.2011 fielen unterschiedlich aus. Das FG Hamburg stellte sich ausdrücklich gegen die Anerkennung der Zivilprozesskosten und die Argumentation des BFH.[614] Ebenso lehnt der 13. Senat des FG Düsseldorf die grundsätzliche Berücksichtigung von Zivilprozesskosten ab. Nach seiner Auffassung fehle es am Tatbestandsmerkmal der Außergewöhnlichkeit. Hingegen bejaht der BFH die Außergewöhnlichkeit der Zivilprozesskosten, da sie nicht im sozialhilferechtlichen Regelbedarf erfasst sind. Nach der Auffassung des 13. Senats des FG Düsseldorf sind die Zivilprozesskosten weder vom sozialhilferechtlichen Regel- noch vom Mehrbedarf erfasst, sondern abschließend durch die Verfahrensordnung geregelt. Die Gewährung von Prozesskostenhilfe an Bedürftige gehe, unabhängig von der Gewährleistung des sozialhilferechtlichen Existenzminimums, über die Wertentscheidung des EStG, nur unvermeidbare Aufwendungen für die Existenzsicherung zu berücksichtigen, hinaus. Daher seien Zivilprozesskosten allenfalls dann zu berücksichtigen, wenn existenzielle Fragen Gegenstand des Verfahrens seien.[615]

788; *Steinhauff*, jurisPR-SteuerR 33/2011 Anm. 5; *Rosenke*, EFG 2013, 454; *Bleschick*, FR 2013, 932.

613 In der Folge hat der VI. Senat diese Rechtsprechung wieder aufgegeben und ist zu den zuvor über Jahrzehnten vertretenen Grundsätzen des III. Senats zurückgekehrt: BFH vom 18.6.2015 VI R 17/14, BStBl. II 2015, 800.

614 FG Hamburg vom 24.9.2012 1 K 195/11, DStRE 2013, 401.

615 FG Düsseldorf vom 11.2.2014 13 K 3724/12 E, EFG 2014, 850; Revision zurückgewiesen: BFH vom 18.6.2015 VI R 17/14, BStBl. II 2015, 800.

Die überwiegende Anzahl der Finanzgerichte stimmte der Rechtsprechungsänderung des BFH ausdrücklich zu.[616] Dabei wird gefordert, die Rechtsauslegung der Tatbestandsvoraussetzungen des § 114 ZPO – hinreichende Aussicht auf Erfolg und fehlende Mutwilligkeit – auf den § 33 EStG zu übertragen.[617] Auch Aufwendungen, die im europäischen Ausland für einen Zivilprozess angefallen sind, seien nach den durch den VI. Senat aufgestellten Grundsätzen außergewöhnliche Belastungen.[618] Dabei gelten die neu aufgestellten Grundsätze nicht nur für die Zivilprozesskosten, sondern auch für Verfahren zur Durchsetzung oder Abwehr von Ansprüchen im öffentlich rechtlichen Bereich, mithin für Kosten in verwaltungsgerichtlichen oder finanzgerichtlichen Prozessen. Ansprüche und Abwehrmaßnahmen im öffentlich rechtlichen Bereich könnten, wie im Zivilrecht, ebenfalls nur mit Hilfe der Gerichte durchgesetzt bzw. abgewehrt werden. Die Argumentation des BFH, aufgrund des staatlichen Gewaltmonopols seien die Prozesskosten zwangsläufig, kann somit auch auf öffentlich rechtliche Streitigkeiten übertragen werden.[619] In der Literatur wird darüber hinaus gefordert, auch für Einspruchsverfahren gegen Steuerbescheide müssten die neu aufgestellten Grundsätze gelten.[620] Übertragen werden diese Grundsätze auch auf das Verbraucherinsolvenzverfahren.[621] Die Inanspruchnahme dieses Verfahrens sei für den Steuerpflichtigen der einzige Weg, eine Entschuldung und gleichmäßige Befriedigung seiner Gläubiger zu erreichen. Hieraus folge, dass die Inanspruchnahme dieses Verfahrens, unabhängig vom Grund der Insolvenz, nicht als mutwillig oder leichtfertig angesehen werden könne.

Hingegen wurde die Rechtsprechung nicht auf das Verfahren einer Teilungsversteigerung übertragen.[622] Eine Absage hat der BFH, in Übereinstimmung mit der finanzgerichtlichen Rechtsprechung, der Anerkennung von Strafprozesskosten als außergewöhnliche Belastungen im Falle einer Verurteilung des

---

616 FG Köln vom 26.6.2013 7 K 2700/12, DStRE 2014, 16; FG Düsseldorf vom 20.2.2013 15 K 2052/12 E, DStRE 2013, 1366; Hessisches FG vom 12.12.2012 4 K 929/12, juris; FG München vom 21.8.2012 10 K 800/10, EFG 2013 451; Schleswig-Holsteinisches FG vom 21.2.2012 1 K 75/11, EFG 2013, 523; FG Münster vom 20.3.2014 5 K 1023/12 E, EFG 2014, 1113; FG Düsseldorf vom 21.10.2014 9 K 2257/13 E, juris.

617 FG Niedersachsen vom 15.5.2013 9 K 238/12, DStRE 2014, 608.

618 FG Niedersachsen vom 8.1.2014 3 K 11296/12, juris.

619 FG Münster vom 27.11.2013 11 K 2519/12 E, EFG 2014, 357; FG Düsseldorf vom 14.1.2013 11 K 1633/12 E, EFG 2013, 701.

620 *Pfützenreuter*, EFG 2014, 357.

621 FG Köln vom 23.5.2013 6 K 2216/08, Rev. eingelegt; BFH VI R 47/13.

622 BFH vom 19.3.2013 IX R 41/12, BFHE 240, 389.

Steuerpflichtigen wegen einer vorsätzlich begangenen Tat erteilt.[623] Die neuere Rechtsprechung zu den Zivilprozesskosten mit der ex ante Prognose könne wegen der im Strafprozess zentralen Unschuldsvermutung nicht auf diesen übertragen werden.[624] Die Aufwendungen seien nicht unausweichlich, da die vorsätzlich begangene Straftat nicht unausweichlich gewesen sei.[625] Bisher wurde durch die höchstrichterliche Rechtsprechung nicht die Sachverhaltskonstellation entschieden, dass den Kosten einer Verurteilung des Steuerpflichtigen eine fahrlässig begangene Tat zu Grunde lag. Hier bleibt abzuwarten, wie die höchstrichterliche Rechtsprechung die Anwendung des § 33 EStG für diese Fallkonstellation konkretisieren wird.

dd) Analyse Prozesskosten

(1) Rechtsprechungsänderungen

Der Beurteilungsmaßstab der beiden Senate für die Prozesskosten könnte unterschiedlicher nicht sein. Während die frühere Rechtsprechung zu den Zivilprozesskosten für die Frage der Zwangsläufigkeit auf den Streitgegenstand abstellte, ist der Streitgegenstand nach der neueren Rechtsprechung ohne Bedeutung.[626] Ebenso wurde die Vermutung, die gegen die Zwangsläufigkeit der Aufwendung aus rechtlichen Gründen sprach, aufgegeben. Während der III. Senat es nicht für möglich hielt, eine allgemeingültige Regelung zu entwickeln, unter welchen Voraussetzungen Prozesskosten zwangsläufig sind, ist es dem VI. Senat gelungen, eine allgemeingültige Regelung – fehlende Mutwilligkeit und hinreichende Erfolgsaussicht des Prozesses – zu bestimmen.

Der Große Senat des BFH hat entschieden, dass der VI. Senat, sofern er von der Rechtsprechung eines anderen Senats abweichen möchte, diesen gem. § 11 Abs. 3 FGO anzufragen hat, wenn der VI. Senat zwar nach dem Geschäftsverteilungsplan zuständig geworden ist, aber andere Senate mit Rechtsfragen zu § 33 EStG befasst werden können.[627] Diese Entscheidung dürfte weitreichende Konsequenzen für die Entscheidungen der zahlreichen anhängigen Verfahren zu der Fallgruppe der Prozesskosten haben. Möchte der VI. Senat in den anhängigen Verfahren von der Rechtsprechung des III. Senats abweichen, so müsste dieser

623 BFH vom 16.4.2013 IX R 5/12, DStRE 2013, 1364; FG Hamburg vom 14.12.2011 2 K 6/11, EFG 2012, 925; FG Münster vom 5.12.2012 11 K 4517/10 E, EFG 2013, 425.

624 BFH vom 16.4.2013 IX R 5/12, DStRE 2013, 1364.

625 BFH vom 16.4.2013 IX R 5/12, DStRE 2013, 1364.

626 S. D.V.1.b)bb).

627 BFH vom 9.10.2014 GrS 1/13, DStRE 2015, 371; Vorlagebeschluss: BFH vom 18.4.2013 VI R 60/11, BFHE 241, 141.

zustimmen oder falls dieser an seiner Rechtsauffassung festhält, der große Senat angerufen werden.[628] Aufgrund der Tatsache, dass die Rechtsprechungsänderung in Literatur und Rechtsprechung umstritten ist, scheint eine Zustimmung des III. Senats keineswegs sicher zu sein.

(2) Verhältnis der Rechtsprechung zum subjektiven Nettoprinzip

Ungeklärt ist bisher, wie sich die bisherige Rechtsprechung zum subjektiven Nettoprinzip verhält. Ohne nähere Begründung wird zum Teil im Schrifttum behauptet, die Rechtsprechung des VI. Senats weite den Anwendungsbereich weit über den Sinn und Zweck der Norm hinaus aus.[629] Die Rechtsprechung gehe also über das hinaus, was aufgrund des subjektiven Nettoprinzips geboten ist. Die Rechtsprechung weitet jedoch den Anwendungsbereich nur dann über den eigentlichen Zweck der Norm – der Berücksichtigung eines erhöhten Existenzminimums – aus, wenn die Prozesskostenhilfe gem. § 114 ZPO keine Sozialleistung ist, die im Rahmen des steuerlich freizustellenden Existenzminimums zu berücksichtigen wäre. Es ist jedoch bisher nicht abschließend geklärt, ob die Prozesskostenhilfe gem. § 114 ZPO keine Sozialleistung ist, die als quantifizierende Größe für das steuerlich freizustellende Existenzminimum heranzuziehen ist. Dafür, dass die Prozesskostenhilfe eine quantifizierende Größe für das steuerlich freizustellende Existenzminimum ist und somit die Rechtsprechung des VI. Senats nicht über den Sinn und Zweck der Vorschrift hinausgeht, spricht folgendes:

Entscheidend für die Beurteilung der Zwangsläufigkeit ist nach Auffassung der Rechtsprechung allein das Gewaltmonopol des Staates. Sie wendet für die Prüfung der Zwangsläufigkeit die Grundsätze der Prozesskostenhilfe gem. § 114f. ZPO, die hinreichende Erfolgsaussicht und fehlende Mutwilligkeit, an. Somit kann auf die hierzu bekannten Konkretisierungen der Begriffe im Prozesskostenrecht zurückgegriffen werden.[630] Hierdurch stellt die Rechtsprechung für die Gewährung von Prozesskostenhilfe einerseits und der steuerlichen Anerkennung der Prozesskosten andererseits dieselben Voraussetzungen auf.

Die Prozesskostenhilfe selbst hat zwar auch den Zweck „*Waffengleichheit*" zwischen bemittelten und unbemittelten Parteien herzustellen, aber der Zweck ist nicht hierauf begrenzt.[631] Bei der Prozesskostenhilfe handelt es sich auch um eine

---

628 *Kanzler*, in: H/H/R, EStG, § 33 Rz. 110 (Feb. 2016); u. a. anhängige Verfahren: VI R 9/16, VI R 49/15, VI R 38/15, VI R 44/15, VI R 29/15.

629 *Heim*, DStZ, 2014, 165 (166).

630 *Hildebrand*, SAM 2014, 95 (99), mwN.

631 *Fischer*, in: Musielak/Voit, ZPO, § 114 Rz. 1; *Bleschick/Kammeter*, DStR-Beih 2013, 61 (67).

Einrichtung der Sozialhilfe im Bereich der Rechtspflege, verfassungsrechtlich legitimiert durch das Sozialstaatsprinzip und den allgemeinen Gleichheitssatz.[632] Die Prozesskostenhilfe ist eine Art Sozialhilfe in besonderen Lebenslagen.[633] Prozesskostenhilfe ist Sozialhilfe für einen Sonderbedarf.[634] Die Prozesskostenhilfe in der ZPO ist somit eine spezialgesetzliche Regelung der Sozialhilfe.[635] Nach Auffassung des Bundesverfassungsgerichts erfasse die Hilfe in besonderen Lebenslagen spezifische Bedarfssituationen. Die gerichtliche Rechtsverfolgung stelle auch eine solche spezifische Bedarfssituation dar.[636] Die Rechtsprechung stellt somit terminologisch die Prozesskostenhilfe mit den Regelungen der § 47f. SGB XII gleich. Denn bei den §§ 47f. SGB XII handelt es sich um eine Hilfe zum Lebensunterhalt in besonderen Lebenslagen.[637] Die Prozesskostenhilfe selbst knüpft, wie die Normen der Sozialhilfe im weiteren Sinne (SGB II und SGB XII), an die Bedürftigkeit der Person an. Sowohl nach § 114 ZPO als auch gem. § 19 SGB XII sind nur Personen leistungsberechtigt, die nach ihren persönlichen und wirtschaftlichen Verhältnissen die Aufwendungen nicht selbst tragen können. Voraussetzung für die Prozesskostenhilfe ist also, wie bei allen anderen sozialhilferechtlichen Leistungstatbeständen auch, eine negative Leistungsfähigkeit der natürlichen Person. Dies spricht für eine korrespondierende Anerkennung im Steuerrecht, da jedenfalls das Einkommen insoweit steuerfrei gestellt werden muss, wie sozialhilferechtlich Leistungen erbracht werden.[638] In § 115 ZPO wird, hinsichtlich des Einsatzes von Einkommen und Vermögen, an die Vorschriften des SGB XII angeknüpft, was die Nähe zu den Vorschriften der Hilfe in besonderen Lebenslagen gem. § 47 f. SGB XII unterstreicht.

Dieser Auffassung steht auch nicht die aktuelle Rechtsprechung des Bundesverfassungsgerichts entgegen.[639] Hiernach umfasst die Steuerfreiheit des Existenzminimums nicht nur das sächliche Existenzminimum, sodass auch die Prozesskostenhilfe als Sonderform der Sozialhilfe in die Steuerfreiheit des Existenzminimums miteinbezogen werden kann. Der Rechtsprechung des Bundesverfassungsgerichts lässt sich nicht entnehmen, dass die Steuerfreiheit

632 BGH vom 26.10.1989 III ZR 147/88, BGHZ 109, 163; BVerfG vom 3.7.1973, 1 BvR 153/69, BVerfGE 35, 348 (355).

633 *Motzer,* in: Münchener Kommentar, ZPO, § 114 Rz. 2.

634 *Harich,* Sozialrecht aktuell 2011, 41.

635 *Neumann,* in: Sodann/Ziekow, VwGO, § 166 Rz. 11, mwN.

636 BVerfG vom 26.4.1988 1 BvL 84/86, BVerfGE 78, 104.

637 *Mrozynski,* in: Mrozynski, SGB I, § 28 Rz. 20 f.

638 S. B.IV.1.

639 BVerfG vom 13.2.2008 2 BvL 1/06, BVerfGE 120, 125.

des Existenzminimums nur auf die Vorschriften des SGB XII und SGB II beschränkt ist.[640] Vielmehr blendet das BVerfG bisher weitere Sozialtransfers bei der Bestimmung der Steuerfreiheit des Existenzminimums aus.[641] Es steht somit keineswegs fest, dass die Rechtsprechung des VI. Senats durch die Anerkennung von Prozesskosten als außergewöhnliche Belastung Aufwendungen als außergewöhnliche Belastung anerkennt, die nicht Bestandteil eines erhöhten Existenzminimums sind.

Ebenfalls spricht ein systematisches Argument – die Einheit der Rechtsordnung – dafür, die Voraussetzungen der Prozesskostenhilfe auf den Tatbestand des § 33 EStG zu übertragen. Im Steuerrecht besagt dieses aus dem Rechtsstaatsprinzip gem. Art. 20 Abs. 3 GG abgeleitete Verfassungsprinzip, dass durch steuerliche Entscheidungen nicht der normative Gehalt von Vorschriften aus anderen Rechtsgebieten konterkariert werden darf.[642] Der Gesetzgeber muss Grundwertungen aus einem Teil der Rechtsordnung auch in anderen Teilen der Rechtsordnung beachten.[643] Bei den Prozesskosten besteht jedoch die Gefahr, dass gegen diese Grundsätze verstoßen wird, falls die Voraussetzungen der Prozesskostenhilfe nicht auf § 33 EStG übertragen werden. Der Zweck des § 114 ZPO besteht darin, zu verhindern, dass Minderbemittelten aus wirtschaftlichen Gründen der Zugang zum Gericht verwehrt wird. Der Staat muss gem. Art. 3 iVm. Art. 20 Abs. 3 GG den Zugang zu den Gerichten jedermann in gleicher Weise eröffnen.[644] Gleicher Zugang zu den Gerichten ist aber nicht mehr gegeben, wenn zunächst leistungsfähige Steuerpflichtige von der Inanspruchnahme der Gerichte Abstand nehmen, weil die Belastung mit den Prozesskosten nicht steuerlich berücksichtigt wird.[645] Mangels steuerlicher Berücksichtigung können die zunächst leistungsfähigen Steuerpflichtigen Gefahr laufen, selbst bedürftig zu werden. Im Gegensatz dazu erhalten von vornherein mittellose Bürger Prozesskostenhilfe, wodurch ihnen der Zugang zu den Gerichten ermöglicht wird. Dies stellt einen Wertungswiderspruch dar, den es zu vermeiden gilt. Gelten sowohl für die Prozesskostenhilfe als auch bei den außergewöhnlichen Belastungen dieselben Voraussetzungen, so ist ein Wertungswiderspruch ausgeschlossen. Die Einheit der Rechtsordnung ist gewahrt.

640 S. B.IV.2.

641 *Moes,* Die Steuerfreiheit des Existenzminimums vor dem BVerfG, Seite 39.

642 *Roth,* DZWIR 2009, 274.

643 *Seer,* in: Tipke/Lang, Steuerrecht, § 1 Rz. 46.

644 *Geimer,* in: Zöller, ZPO, Vor. § 114 Rz.1.

645 Vgl. *Knobbe,* EStB, 2012, 111.

Es gibt daher einige Argumente, die dafür sprechen, dass die Regelungen der Prozesskostenhilfe auch sozialhilferechtliche Vorschriften darstellen, die das steuerliche Existenzminimum quantifizieren. Im Ergebnis wird der Anwendungsbereich der Norm nicht über den Sinn und Zweck der Norm ausgeweitet.

Verfehlt ist es, die Außergewöhnlichkeit von Zivilprozesskosten zu verneinen.[646] Unstreitig sind Zivilprozesskosten nicht Bestandteil des sozialhilferechtlichen Regelbedarfs und somit auch nicht von § 32a EStG erfasst.[647] Hierdurch steht aufgrund der Rechtsprechung des BFH fest, dass die Zivilprozesskosten nicht üblich - gewöhnlich - sondern unüblich - außergewöhnlich - gem. § 33 EStG sind.[648] Die Frage, ob es sich bei Zivilprozesskosten um unvermeidbare Aufwendungen handelt, ist – entgegen der Auffassung des 13. Senats des FG Düsseldorf - somit keine Frage der Außergewöhnlichkeit, sondern der Zwangsläufigkeit.[649]

Im Ergebnis ist auch die Versagung der Anerkennung von Strafprozesskosten im Falle einer vorsätzlichen Tat richtig. Gemäß § 465 StPO hat der verurteilte Straftäter seine Kosten selbst zu tragen. Eine Kostenübernahme, vergleichbar zur Prozesskostenhilfe, gibt es im Falle der Verurteilung nicht. Der Bedürftige wird somit genauso behandelt wie der Steuerpflichtige. Eine Anerkennung als außergewöhnliche Belastung ist auf das begrenzt, was aufgrund des subjektiven Nettoprinzips geboten ist. Dabei überzeugt auch die Begründung des BFH, dass aufgrund der im Strafverfahren geltenden Unschuldsvermutung eine ex ante Prognose nicht möglich ist.[650] Die Finanzbeamten bzw. in der Folge die Finanzrichter müssten den Steuerpflichtigen aufgrund der Unschuldsvermutung stets als unschuldig behandeln und somit wären sämtliche Strafprozesskosten als außergewöhnliche Belastung anzuerkennen. Die Alternative würde bedeuten, dass - sofern die Finanzbehörde von der Tatbegehung überzeugt ist - der Steuerpflichtige als Straftäter zu behandeln wäre, obwohl er strafrechtlich aufgrund der Unschuldsvermutung als unschuldig gilt. Dies würde zu einem nicht hinnehmbaren Wertungswiderspruch zwischen dem Straf- und Steuerrecht führen.

---

646 Die Außergewöhnlichkeit verneinend: FG Düsseldorf vom 11.2.2014 13 K 3724/12, EFG 2014, 850, Revision zurückgewiesen: BFH vom 18.6.2015 VI R 17/14, BStBl. II 2015, 800.

647 BFH vom 12.5.2011 VI R 42/10, DStR 2011, 1308; FG Düsseldorf vom 11.2.2014 13 K 3724/12, EFG 2014, 850, Revision zurückgewiesen: BFH vom 18.6.2015 VI R 17/14, BStBl. 2015, 800; Landessozialgericht NRW vom 7.5.2013 L 6 AS 63/13 B, juris.

648 Vgl. D.IV.2.

649 Vgl. C.II.2.b).

650 So auch: *Jachmann*, jM 2014, 34; *Heine*, SteuK 2012, 27 (29).

Darüber hinaus hat derjenige, der sich gegenüber der Allgemeinheit sozialinadäquat verhält und schlimmstenfalls sogar Straftaten begeht, sein Recht verwirkt, dass die Allgemeinheit seine privaten Aufwendungen durch einen Steuerverzicht mitfinanziert.[651] Denn ein Straftäter verhält sich gegenüber der Allgemeinheit *„asozial"*, sodass eine Anerkennung der Aufwendung als außergewöhnliche Belastung jedenfalls aus diesem Grund ausscheiden muss.[652]

(3) Verallgemeinerbare Grundsätze

Die Rechtsprechung des BFH zu den Prozesskosten ist dahingehend verallgemeinerbar, dass eine Anerkennung als außergewöhnliche Belastung nur in Betracht kommt, wenn spiegelbildlich Prozesskostenhilfe gewährt wird, also ein sozialhilferechtlicher Leistungstatbestand besteht. Dies gilt für Zivilprozesskosten genauso wie für Verwaltungs- und Finanzprozesskosten. Besteht spiegelbildlich kein Leistungstatbestand – Strafprozesskosten – scheidet eine Anerkennung als außergewöhnliche Belastung aus.

Überträgt man diese Grundsätze auf die noch nicht durch den BFH abschließend entschiedenen Fall der Verurteilung aufgrund einer fahrlässig begangenen Straftat, so dürfte hierfür folgendes gelten: Bei einer Verurteilung aufgrund einer fahrlässig begangenen Tat, hat der verurteile Steuerpflichtige – wie bei einer vorsätzlichen Tat – gem. § 465 StPO die Kosten zu tragen. Einen sozialhilferechtlichen Leistungstatbestand gibt es nicht. Bei konsequenter Fortführung der bisher einheitlichen Rechtsprechung müsste somit eine Anerkennung versagt werden.[653]

ee) Gesetzesänderung ab VZ 2013

Nachdem zunächst das BMF einen Nichtanwendungserlass erließ, wurde der Gesetzgeber aktiv und beschloss ein *„Nichtanwendungsgesetz"*.[654] Die Gesetzesänderung durch Einführung des neuen § 33 Abs. 2 Satz 4 EStG führt dazu, dass der Anwendungsbereich für Prozesskosten auf einige wenige Ausnahmefälle beschränkt ist. Die Aufwendungen sind grundsätzlich nicht mehr aus rechtlichen

---

651 S. C.III.4.b)dd).

652 BFH vom 5.7.1963 VI 272/61 S, BFHE 77, 487.

653 Dies gilt jedenfalls für die VZ bis 2013 für die der neue § 33 Abs. 2 Satz 4 EStG noch nicht anzuwenden ist; Ebenfalls gegen eine Anerkennung der Aufwendung als außergewöhnliche Belastung: *Jachmann,* jM 2014, 34.

654 BMF Schreiben vom 20.12.2011, BStBl I 2011, 1286; Zu den verfassungsrechtlichen Bedenken in Bezug auf den Nichtanwendungserlass und das Nichtanwendungsgesetz: *Knobbe,* EStB 2012, 111.

Gründen zwangsläufig. Gleichwohl sind sie weiterhin außergewöhnlich, da sie nicht vom Grundfreibetrag erfasst werden.[655] Unter den Begriff des *„Rechtsstreits"* und damit in den Anwendungsbereich des § 33 Abs. 2 Satz 4 EStG fallen alle förmlichen Verfahren, die von der Rechtsordnung als Ersatz für den gerichtlichen Rechtsschutz zur Verfügung gestellt werden, mithin auch außergerichtliche Streitigkeiten.[656]

Somit fallen in den Anwendungsbereich des § 33 Abs. 2 Satz 4 EStG auch die Kosten eines Scheidungsprozesses.[657] Für sie gelten die strengen Voraussetzungen des § 33 Abs. 2 Satz 4 EStG. Ehescheidungskosten erfüllen aber die Ausnahmeregelung des § 33 Abs. 2 Satz 4 EStG, sodass diese auch noch ab dem VZ 2013 anzuerkennen sind.[658] Ausweislich der Gesetzesbegründung wollte der Gesetzgeber den Rechtszustand wiederherstellen, der vor der Rechtsprechungsänderung bestand.[659] Die Gesetzesänderung beruht auf dem AmtshilfeRLUmsG, das selbst keine Begründung enthält. Jedoch kann auf die Begründung zum nicht verabschiedeten Jahressteuergesetz 2013 zurückgegriffen werden.[660] In der Gesetzesbegründung heißt es wörtlich: *„Es ist daher angezeigt, die Anwendbarkeit auf einen engen Rahmen zu beschränken."*[661] Vor der Rechtsprechungsänderung wurden unmittelbare Scheidungskosten als zwangsläufig angesehen.[662] Erfüllten Scheidungskosten die strengen Voraussetzungen nach der alten Rechtsprechung, so müssen sie jedenfalls auch die Tatbestandsvoraussetzung der Existenzgefährdung gem. § 33 Abs. 2 Satz 4 EStG erfüllen, da der Gesetzgeber offensichtlich die Tatbestandsmerkmale der alten Rechtsprechung entnommen hat.[663] Es würde dem Willen des Gesetzgebers, der nur den Zustand vor der Rechtsprechungsänderung wiederherstellen wollte, widersprechen, wenn man nunmehr die zuvor abzugsfähigen Scheidungskosten nicht mehr als zwangsläufig anerkennen würde.[664]

---

655 So auch: *Kanzler,* in: H/H/R, EStG, § 33 Rz. 211 (Feb. 2016).

656 Siehe hierzu ausführlich: *Kanzler,* in: H/H/R, EStG, § 33 Rz. 210 (Feb. 2016), mwN.

657 So auch *Spieker,* der aber eine verfassungskonforme Auslegung dahin gehend fordert, dass Scheidungskosten zwangsläufig sind, wenn trotz unsicherer Erfolgsaussichten ein Verfahren geführt wurde und das Verfahren der einzige gesetzliche Weg war, das Klageziel zu erreichen, NZFam 2014, 537.

658 So auch: FG Münster vom 21.11.2014 4 K 1829/14 E, juris; *Nieuwenhuis,* DStR 2014, 1701.

659 BT-Drucks 17/10604, Seite 12; *Nieuwenhuis,* DStR 2014, 1701 (1703).

660 S. C.III.4.b)bb).

661 BT-Drucks. 17/13033, Seite 128.

662 BFH vom 9.5.1996 III R 224/94, BFHE 181, 12.

663 *Bleschick,* FR 2013, 932 (934); a.A. *Kanzler,* in: H/H/R, EStG, § 33 Rz. 213 (Feb. 2016).

664 So auch: FG Münster vom 21.11.2014 4 K 1829/14 E; a.A. FG Niedersachsen vom 18.2.2015 3 K 297/14, juris.

Die frühere Rechtsprechung des III. Senats kann zur Konkretisierung des neuen Gesetzes herangezogen werden. In § 33 Abs. 2 Satz 4 EStG normierte der Gesetzgeber, die durch die Rechtsprechung aufgestellten Grundsätze, der Existenzgefährdung und der Gefahr die Lebensbedürfnisse nicht mehr befriedigen zu können. Der Wortlaut *„und"* legt nahe, dass beide Voraussetzungen kumulativ vorliegen müssen.[665] Wie die frühere Rechtsprechung des III. Senats gezeigt hat, kommt dabei, neben der Existenzgefährdung, der Voraussetzung der Lebensbedürfnisse keine konstitutive Wirkung zu. Die Urteile des III. Senats enthalten keine näheren Erläuterungen und vor allem keine Subsumtion unter der Tatbestandsvoraussetzung der Gefährdung der Lebensbedürfnisse. Hierfür spricht auch, dass nach Auffassung des BFH der Steuerpflichtige ohne den Rechtsstreit Gefahr laufen müsse, seine Existenzgrundlage zu verlieren *„und"* seine lebensnotwendigen Bedürfnisse nicht mehr befriedigen zu können, er in der Folge aber nur prüft, ob die Existenzgrundlage gefährdet war *„oder"* die lebensnotwendigen Bedürfnisse nicht mehr befriedigt werden konnten.[666] Dieser scheinbare Widerspruch zwischen dem alternativen und kumulativen Verhältnis – und/oder – kann dadurch gelöst werden, dass man den Begriff der Befriedigung der lebensnotwendigen Bedürfnisse nicht als eigene Tatbestandsvoraussetzung betrachtet, sondern als Ergänzung des konstitutiven Tatbestandsmerkmals der Existenzgefährdung. Nur dann ist es sinnvoll, zunächst abstrakt zu verlangen, dass eine Existenzgefährdung und die Gefahr die Lebensbedürfnisse nicht mehr befriedigen zu können vorliegt, in der Folge dann aber nur prüft, ob der Sachverhalt unter einen der Begriffe subsumiert werden kann. Somit handelt es sich bei dem Begriff der Befriedigung der lebensnotwendigen Bedürfnisse nur um eine sprachliche Abrundung der ersten Voraussetzung.[667]

Durch die Begrenzung der Anerkennung auf die wenigen Fälle der Existenzgefährdung stellt die Rechtsprechung im Rahmen des § 33 EStG wesentlich strengere Voraussetzungen im Vergleich zur Prozesskostenhilfe gem. § 114 ZPO auf. Die Rechtsprechung und nunmehr auch der Gesetzgeber benachteiligen daher den leistungsfähigen Steuerpflichtigen im Vergleich zum Bedürftigen, da diesem im weitaus größeren Umfang Leistungen gem. § 114 ZPO zustehen als beim Steuerpflichtigen Aufwendungen gem. § 33 EStG anerkannt werden. Dies dürfte wohl kaum mit dem subjektiven Nettoprinzip vereinbar sein.[668] Dies gilt umso

---

665 *Bleschick,* FR 2013, 932 (934).

666 BFH vom 27.8.2008 III R 50/06, BFH/NV 2009, 553.

667 So auch: *Zumwinkel,* Stbg 2014, 72.

668 An der Verfassungsgemäßheit des Abzugsverbots ebenfalls zweifelnd: *Kanzler,* in: H/H/R, EStG, § 33 Rz. 211 (Feb. 2016).

mehr vor dem Hintergrund, dass die geschaffene Ausnahmereglung für den Fall des Verlusts der Existenzgrundlage und die Unmöglichkeit der Befriedigung lebensnotwendiger Bedürfnisse, jedenfalls aufgrund der Konkretisierung durch den III. Senat, bisher faktisch nie zur Anerkennung als außergewöhnliche Belastung führte.[669] Wann nunmehr eine Gefahr für die Existenzgrundlage besteht, ist bisher ungeklärt. Nach in der Literatur vertretender Auffassung sei jedenfalls bei Aufwendungen für eine Klage gegen die Kündigung eines Mietverhältnisses die Existenzgrundlage gefährdet, da bei Verlust des Wohnraums die Existenzgrundlage verloren gehe.[670] Es obliegt der Rechtsprechung des nunmehr zuständigen VI. Senats, diese unbestimmten Rechtsbegriffe, abweichend von der bisherigen Rechtsprechung des III. Senats, verfassungskonform zu konkretisieren.[671]

c) Analyse rechtliche Gründe

aa) Rechtsprechungsänderungen

Bei den rechtlichen Gründen gab es in den letzten Jahren nur eine bedeutsame Rechtsprechungsänderung. Diese betraf die viel diskutierte Entscheidung des BFH vom 12.5.2011 zu den Zivilprozesskosten.[672] Ansonsten setzte der VI. Senat die Rechtsprechung des III. Senat in Bezug auf die Zwangsläufigkeit der Aufwendung, beispielsweise bei krankheitsbedingten Unterhaltsaufwendungen, weiter fort.[673]

bb) Verhältnis der Rechtsprechung zum subjektiven Nettoprinzip

Die Rechtsprechung des BFH hinsichtlich der Zwangsläufigkeit aus rechtlichen Gründen wahrt stets das subjektive Nettoprinzip und erkennt keine darüber hinausgehenden Aufwendungen an. Die Allgemeinheit wird nicht unangemessen an den Kosten der privaten Lebensführung beteiligt. Bei den Prozesskosten werden die Voraussetzungen der Prozesskostenhilfe gem. § 114 ZPO auf § 33 EStG und die Anerkennung von Prozesskosten als außergewöhnliche Belastungen übertragen. Hierdurch werden die Aufwendungen nur insofern anerkannt, wie ein sozialhilferechtlicher Leistungstatbestand besteht.[674] Bei den rechtlichen

---

669 *Kanzler,* FR 2014, 209 (212).

670 *Dreger,* EStB 2014, 265 (269).

671 So auch: *Kanzler,* FR 2014, 209 (217).

672 BFH vom 12.5.2011 VI R 42/10, DStR 2011, 1308.

673 S. D.V.1.a)bb).

674 S. D.V.1.b)dd)(2).

Gründen im Allgemeinen ergibt sich dies daraus, dass sie nur anerkannt werden, wenn ein sozialhilferechtlicher Leistungstatbestand besteht oder sofern dieser als Abgrenzungskriterium untauglich ist, eine Anerkennung verfassungsrechtlich geboten ist.[675]

Ob dieses Ergebnis auch in der Zukunft weiter Bestand haben wird, bleibt abzuwarten. Entscheidend hierfür ist, wie der BFH die neuen Tatbestandsmerkmale der Existenzgefährdung und der Gefahr die Lebensbedürfnisse nicht mehr im üblichen Rahmen befriedigen zu können, näher konkretisiert. Sollte er hierbei an die restriktive Rechtsprechung des III. Senats anknüpfen, besteht die Gefahr, dass das subjektive Nettoprinzip verletzt wird. Die steuerliche Berücksichtigung der Aufwendung würde dann hinter der sozialhilferechtlichen Leistungserbringung zurückbleiben.[676]

cc) Verallgemeinerbare Grundsätze

Vergleicht man die Rechtsprechung zu den rechtlichen Gründen im Allgemeinen mit der Fallgruppe der Prozesskosten, so stellt man fest, dass bei den Prozesskosten kein Abzugsverbot besteht, wenn der Steuerpflichtige die Aufwendungen adäquat mitverursacht hat. Das Ereignis, welches der Aufwendung zugrunde liegt, ist bei den Prozesskosten ohne Bedeutung. Bei Unterhaltsaufwendungen hingegen besteht ein Abzugsverbot, wenn der Steuerpflichtige die Aufwendung adäquat mitverursacht hat.[677] Auf den ersten Blick scheinen daher innerhalb der rechtlichen Gründe, unterschiedliche Voraussetzungen zu gelten. Betrachtet man die rechtlichen Gründe im Allgemeinen und die Prozesskosten im Besonderen auf einer höheren, abstrakten Ebene, so kommt man hingegen zu einem anderen Ergebnis. In beiden Fallgruppen werden die Aufwendungen nur anerkannt, wenn ein sozialhilferechtlicher Leistungstatbestand existiert bzw. wegen grundgesetzlicher Wertungen eine Anerkennung zwingend geboten ist. Bei den Prozesskosten ist die Prozesskostenhilfe gem. § 114 ZPO der korrespondierende sozialhilferechtliche Leistungstatbestand. Gleiches gilt für die Beerdigungskosten. Diese sind Bestandteil des § 74 SGB XII. Folgerichtig werden daher beim Steuerpflichtigen Kosten für die Bestattung eines nahen Angehörigen in ständiger Rechtsprechung als außergewöhnliche Belastungen anerkannt.[678]

675 S. D.V.1.a)cc(2).

676 S. D.V.1.b)ee).

677 S. D.V.1.a)bb).

678 BFH vom 22.2.1996 III R 7/94, DB 1996, 1504;BFH vom 19.10.1990 III R 93/87, DB 1991, 528; BFH vom 17.9.1987 III R 242/83, BFHE 151, 380.

Die Unterhaltsaufwendungen, bei denen die sozialhilferechtlichen Leistungstatbestände kein taugliches Kriterium zur Quantifizierung des Existenzminimums sind, sind wegen Art. 3, 6 GG zwingend steuerlich zu berücksichtigen.[679]

Diese Systematik entspricht auch der Rechtsprechung des X. Senats zu den Steuerberatungskosten. Hier wird die Anerkennung der Aufwendung als außergewöhnliche Belastung ausdrücklich mit der Begründung, dass Steuerberatungskosten nicht sozialhilferechtlich gewährleistet werden, versagt.[680] Die Steuerberatungskosten sind somit nicht Bestandteil des notwendigen und im Einzelfall erhöhten Existenzminimums.[681]

Die Rechtsprechung des XI. Senats zu den Strafprozesskosten steht ebenfalls im Einklang mit dieser Dogmatik. Hiernach sind Kosten für die Strafverteidigung bei einer vorsätzlich begangenen Tat nicht als außergewöhnliche Belastungen abziehbar.[682] Die Kosten seien nicht unausweichlich, da die begangene Straftat nicht unausweichlich sei. Die Rechtsprechung zu den Zivilprozesskosten sei nicht übertragbar. Die Begründung des Urteils nimmt zwar keinen Bezug zu sozialhilferechtlichen Leistungstatbeständen, aber im Ergebnis entspricht sie diesen. Ein Leistungstatbestand für Kosten der Strafverteidigung im Falle einer Verurteilung wegen einer vorsätzlich begangenen Straftat ist – anders als die Prozesskostenhilfe gem. §§ 114f. ZPO – nicht vorhanden.

Bei den rechtlichen Gründen kann also der verallgemeinerbare Grundsatz herausgearbeitet werden, dass nur solche Aufwendungen anerkannt werden, für die spiegelbildlich ein sozialhilferechtlicher Leistungstatbestand existiert. In Fällen, in denen dies kein taugliches Abgrenzungskriterium ist (Unterhaltsaufwendungen), sind andere verfassungsrechtliche Wertungen heranzuziehen. Eine hierüber hinausgehende Anerkennung von Aufwendungen wird durch die Rechtsprechung nicht vorgenommen, sodass die Anerkennung der Aufwendung nicht über das aufgrund des subjektiven Nettoprinzips Gebotene hinausgeht.

---

679 S. D.V.1.a)cc)(2).

680 BFH vom 16.2.2011 X R 10/10, DB 2011, 1138; BFH vom 4.2.2010 X R 10/08, DB 2010, 819.

681 BFH vom 16.2.2011 X R 10/10, DB 2011, 1138; BFH vom 4.2.2010 X R 10/08, DB 2010, 819; a.A.: *Tipke,* BB 2009, 636.

682 BFH vom 16.4.2013 IX R 5/12, NJW 2013, 3263; Bestätigt durch: BFH vom 14.5.2014 X R 23/12, BFH/NV 2014, 1632.

2. Tatsächliche Gründe

a) Rechtsprechung des III. Senats

aa) Allgemeine tatsächliche Gründe

Bei den tatsächlichen Gründen handelt es sich der Rechtsprechung zur Folge um unausweichliche – unabwendbare – Ereignisse tatsächlicher Art.[683] Die hierzu gebildeten Fallgruppen sind vielschichtig. Aus tatsächlichen Gründen können beispielsweise Aufwendungen aufgrund von Krankheit, Unfällen, Tod, Erpressung, Katastrophen, Kriegen oder die Reparatur bzw. Anschaffung von existenznotwendigen Gütern zur Abwehr von Gefahren für die Gesundheit zwangsläufig sein.[684] Bei Erpressungsgeldern sei danach zu differenzieren, ob der Steuerpflichtige den Grund für die Erpressung selbst geschaffen hat, beispielsweise durch ein strafbares Verhalten oder, ob er allein aufgrund des Umstands, dass er wohlhabend ist, Opfer einer Erpressung geworden ist. Nur im letzteren Fall komme eine Anerkennung des gezahlten Erpressungsgelds als außergewöhnliche Belastung in Betracht.[685] Offengelassen hat der BFH, ob die Unterstützung dritter Personen – beispielsweise Unterhaltsleistungen an einen Partner in einer eheähnlichen Gemeinschaft – aus tatsächlichen Gründen zwangsläufig sein kann.[686]

bb) Krankheitskosten als tatsächlicher Grund

(1) Abgrenzung zwischen unmittelbaren Krankheitskosten und Vorbeuge- oder Folgekosten

Bei den Krankheitskosten verlangte der III. Senat in ständiger Rechtsprechung in bestimmten Fällen die Vorlage eines amts- oder vertrauensärztlichen Gutachtens bzw. eines Attests eines öffentlich rechtlichen Trägers. Dies sollte dazu dienen, die echten Krankheitskosten, die unmittelbar der Heilung dienen, von lediglich gesundheitsfördernden Vorbeuge- oder Folgekosten zu trennen.[687] Nur Erstere sind, ohne dass es einer Prüfung der Zwangsläufigkeit im Einzelfall bedarf, außergewöhnliche Belastungen. So erkannte der BFH die Kosten für eine

---

683 BFH vom 18.4.1990 III R 126/86, BFHE 160, 516.

684 BFH vom 25.10.2007 III R 63/06, BFH/NV 2008, 544, mwN; BFH vom 18.3.2004 III R 31/02, DStRE 2004, 631; BFH vom 23.5.2002 III R 52/99, DStRE 2002, 1129; BFH vom 6.5.1994 III R 27/92, HFR 1995, 68; *Loschelder,* in: Schmidt, EStG, § 33 Rz. 24.

685 BFH vom 18.3.2004 III R 31/02, DStRE 2004, 631; So auch jüngst: FG Rheinland-Pfalz vom 1.4.2014 5 K 1989/12, juris.

686 BFH vom 27.10.1989 III R 205/82, BFHE 158, 431.

687 BFH vom 12.6.1991 III R 102/89, BFHE 164, 414; BFH vom 1.12.1978 VI R 149/75, BFHE 126, 302; BFH vom 5.10.2011 VI R 49/10, BFH/NV 2012, 33.

Privatschule für Hochbegabte nicht an, da allenfalls mittelbare Folgekosten einer Krankheit vorlägen.[688] Darüber hinaus wurden die förmlichen Nachweise bei Maßnahmen verlangt, deren medizinische Indikation – beispielsweise bei Kurreisen – nur schwer zu beurteilen war.[689] Bei wissenschaftlich umstrittenen und alternativen Behandlungsmethoden verlangte der III. Senat ebenfalls ein amtsärztliches Attest.[690] Bei medizinischen Hilfsmitteln im engeren Sinne – Brillen, Hörapparate, Rollstühle usw. – bedürfe es nicht der Prüfung der Zwangsläufigkeit im Einzelfall.[691]

(2) Fallgruppen der Krankheitskosten

Unterbringungskosten in einem Pflegeheim seien nur aus tatsächlichen Gründen zwangsläufig, wenn die Unterbringung aufgrund einer Erkrankung/Behinderung erfolgte.[692] Die Kosten seien jedoch nur zwangsläufig, wenn die Erkrankung/Behinderung bereits bei der Übersiedlung in das Pflegeheim vorlag und nicht erst während der Unterbringung aufgetreten sei.[693] In diesem Fall könnten die Pflegekosten, nicht aber die Unterbringungskosten, zwangsläufig sein.[694]

Bei der homologen künstlichen Befruchtung nicht verheirateter Frauen änderte der III. Senat seine eigene Rechtsprechung.[695] Diese wurden bis zur Entscheidung im Jahre 2007 nicht als außergewöhnliche Belastung anerkannt.[696] Nunmehr können derartige Aufwendungen außergewöhnliche Belastungen sein. Die Kosten für eine heterologe Insemination sieht der III. Senat hingegen nicht als zwangsläufig an.[697] Aufwendungen für die Adoption eines Kindes sind ebenfalls nicht aus tatsächlichen Gründen zwangsläufig.[698] Die Adoption eines Kindes stelle keine Heilbehandlung dar.[699]

---

688 BFH vom 22.12.2004 III B 169/03, BFH/NV 2005, 699.

689 BFH vom 21.4.2005 III R 45/03, BFHE 209, 365; BFH vom 30.6.1995 III R 52/93, BFHE 178, 81; BFH vom 8.7.1994 III R 48/93, BFH/NV 1995, 24.

690 BFH vom 1.2.2001 III R 22/00, BFHE 195, 144.

691 BFH vom 9.8.1991 III R 54/90, HFR 1992, 57.

692 BFH vom 18.4.2002 III R 15/00, BFHE 199, 135.

693 BFH vom 10.5.2007 III R 39/05, BFHE 218, 136; BFH vom 18.4.2002 III R 15/00, BFHE 199, 135.

694 BFH vom 10.5.2007 III R 39/05, BFHE 218, 136.

695 BFH vom 10.5.2007 III R 47/05, BFHE 218, 141.

696 BFH vom 28.7.2005 III R 30/03, BFHE 210, 355.

697 BFH vom 18.5.1999 III R 46/97, DStRE 1999, 665.

698 BFH vom 17.5.2000 III B 71/99, BFH/NV 2000, 1352, mwN; BFH vom 20.3.1987 III R 150/86, BFHE 149, 539.

699 BFH vom 20.3.1987 III R 150/86, BFHE 149, 539.

b) Rechtsprechung des VI. Senats

aa) Allgemeine tatsächliche Gründe

In der Rechtsprechung des VI. Senats sind vor allem die Fallgruppen der Krankheitskosten, Sanierungs- und Umbaukosten von großer Bedeutung. Hierzu sind in den letzten Jahren zahlreiche Entscheidungen ergangen.[700] Eine Anerkennung als außergewöhnliche Belastung komme nur in Betracht, wenn eine tatsächliche Zwangslage durch ein unausweichliches Ereignis tatsächlicher Art begründet wird, nicht aber durch eine maßgeblich vom menschlichen Willen beeinflusste Situation.[701]

Nach der Auffassung des VI. Senats sind beispielsweise Aufwendungen aus tatsächlichen Gründen zwangsläufig, wenn von einem Gegenstand des existenznotwendigen Bedarfs konkrete Gesundheitsgefährdungen ausgehen und die Aufwendungen zur Beseitigung dieser Gefahr aufgewendet werden.[702] Ist die Sanierung von Gebäuden wegen einer Gesundheitsgefährdung angezeigt, so ist hierfür kein qualifizierter Nachweis gem. § 64 Abs. 1 Nr. 2 EStDV notwendig.[703] Die Sanierung von Gebäuden ist nicht im Katalog des § 64 Abs. 1 Nr. 2 EStDV enthalten. Behinderungsbedingte Umbaukosten seien aus tatsächlichen Gründen zwangsläufig, da die schwerwiegende Behinderung des Steuerpflichtigen eine Umgestaltung des Wohnumfelds unausweichlich mache. Die Mehrkosten würden nicht auf einer freigewählten Wohnsituation sondern auf seiner Krankheit bzw. Behinderung beruhen.[704]

Ebenso können Aufwendungen für Mietzahlungen einer zusätzlichen Wohnung aus tatsächlichen Gründen zwangsläufig sein, wenn die erste, den existenziellen Wohnbedarf abdeckende Wohnung nicht mehr bewohnbar ist.[705] Dies gelte

---

700 BFH vom 6.2.2014 VI R 61/12, BFHE 244, 395; BFH vom 19.4.2012 VI R 74/10, BFHE 237, 156; BFH vom 29.3.2012 VI R 47/10, DB 2012, 1362; BFH vom 5.10.2011 VI R 49/10, HFR 2012, 35; BFH vom 25.5.2011 VI B 35/11, BFH/NV 2011, 1691; BFH vom 24.2.2011 VI R 16/10, NJW 2011, 1902; BFH vom 11.11.2010 VI R 17/09, BFHE 232, 40; BFH vom 2.9.2010 VI R 11/09, BFHE 231, 69.

701 BFH vom 15.4.2010 VI R 51/09, DStRE 2010, 865; So auch bereits: BFH vom 18.4.1990 III R 126/86, HFR 1990, 628.

702 BFH vom 29.3.2012 VI R 47/10, DStRE 2012, 992.

703 BFH vom 29.3.2012 VI R 21/11, DStR 20121, 352; So auch: *Geserich*, SteuK 2012, 283 (286 f.).

704 BFH vom 24.2.2011 VI R 16/10, BFHE 232, 518; BFH vom 22.10.2009 VI R 7/09, BFHE 226, 536.

705 BFH vom 21.4.2010 VI R 62/08, DStR 2010, 1671.

aber nur, wenn den Steuerpflichtigen kein eigenes (ursächliches) Verschulden träfe, realisierbare Ersatzansprüche und allgemein zugängliche und übliche Versicherungsmöglichkeiten nicht bestanden haben.[706]

bb) Krankheitskosten als tatsächlicher Grund

(1) Abgrenzung zwischen unmittelbaren Krankheitskosten und Vorbeuge- oder Folgekosten

Krankheitskosten erwachsen auch nach der Rechtsprechung des VI. Senats dem Steuerpflichtigen aus tatsächlichen Gründen zwangsläufig ohne Rücksicht auf die Art und die Ursache der Erkrankung.[707] Dies gelte aber nur für Aufwendungen, die zum Zweck der Heilung einer Krankheit oder mit dem Ziel getätigt werden, die Krankheit erträglich zu machen.[708] Mit dieser Definition knüpft der BFH an die sozialversicherungsrechtliche Rechtsprechung des BSG an.[709] Die Aufwendungen für die eigentliche Heilbehandlung werden typisierend berücksichtigt, ohne dass es einer Prüfung der Zwangsläufigkeit bedarf. Dies sei zur Vermeidung eines unzumutbaren Eindringens in die Privatsphäre geboten.[710] Allerdings müssten die Maßnahmen medizinisch indiziert sein.[711] Medizinisch indiziert sind nur Maßnahmen, die nach den Erkenntnissen und Erfahrungen der Heilkunde und nach den Grundsätzen eines gewissenhaften Arztes zur Heilung oder Linderung der Krankheit angezeigt (vertretbar) sind und vorgenommen werden.[712] Dabei stellt der VI. Senat in einigen jüngeren Entscheidungen auf die Lebensumstände ab, die zu den Krankheitskosten geführt haben.[713]

Der VI. Senat hat mit seinen Entscheidungen vom 11.11.2010 und vom 5.10.2011 entschieden, dass er an der früheren Rechtsprechung, wonach die krankheitsbedingten Aufwendungen nur abzugsfähig waren, wenn die medizinische Indikation, die beispielsweise anhand eines amtsärztlichen Attests nachgewiesen

706 BFH vom 21.4.2010 VI R 62/08, DStR 2010, 1671.

707 BFH vom 19.4.2012 VI R 74/10, BFHE 237, 156.

708 BFH vom 19.4.2012 VI R 74/10, BFHE 237, 156; BFH vom 6.2.2014 VI R 61/12, BFHE 244, 395.

709 FG Rheinland-Pfalz vom 20.5.2014 5 K 1753/13, EFG 2014, 1586.

710 BFH vom 19.4.2012 VI R 74/10, BFHE 237, 156.

711 BFH vom 19.4.2012 VI R 74/10, BFHE 237, 156.

712 BFH vom 19.4.2012 VI R 74/10, BFHE 237, 156; So auch schon bereits: BFH vom 18.6.1997 III R 84/96, DStRE 1997, 993.

713 BFH vom 11.11.2010 VI R 17/09, BFHE 232, 40; BFH vom 2.9.2010 VI R 11/09, BFHE 231, 69; *Haupt*, DStR 2011, 204 (207).

war, nicht länger festhält.[714] Daraufhin normierte der Gesetzgeber das formalisierte Nachweisverfahren in § 33 Abs. 4 EStG iVm. § 64 EStDV.[715] Für Aufwendungen im Krankheitsfall, die Bestandteil der §§ 2, 23, 31, 33 SGB V sind, ist gem. § 64 Nr. 1 EStDV nur eine Verordnung des Arztes oder Heilpraktikers erforderlich. Diese Regelung gilt unter anderem für Aufwendungen der Heileurythmie. Hierbei handelt es sich um eine Maßnahme, die Bestandteil einer besonderen Therapieeinrichtung ist und deshalb gem. § 2 Abs. 1 Satz 2 SGB V nicht vom Leistungsrahmen der gesetzlichen Krankenversicherung ausgeschlossen ist und somit keine wissenschaftlich nicht anerkannte Außenseitermethode darstellt.[716] Die in § 64 Abs. 1 Nr. 2 EStDV geregelten Katalogtatbestände sind abschließend. Hieraus folgt, dass insbesondere auch Umbaumaßnahmen, wie der Einbau eines Treppenlifts, nicht von den strengen Nachweisanforderungen des § 64 Abs. 1 Nr. 2 EStDV erfasst sind.[717] Die Katalogtatbestände können nicht über den Wortlaut hinaus zulasten des Steuerpflichtigen angewandt werden.[718] In einem jüngeren Urteil entschied der VI. Senat, dass die Zwangsläufigkeit durch eine Verordnung eines Arztes oder Heilpraktikers nachgewiesen werden könne. Hierbei erwähnte er nicht, dass die Verordnung vor der Behandlung ausgestellt worden sein muss.[719] Die Verordnung muss jedoch vor der Behandlung durch den Arzt ausgestellt werden. Dies folgt zum einen unmittelbar aus § 64 Abs. 1 Satz 2 EStDV. Dieser bezieht sich auch auf den Nachweis durch eine Verordnung eines Arztes gem. § 64 Abs. 1 Nr. 1 EStDV. Zum anderen ist es einer Verordnung immanent, dass sie vor der Behandlung bzw. dem Bezug der Arzneimittel ausgestellt wird. Bezüglich des Zeitpunkts besteht somit kein Unterschied zwischen § 64 Abs. 1 Nr. 1 und § 64 Abs. 1 Nr. 2 EStDV.

(2) Fallgruppen der Krankheitskosten

Zu den Krankheitskosten zählen auch Aufwendungen für die Unterbringung in einem Seniorenwohnheim, unabhängig davon, ob weitere Pflegekosten entstanden sind oder die Merkzeichen „*H*" bzw. „*Bl*" im Schwerbehindertenausweis festgestellt wurden.[720] Entscheidend sei allein, dass die Unterbringung aufgrund einer Krankheit und nicht aufgrund des Alters erfolgte. Der BFH ließ in einer

---

714 BFH vom 11.11.2010 VI R 17/09, DStR 2011, 115; BFH vom 5.10.2011 VI R 49/10, BFH/NV 2012, 33.

715 StVerfG 2011, BGBl I 2011, 2131, § 64 EStDV.

716 BFH vom 26.2.2014 VI R 27/13, BFHE 245, 18.

717 BFH vom 6.2.2014 VI R 61/12, DStR 2014, 740; *Geserich,* DStR 2012, 1490.

718 *Geserich,* NWB 2014, 2004 (2010).

719 BFH vom 26.2.2014 VI R 27/13, BFHE 245, 18.

720 BFH vom 13.10.2010 VI R 38/09, NJW 2011, 1024.

jüngeren Entscheidung offen, ob entgegen der bisherigen Rechtsprechung die Unterbringungskosten auch dann anzuerkennen seien, wenn der Steuerpflichtige erst nach dem Umzug ins Pflegeheim krank werde.[721] Ebenso können daher Kosten für den Besuch einer Schule für Hochbegabte zwangsläufig sein, wenn der Schulbesuch medizinisch indiziert war.[722] Aus tatsächlichen Gründen ist auch die behindertengerechte Gestaltung des Wohnumfelds zwangsläufig. Die Notwendigkeit einer behindertengerechten Ausgestaltung des Wohnumfelds beruhe nicht auf der frei gewählten Wohnsituation des Steuerpflichtigen, sondern auf seiner Behinderung.[723] Hingegen sind die behinderungsbedingten Mehrkosten für die Anschaffung eines Grundstücks nicht aus tatsächlichen Gründen zwangsläufig. Sie seien in erster Linie nicht der Behinderung geschuldet, sondern würden auf dem freigewählten Wohnflächenbedarf des Steuerpflichtigen beruhen.[724]

Von diesen Grundsätzen zu den Krankheitskosten ist die Rechtsprechung in einem Fall abgewichen. Hierbei ging es um die Anerkennung von Aufwendung für eine immunbiologische Krebsabwehrtherapie bei einem erkrankten Steuerpflichtigen mit einer nur noch begrenzten Lebenserwartung. Die Behandlungsmethode war weder schulmedizinisch noch aus naturheilkundlicher Sicht anerkannt.[725] In diesen Fällen stelle sich die Frage nach der objektiven Eignung einer medizinischen Maßnahme nicht mehr.[726] Die Aufwendung erwachse in dieser *„notstandsähnlichen Situation"* aus tatsächlichen Gründen zwangsläufig. Dabei begründe nicht die medizinische Notwendigkeit der Maßnahme die tatsächliche Zwangsläufigkeit, sondern die Ausweglosigkeit der Lebenssituation, die den *„Griff nach jedem Strohhalm"* gebiete.[727]

Nach der Auffassung des VI. Senats sind auch Kosten für eine heterologe künstliche Befruchtung bei Ehepaaren als außergewöhnliche Belastung anzuerkennen.[728] Der VI. Senat begründet dies damit, dass die Unfruchtbarkeit des Mannes eine Krankheit darstellt, deren Krankheitsfolgen durch eine In-Vitro-Fertilisation unterbunden wurden und hierdurch eine Linderung der Krankheit

721 BFH vom 15.4.2010 VI R 51/09, BFHE 229, 206; Hiergegen: *Behrens,* NWB 2014, 217 (220).
722 BFH vom 12.5.2011 VI R 37/10, DStR 2011, 1504.
723 BFH vom 24.2.2011 VI R 16/10, BFHE 232, 518.
724 BFH vom 17.7.2014 VI R 42/13, DStRE 2014,1872.
725 BFH vom 2.9.2010 VI R 11/09, DStRE 2011, 15.
726 BFH vom 2.9.2010 VI R 11/09, DStRE 2011, 15.
727 BFH vom 2.9.2010 VI R 11/09, DStRE 2011, 15.
728 BFH vom 16.12.2010 VI R 43/10, DStR 2011, 356.

herbeigeführt wird. Es komme für die Linderung der Krankheit nicht darauf an, dass die Ursache behoben wird, sondern die Folgen behoben werden.[729] Darüber hinaus beabsichtigt der VI. Senat, auch die Kosten für eine Adoption anzuerkennen.[730]

c) *Analyse tatsächliche Gründe*

aa) *Rechtsprechungsänderungen*

Bei der Zwangsläufigkeit aus tatsächlichen Gründen knüpft der VI. Senat zwar weitestgehend an die Rechtsprechung des III. Senats an, jedoch gibt es auch hier einige Rechtsprechungsänderungen. Eine Änderung gab es bei den Krankheitskosten in Bezug auf die heterologe künstliche Befruchtung bei Ehepaaren. Bis zur Entscheidung des VI. Senats vom 16.12.2010 waren diese Aufwendungen nicht als außergewöhnliche Belastung abzugsfähig.[731] Von weitreichender Bedeutung war ebenfalls die Änderung der ständigen Rechtsprechung zum formalisierten Nachweisverlangen bei Krankheitskosten. Das formalisierte Nachweisverlangen wurde aufgegeben.[732] Eine weitere Änderung gab es in Bezug auf die Kosten der Heimunterbringung. Diese waren bis zum Urteil des VI. Senats nur abzugsfähig, wenn auch Pflegekosten entstanden sind oder die Merkzeichen „*H*" bzw. „*Bl*" im Schwerbehindertenausweis vermerkt waren.[733] Hieran hielt der VI. Senat nicht länger fest. Eine weitere Rechtsprechungsänderung deutet sich bei den Unterbringungskosten an. Der BFH ließ jüngst ausdrücklich offen, ob entgegen der bisherigen Rechtsprechung auch Unterbringungskosten zwangsläufig sind, wenn der Steuerpflichtige erst während des Heimaufenthalts erkrankt. Er führt – zutreffend – aus, dass ab dem Zeitpunkt der Erkrankung die Kosten aus tatsächlichen Gründen

729 BFH vom 16.12.2010 VI R 43/10, DStR 2011, 356.

730 BFH vom 18.4.2013 VI R 60/11, BFHE 241, 141; Der Große Senat des BFH entschied in diesem Verfahren, dass der VI. Senat bei der Abweichung von der bisherigen Rechtsprechung eines anderen Senats bei diesem anzufragen hat, ob dieser an seiner Rechtsprechung festhält: BFH vom 9.10.2014 GrS 1/13, BStBl. II 2015, 345; In der Folge entschied der VI. Senat entgegen seiner im Vorlagebeschluss vom 18.4.2013 angekündigten Rechtsprechungsänderung, dass Adoptionskosten keine außergewöhnlichen Belastungen seien: BFH vom 10.3.2015 VI R 60/11, BStBl. II 2015, 695.

731 BFH vom 16.12.2010 VI R 43/10, DStR 2011, 356; BFH vom 18.5.1999 III R 46/97, BFHE 188, 566.

732 BFH vom 11.11.2010 VI R 17/09, DStR 2011, 115; BFH vom 5.10.2011 VI R 49/10, BFH/NV 2012, 33.

733 BFH vom 18.12.2008 III R 12/07, BFH/NV 2009, 1102.

zwangsläufig sein könnten.[734] Eine weitere Änderung gibt es hinsichtlich der Notwendigkeit eines vor der Behandlung ausgestellten Attests. Bisher unterschied der BFH zwischen allgemein anerkannten und wissenschaftlich umstrittenen Behandlungsmethoden, bei denen nicht erkennbar sei, ob sie vorbeugende Funktion hätten oder der eigentlichen Heilbehandlung dienten.[735] Bei wissenschaftlich umstrittenen Methoden galt das qualifizierte Nachweisverlangen.[736] Nunmehr hat der BFH die Voraussetzungen der wissenschaftlich nicht anerkannten Behandlungsmethode gem. § 64 Abs. 1 Nr. 2 Satz 1 lit. f EStDV konkretisiert. Hiernach ist eine Methode wissenschaftlich nicht anerkannt, wenn Qualität und Wirksamkeit der Behandlungsmethode nicht dem allgemein anerkannten Stand der medizinischen Erkenntnisse entsprechen.[737] Dies ist nach Auffassung des VI. Senats der Fall, wenn *„die große Mehrheit der einschlägigen Fachleute (Ärzte, Wissenschaftler) die Behandlungsmethode befürwortet und über die Zweckmäßigkeit der Therapie Konsens besteht"*.[738] Aus dem Urteil zur Krebsabwehrtherapie resultiert eine weitere Rechtsprechungsänderung. Diese besteht darin, dass bei nur noch begrenzter Lebensdauer Aufwendungen für nicht anerkannte schulmedizinische oder naturheilkundliche Maßnahmen zwangsläufig sein können. Bei der Beurteilung von Schulkosten eines Hochbegabten änderte sich ebenfalls die Rechtsprechung. Die Änderung besteht darin, dass nunmehr bei Hochbegabten die Kosten für eine spezielle Schule außergewöhnliche Belastungen sein können, sofern sie medizinisch indiziert sind.[739] Der III. Senat hatte derartige Kosten noch generell als mittelbare Folgekosten einer Krankheit eingestuft und deren Zwangsläufigkeit verneint.[740]

bb) Verhältnis der Rechtsprechung zum subjektiven Nettoprinzip

(1) Allgemeine tatsächliche Gründe und Krankheitskosten

Grundsätzlich besteht bei den Krankheitskosten ein Gleichlauf zu den sozialhilferechtlichen Leistungstatbeständen, da der BFH hinsichtlich der Definition der Heilbehandlung an die sozialversicherungsrechtliche Rechtsprechung des BSG zum Krankheitsbegriff anknüpft.[741] Diese ist gem. § 48 SGB XII iVm. § 27 SGB V

---

734 BFH vom 15.4.2010 VI R 51/09, BFHE 229, 206.
735 BFH vom 15.11.2007 III B 205/06, BFH/NV 2008, 368.
736 BFH vom 2.9.2010 VI R 11/09, BFHE 231, 69; *Geserich,* NWB 2014, 3396.
737 BFH vom 26.6.2014 VI R 51/13, juris.
738 BFH vom 26.6.2014 VI R 51/13, juris.
739 BFH vom 12.5.2011 VI R 37/10, BFHE 234, 25; *Geserich,* FR 2011, 1067.
740 BFH vom 22.12.2004 III B 169/03, BFH/NV 2005, 699.
741 FG Rheinland-Pfalz vom 20.5.2014 5 K 1753/13, EFG 2014, 1586.

auch für Bedürftige maßgeblich. Ein Gleichlauf zum Sozialrecht besteht auch für die Unterbringungskosten in einem Pflegeheim. Derartige Kosten werden gem. § 61 iVm. § 13 SGB XII ersetzt.[742] Dies gilt ebenfalls für die Rechtsprechung zu den behinderungsbedingten Umbaukosten. Hier kann der Sozialhilfeträger gem. § 6 Abs. 1 Nr. 7, § 5 Nr. 4 iVm. § 55 Abs. 2 Nr. 5 SGB IX zur Finanzierung von behindertengerechten Umbaumaßnahmen verpflichtet sein.[743] Die Anerkennung der Aufwendung als außergewöhnliche Belastung entspricht daher der korrespondierenden Regelung im Sozialhilferecht. Von diesem Grundsatz macht der BFH jedoch Ausnahmen:

Das Urteil zu den Kosten der Krebsabwehrtherapie ist insofern kritisch zu beurteilen, wie es einen Abzug von privaten Aufwendungen in einem Rahmen zulässt, der über das hinausgeht, was aufgrund des subjektiven Nettoprinzips geboten ist.[744] Sozialhilferechtlich besteht ein Anspruch auf Kostenerstattung bei *„Außenseitermethoden“* nach höchstrichterlicher Rechtsprechung nur, wenn eine lebensbedrohliche Erkrankung vorliegt, eine allgemein anerkannte Behandlung nicht zur Verfügung steht und bezüglich der angewandten Behandlungsmethode eine auf Indizien gestützte, nicht ganz fern liegende Aussicht auf Heilung oder positive Einwirkung auf den Krankheitsverlauf besteht.[745] Diese kumulativen Voraussetzungen waren nach Ansicht der Vorinstanz im Streitfall nicht erfüllt.[746] Um den Abzug auf das durch das subjektive Nettoprinzip Gebotene zu begrenzen, hätte somit eine Anerkennung als außergewöhnliche Belastung versagt werden müssen. Warum die Rechtsprechung im vorliegenden Fall im Vergleich zum Sozialhilferecht abweichende Maßstäbe anwendet, wird nicht begründet. Der Grundsatz der Einheit der Rechtsordnung spricht neben dem subjektiven Nettoprinzip dafür, dass die sozialhilferechtlichen Maßstäbe auch im Steuerrecht gelten.[747] Zudem unterbleibt in der Urteilsbegründung eine juristische Auseinandersetzung mit dem Begriff der Zwangsläufigkeit. Diese wird vielmehr ersetzt durch eine Billigkeitsentscheidung aus menschlich, aber juristisch nicht nachvollziehbaren Gründen.[748]

---

742 *Wahrendorf,* in: Grube/Wahrendorf, SGB XII, § 13 Rz. 28.

743 *Grauthoff,* in: Kossens/von der Heide/Maaß, SGB IX, § 5 Rz. 15; *Kossens,* in: Kossens/von der Heide/Maaß, SGB IX, § 55 Rz. 12 f.

744 BFH vom 2.9.2010 VI R 11/09, DStRE 2011, 15.

745 BSG vom 7.11.2006 B 1 KR 24/06 R, BSGE 97, 190.

746 FG Niedersachsen vom 8.1.2009 11 K 490/07, DStRE 2009, 977.

747 So auch: *Paus,* DStZ 2011, 150 (154).

748 *Paus,* DStZ 2011, 150.

Die Rechtsprechung des VI. Senats zu den Kosten einer heterologen Befruchtung geht ebenfalls über das hinaus, was aufgrund des subjektiven Nettoprinzips geboten ist. Bedürftigen wird gem. § 48 SGB XII iVm. § 27a SGB V Hilfe bei Krankheit gewährt. Der Leistungstatbestand gem. § 27a SGB V umfasst bei Ehegatten nur eine künstliche Befruchtung mit den Ei- und Samenzellen der Ehegatten. Vom Leistungstatbestand ist somit nicht die heterologe Befruchtung mit dem Samen eines Dritten erfasst. Die von der Rechtsprechung – aus menschlich nachvollziehbaren Motiven – gewährte Anerkennung ist somit systematisch nicht korrekt. Vielmehr wäre es aus *„menschlichen Motiven“* wünschenswert, dass der Gesetzgeber den Anwendungsbereich des § 27a SGB V auch auf Leistungen einer heterologen Befruchtung bei Ehegatten erweitert. In den meisten Fällen würde dann die gesetzliche Krankenkasse bei Steuerpflichtigen die Leistungen gem. § 27a SGB V erbringen und es würde sich nicht mehr die Frage stellen, ob die Aufwendung von § 33 EStG erfasst ist. Nur insoweit kein Sozialversicherungsschutz bestehen würde bzw. der Steuerpflichtige mit weiteren Kosten belastet wäre, wäre dann noch eine Anwendung des § 33 EStG zu diskutieren. Aufgrund des subjektiven Nettoprinzips ist ein Abzug bei der aktuellen Gesetzeslage jedenfalls nicht zwingend geboten. Die frühere Rechtsprechung des III. Senats begrenzte hingegen, indem sie die Aufwendungen für eine heterologe Befruchtung nicht anerkannte, einen Abzug auf das durch das subjektive Nettoprinzip Gebotene.[749] Gleichwohl geht die Rechtsprechung des III. Senats bei den Aufwendungen für eine homologe künstliche Befruchtung bei nicht verheirateten Frauen ebenfalls über, die aufgrund des subjektiven Nettoprinzips gebotene Anerkennung als außergewöhnliche Belastung, hinaus.[750] Im Sozialhilferecht wird die Leistung der künstliche Befruchtung gem. § 48 SGB XII iVm. § 27a Abs. 1 Nr. 3 SGB V nur verheirateten Paaren gewährt. Die Rechtsprechung wäre somit aufgrund des subjektiven Nettoprinzips nicht verpflichtet gewesen, diese Aufwendungen anzuerkennen. Somit erkennt sie auch Aufwendung jenseits des durch das subjektive Nettoprinzip Gebotenen als außergewöhnliche Belastung an. Sollte die Rechtsprechung – wie beabsichtigt – auch die Kosten für eine Adoption als außergewöhnliche Belastung anerkennen, so würde sie in dieser Fallgruppe ebenfalls Aufwendungen in zu großem Umfang anerkennen.[751] Die

749 BFH vom 18.5.1999 III R 46/97, DStRE 1999, 665.

750 S. D.II.1.

751 Vorlagebeschluss des VI. Senats zur beabsichtigten Anerkennung von Adoptionskosten: BFH vom 18.4.2013 VI R 60/11, BFHE 241, 141; Im Ergebnis entschied sich der VI. Senat aber gegen die Anerkennung von Adoptionskosten als außergewöhnliche Belastung: BFH vom 10.3.2015 VI R 60/11, BStBl. II 2015, 695.

Allgemeinheit würde hierdurch unangemessen an privaten Ausgaben beteiligt. Denn ein sozialhilferechtlicher Leistungstatbestand für die Übernahme von Adoptionskosten ist nicht ersichtlich.

Bei den behindertenbedingten Umbaumaßnahmen wird das subjektive Nettoprinzip ebenfalls nicht verletzt und die Anerkennung der Aufwendung ist nicht zu weitgehend. Behinderungsbedingte Umbaumaßnahmen können sozialhilferechtlich u. a. gem. § 54 Abs. 1 GB XII iVm. § 55 Abs. 2 Nr. 5 SGB IX gewährt werden. Hierunter fällt beispielsweise auch der Einbau eines Treppenlifts.[752] Somit entspricht unter anderem die jüngere BFH Rechtsprechung, wonach Kosten für einen Treppenlift zwangsläufig sein können, dem subjektiven Nettoprinzip.[753] Zudem ist die Rechtsprechung konsequent, wenn sie die Anerkennung von behinderungsbedingten Mehrkosten bei dem Erwerb eines Grundstücks versagt.[754] Hier ist kein sozialhilferechtlicher Leistungstatbestand ersichtlich, der die Übernahme von Grundstückskosten abdecken würde.

Nicht über das subjektive Nettoprinzip hinaus geht die Anerkennung von Mietkosten für eine zusätzliche Wohnung im BFH Urteil vom 21.4.2010.[755] Im Sozialhilferecht wird von § 22 Abs. 1 SGB II der existenziell notwendige Bedarf der Unterkunft erfasst. Allgemein werden hiervon alle Kosten abgedeckt, die für eine tatsächlich genutzte Unterkunft zu Wohnzwecken anfallen.[756] Ist die erste, den existenziellen Wohnbedarf abdeckende Wohnung unbewohnbar geworden, so wären wohl auch im Sozialhilferecht die Kosten für eine zweite Wohnung von § 22 Abs. 1 SGB II erfasst. Indem der BFH die Kosten für die *„Zweitwohnung"* für die Dauer der Unbewohnbarkeit der *„Erstwohnung"* anerkennt, besteht ein Gleichlauf mit den sozialhilferechtlichen Leistungstatbeständen. Die Allgemeinheit wird somit nicht unangemessen belastet.

Gleiches gilt für die Rechtsprechung zu den Sanierungsaufwendungen. Auch hier ist die Anerkennung der Aufwendung auf das durch das subjektive Nettoprinzip Gebotene begrenzt. In Fällen, in denen das Wohnen im Eigenheim substantiell beeinträchtigt ist, ist der Steuerpflichtige existenziell betroffen.[757] Es entspricht steuer- und sozialhilferechtlichen Wertungen, dass das Wohnen im Eigenheim nicht als unnötig angesehen wird.[758] So ist gem. § 90 Abs. 2 Nr. 8 SGB

752 LSG NRW vom 13.5.2014 L 20 SO 396/13 B, juris.
753 BFH vom 6.2.2014 VI R 61/12, BFHE 244, 395.
754 BFH vom 17.7.2014 VI R 42/13, DStRE 2014, 1872.
755 BFH vom 21.4.2010 VI R 62/08, DStR 2010, 1671.
756 *Luik*, in: Eicher, SGB II, § 22 Rz. 44.
757 BFH vom 6.5.1994 III R 27/92, BFHE 175, 332.
758 BFH vom 6.5.1994 III R 27/92, BFHE 175, 332.

XII Sozialhilfe unabhängig vom Eigentum eines angemessenen Hausgrundstücks zu gewähren. Darüber hinaus werden auch im Sozialhilferecht gem. § 36 Abs. 1 SGB XII und ausdrücklich gem. § 22 Abs. 2 SGB II Sanierungsaufwendungen unter bestimmten Voraussetzungen durch den Staat übernommen.[759] Hierbei werden nur die unabweisbaren Kosten ersetzt, die dazu dienen, die Bewohnbarkeit des Hauses aufrechtzuerhalten.[760] Dies steht im Einklang mit der Rechtsprechung des BFH zu den Sanierungskosten. Diese werden ebenfalls als außergewöhnliche Belastung anerkannt, wenn die Sanierung dazu dient, die Bewohnbarkeit des Hauses sicherzustellen.[761] Voraussetzung hierfür ist, dass der Gegenstand von existenzieller Bedeutung ist, das Haus von einem außergewöhnlichen vom Steuerpflichtigen nicht beeinflussbaren Ereignis beschädigt wurde, keine Anhaltspunkte für ein Verschulden des Steuerpflichtigen vorhanden sind und realisierbare Ersatzansprüche nicht bestehen.[762] Es existiert somit im Steuerrecht eine korrespondierende Rechtsprechung zum Sozialhilferecht, sodass keine Aufwendungen anerkannt werden, die über das durch das subjektive Nettoprinzip Gebotene hinausgehen.

Wie die Analyse gezeigt hat, wendet der BFH bei der Zwangsläufigkeit aus tatsächlichen Gründen einerseits einen zu großzügigen Maßstab an (künstliche Befruchtung/Krebsabwehrtherapie), andererseits begrenzt er den Abzug zum Teil auf das durch das subjektive Nettoprinzip Gebotene (Mietkosten und Sanierungsaufwendungen).

(2) Formalisiertes Nachweisverlangen

Der Rechtsprechungsänderung ist in Bezug auf den formalisierten Nachweis von Krankheitskosten zuzustimmen.[763] Wie der VI. Senat in seiner Begründung zutreffend ausführt, sind die erforderlichen Feststellungen vielmehr nach dem Grundsatz der freien Beweiswürdigung zu treffen.[764] Aus dem Gesetz ergaben sich zum damaligen Zeitpunkt derartige Nachweisverlangen nicht, sodass ein Verstoß gegen den Grundsatz der freien Beweiswürdigung vorlag. Mittlerweile hat der Gesetzgeber das formalisierte Nachweisverfahren jedoch in § 33 Abs. 4

759 *Streichsbier*, in: Grube/Wahrendorf, SGB XII, § 36 Rz. 3 f.

760 *Luik*, in: Eicher, SGB II, § 22 Rz. 136.

761 BFH vom 29.3.2012 VI R 70/10, BFHE 237, 90; BFH vom 6.5.1994 III R 27/92, BFHE 175, 332.

762 BFH vom 29.3.2012 VI R 70/10, BFHE 237, 90.

763 So auch: *Geserich*, FR 2011, 1067 (1070).

764 BFH vom 5.10.2011 VI R 49/10, BFH/NV 2012, 33; BFH vom 11.11.2010 VI R 17/09, DStR 2011, 115.

iVm. § 64 EStDV für die Krankheitskosten normiert. Die Rechtsprechungsänderung ist obsolet geworden.[765] Hinsichtlich des Terminus der wissenschaftlich nicht anerkannten Behandlungsmethode gem. § 64 Abs. 1 Nr. 2 Satz 1 lit. f) EStDV besteht ein Gleichlauf zum Sozialrecht. Denn hier knüpft der BFH an die Rechtsprechung des BSG an.[766]

Der Gesetzgeber hat durch dieses formalisierte Nachweisverlangen innerhalb des § 33 EStG ein unterschiedliches System der Beweiswürdigung geschaffen. Nach anderer Auffassung handelt es sich bei dem formalen Nachweis um eine materielle Tatbestandsvoraussetzung, die dem Nachweis der Zwangsläufigkeit dient und den Freibeweis nicht einschränkt.[767] Richtig ist, dass dem formalisierten Nachweisverlangen Tatbestandswirkung zukommt.[768] Denn liegt der Nachweis nicht vor, so ist die Zwangsläufigkeit der Aufwendung nach der Rechtsprechung der Finanzgerichte nicht gegeben und eine Anerkennung der Aufwendung als außergewöhnliche Belastung ist zu versagen.[769] Zugleich wird hierdurch aber auch der Freibeweis eingeschränkt. Für die abschließend in § 64 Abs. 1 Nr. 2 EStDV aufgezählten Aufwendungen gelten förmliche Nachweisanforderungen, während alle sonstigen Aufwendungen im Rahmen des § 33 EStG nach den allgemeinen Grundsätzen der freien Beweiswürdigung nachzuweisen sind. Die Finanzbehörde und die Finanzgerichte sind an die Nachweise gebunden, sodass weitere Beweiserhebungen – zum Beispiel durch ein Sachverständigengutachten – unzulässig bzw. untauglich sind.[770] Denn bei dem § 64 EStDV handelt es sich um einen qualifizierten Nachweis.[771] Der BFH führte jüngst aus, dass in den Fällen des § 64 Abs. 1 Nr. 2 EStDV der Nachweis der Zwangsläufigkeit durch ein vor Beginn der Behandlung ausgestelltes amtsärztliches Gutachten oder einer Bescheinigung des medizinischen Dienstes der Krankenversicherung zu führen ist.[772] Im Umkehrschluss folgt hieraus, dass der Nachweis der Zwangsläufigkeit

765 *Geserich,* DStR 2012, 1490 (1492).

766 BFH vom 26.6.2014 VI R 51/13, BStBl. II 2015, 9; *Geserich,* NWB 2014, 3396.

767 *Geserich,* FR 2011, 1067 (1072 f.).

768 So auch: *Kanzler,* in: H/H/R, EStG, § 33 Rz. 233 (Feb. 2016).

769 FG Nürnberg vom 6.12.2013 7 K 387/13, EFG 2014, 1482; FG Rheinland-Pfalz vom 20.9.2013 3 K 1443/12, EFG 2014, 279; FG Sachsen vom 24.4.2013 1 K 764/11, juris; FG Baden-Württemberg vom 24.4.2013 2 K 1962/12, EFG 2013, 1125.

770 *Kanzler,* in: H/H/R, EStG, § 33 Rz. 233 (Feb. 2016); vgl. *Loschelder,* in: Schmidt, EStG, § 33 Rz. 31 f.; a.A.: *Geserich* ist hingegen der Auffassung, dem Attest komme keine Bindungswirkung zu, sodass dem Gericht im Rahmen der freien Beweiswürdigung die inhaltliche Bewertung des Gutachtens obliegt, DStR 2012, 1490.

771 BFH vom 6.2.2014 VI R 61/12, DStR 2014, 740.

772 BFH vom 26.2.2014 VI R 27/13, DStRE 2014, 851.

nicht durch andere Beweismittel erbracht werden kann. Soweit ersichtlich gehen auch die Finanzgerichte von einer Bindungswirkung aus, da bisher in keinem Urteil das Attest auf seine inhaltliche Richtigkeit überprüft wurde.[773]

Es bestehen erhebliche Zweifel, ob dieses gesetzliche Nachweisverfahren mit dem subjektiven Nettoprinzip vereinbar ist.[774] Ist beim Steuerpflichtigen das Existenzminimum aufgrund einer Erkrankung erhöht und liegen bis auf den formellen Nachweis durch ein amtsärztliches Gutachten alle Voraussetzungen des § 33 EStG vor, so ist dieser formelle Nachweis dazu geeignet, das subjektive Nettoprinzip zu verletzen. Es verstößt gegen den Sinn und Zweck der Norm. Eine Anerkennung als außergewöhnliche Belastung kommt ohne formellen Nachweis in diesem Fall nicht in Betracht, obwohl sämtliche materielle Tatbestandsvoraussetzungen des § 33 EStG vorliegen und das Existenzminimum erhöht ist. Es ist nicht ersichtlich, wodurch die Verletzung des subjektiven Nettoprinzips durch das qualifizierte Nachweisverlangen gerechtfertigt sein soll.[775] Hierzu sind jedenfalls die Gründe aus der Gesetzesbegründung, die Herstellung von Rechtssicherheit und Steuervereinfachung, nicht geeignet.[776] Der in der Gesetzesbegründung angeführte Zweck der Rechtssicherheit wird nicht erreicht.[777] Bei der Neuregelung bestehen zahlreiche Abgrenzungsschwierigkeiten.[778] Von einer Steuervereinfachung kann vor diesem Hintergrund und der Tatsache, dass der Katalog des § 64 EStDV ohne Gesetzgebungsverfahren geändert werden kann, ebenfalls nicht die Rede sein.[779] Darüber hinaus führte der BFH bereits in seinen Entscheidungen aus, dass das Misstrauen in die Unabhängigkeit der Ärzteschaft nicht gerechtfertigt sei und somit das formalisierte Nachweisverlangen

---

773 So hält das FG Baden-Württemberg ein Sachverständigen Gutachten für ein untaugliches Beweismittel: FG Baden-Württemberg vom 4.2.2013 10 K 542/12, juris.

774 *Haupt,* DStR 2011, 2443 (2444); Derselbe, DStR 2012, 1541; *Endert* hält bei *„eindeutigen Fällen"* aus verfassungsrechtlichen Gründen den formalisierten Nachweis für verzichtbar: *Endert,* in: Frotscher/Geurts, EStG, § 33 Rz. 44a (Feb. 2016).

775 Haupt, DStR 2012, 1541 (1543); a.A. FG Hamburg vom 27.4.2012 2 K 19/11, EFG 2012, 1671: *„Auf Grund der Neutralität und Unabhängigkeit von Amts- und Vertrauensärzten ist das Nachweisverlangen im steuerlichen Massenverfahren geeignet, erforderlich und verhältnismäßig, um die nach Art. 3 Abs. 1 GG gebotene Besteuerung nach der individuellen Leistungsfähigkeit zu gewährleisten. Der im Gesetzgebungsverfahren angeführte Beitrag zur Rechtssicherheit und -klarheit ist naheliegend."*.

776 BT-Drucks. 17/6105, Seite 2; BT-Drucks. 17/6146, Seite 15.

777 *Geserich,* DStR 2012, 1490 (1494).

778 *Haupt, DStR 2011, 2443*; FG Rheinland-Pfalz vom 20.9.2013 3 K 1443/12, EFG 2014, 279.

779 *Haupt,* DStR 2011, 2443.

nicht geeignet sei, der ungerechtfertigten Inanspruchnahme von Steuervorteilen entgegenzuwirken.[780] Dieses Argument kann somit auch nicht zur Rechtfertigung des qualifizierten Nachweises herangezogen werden.

Die Gesetzesänderung hinsichtlich des formalisierten Nachweisverlangens ist somit dazu geeignet, das subjektive Nettoprinzip zu verletzen.

cc) Verallgemeinerbare Grundsätze

Der BFH stellt bei der Zwangsläufigkeit aus tatsächlichen Gründen nicht nur auf die Aufwendung, sondern vor allem auf das Ereignis, das die Aufwendung auslöste, ab. So ist bei einer Unterbringung in einem Pflegeheim entscheidend, ob der Umzug und nicht das Tätigen der Aufwendung auf einer freien Entschließung des Steuerpflichtigen beruht.[781] Gleiches gilt beispielsweise für behinderungsbedingte Umbaumaßnahmen.[782]

Indem der BFH in seinem Urteil zu der Krebsabwehrtherapie die Anerkennung der Aufwendung nicht davon abhängig macht, dass sie medizinisch indiziert ist und damit der Heilung nach anerkannten Methoden dient, weicht er von dem sonst gültigen Beurteilungsmaßstab im Rahmen des § 33 EStG ab. Die Frage, ob die Aufwendung für den Steuerpflichtigen zwangsläufig ist, ist anhand von objektiven Umständen zu beurteilen.[783] Indem der BFH nun aber ausführt, dass für den Steuerpflichtigen eine *„notstandsähnliche Situation"* vorliege und die Ausweglosigkeit seiner Lebenssituation den *„Griff nach jedem Strohhalm"* gebiete, stellt er auf die subjektive Eignung der Maßnahme für den Steuerpflichtigen ab.[784] Die Rechtsprechung wendet somit nicht stets objektive Kriterien an. Sie konkretisiert den Tatbestand des § 33 EStG nicht dahin gehend, dass objektiv tatsächliche Gründe vorliegen müssen, die zur Zwangsläufigkeit der Aufwendung aus tatsächlichen Gründen führt. Die neu aufgestellten Grundsätze sind darüber hinaus denkbar unbestimmt und führen zu erheblicher Rechtsunsicherheit.[785]

---

780 BFH vom 11.11.2010 VI R 17/09, DStR 2011, 115; BFH vom 5.10.2011 VI R 49/10, BFH/NV 2012, 33.

781 BFH vom 15.4.2010 VI R 51/09, BFHE 229, 206.

782 BFH vom 24.2.2011 VI R 16/10, BFHE 232, 518.

783 BFH vom 29.3.2012 VI R 21/11, BFHE 237,93; BFH vom 24.2.2011 VI R 16/10, BFHE 232, 518; BFH vom 18.3.2004 III R 31/02, BFHE 205, 274; BFH vom 24.1.2002 III R 5/01, HFR 2002, 623; BFH vom 10.10.1996 III R 209/94, BFHE 182, 333; BFH vom 22.6.1979 VI R 43/76, BFHE 128, 230.

784 So auch: *Haupt*, DStR 2011, 204 (205).

785 *Paus*, DStZ 2011, 150 (152).

Darüber hinaus ist fraglich, wie diese neu aufgestellten Grundsätze nunmehr mit dem formalen Nachweisverlangen des § 33 Abs. 4 iVm. § 64 EStDV in Einklang zu bringen sind. Gemäß dieser Verordnung muss in bestimmten Fällen zuvor ein amtsärztliches Gutachten oder eine ärztliche Bescheinigung eines medizinischen Dienstes der Krankenversicherung eingeholt werden. Ein solcher formeller Nachweis gem. § 64 Abs. 1 Nr. 2 lit. f) EStDV muss insbesondere auch bei wissenschaftlich nicht anerkannten Behandlungsmethoden erbracht werden. Wissenschaftlich nicht anerkannt, sind Methoden im Sinne des § 64 Abs. 1 Nr. 2 lit. f), wenn Qualität und Wirksamkeit nicht dem allgemein anerkannten Stand der medizinischen Erkenntnisse entsprechen. Dabei obliegt dem FG als Tatsacheninstanz die Feststellung, ob eine Behandlungsmethode wissenschaftlich nicht anerkannt ist.[786] Wissenschaftlich anerkannt ist eine Behandlungsmethode, wenn Qualität und Wirksamkeit dem allgemeinen Stand der medizinischen Erkenntnis entsprechen.[787] Bei der streitgegenständlichen immunbiologischen Krebsabwehrtherapie handelt es sich um eine Behandlungsmethode, die wissenschaftlich nicht anerkannt ist, da sie von einem Großteil der wissenschaftlichen Fachgesellschaften abgelehnt wird.[788] Ließ der BFH in seiner Entscheidung noch ausdrücklich dahin stehen, ob auch in Fällen, in denen nur noch eine begrenzte Lebenserwartung vorhanden ist, der Nachweis der medizinischen Indikation durch ein amts- oder vertrauensärztliches Gutachten unerlässlich ist, ist dies aufgrund der neuen gesetzlichen Regelung in § 33 Abs. 4 iVm. § 64 Abs. 1 Nr. 2 lit. f) EStDV nunmehr zwingend vorgeschrieben. Aus dem amts- oder vertrauensärztlichen Gutachten muss sich die medizinische Notwendigkeit der Maßnahme ergeben.[789] Ein amtsärztliches Gutachten dürfte vor diesem Hintergrund wohl nicht die medizinische Notwendigkeit bescheinigen, da es der Therapie objektiv an der Eignung zur Heilung mangelt. Ein Abzug als außergewöhnliche Belastung scheidet demnach in Fällen, wie dem dargestellten, aufgrund des formalisierten Nachweisverlangens aus.[790] Die Rechtsprechung des BFH zu dieser Fallgruppe dürfte somit mittlerweile überholt sein.

---

786 BFH vom 26.6.2014 VI R 51/13, juris.

787 BFH vom 26.6.2014 VI R 51/13, juris; *Geserich,* NWB 2014, 3396.

788 BFH vom 2.9.2010 VI R 11/09, NJW 2011, 702; FG Niedersachsen vom 8.1.2009 11 K 490/07, EFG 2009, 752.

789 BFH vom 15.11.2007 III B 205/06, BFH/NV 2008, 368.

790 So auch: *Haupt,* DStR 2011, 2443.

3. Sittliche Gründe

a) Rechtsprechung des III. Senats

Sittliche Gründe führen nur dann zur Zwangsläufigkeit der Aufwendung, wenn nach dem Urteil der Mehrzahl billig und gerecht denkender Menschen ein Steuerpflichtiger sich zu einem solchen Verhalten verpflichtet sehen kann.[791] Sittlich zu billigende oder besonders anerkennenswerte Gründe allein reichen nicht aus.[792] Insbesondere sei es nicht ausreichend, dass die Leistung menschlich verständlich sei.[793] Vielmehr müsse ein Unterlassen der Leistung von den Mitbürgern als unsittlich und unanständig angesehen werden und ähnlich einer Rechtspflicht von außen auf den Steuerpflichtigen einwirken.[794] Darüber hinaus bedarf der offene Tatbestand des § 33 EStG neben dieser abstrakten Definition nach Auffassung der Rechtsprechung einer Konkretisierung.[795] Hierzu hat die Rechtsprechung Fallgruppen von Verpflichtungsgründen gebildet.[796] Sittliche Gründe können daher beispielsweise bei Unterhaltszahlungen an nahe Angehörige oder der Übernahme von Strafverteidigungskosten von Jugendlichen zur Zwangsläufigkeit der Aufwendung führen.[797] Hingegen sind bei volljährigen Kindern, deren Straftaten nicht mehr nach dem Jugendstrafrecht geahndet werden, die Aufwendung nicht aus sittlichen Gründen zwangsläufig.[798] Auch Unterhaltszahlungen an den Partner einer nichtehelichen Lebensgemeinschaft können ausnahmsweise aus sittlichen Gründen zwangsläufig sein, wenn der Steuerpflichtige für die Bedürftigkeit des Partners verantwortlich ist und diese durch die nichteheliche Gemeinschaft bedingt ist.[799] Ebenfalls können Beerdigungskosten naher Angehöriger des Erben aus sittlichen Gründen zwangsläufig sein.[800] Dabei sei stets der Einzelfall umfassend zu würdigen.[801] Ob sich der Steuerpflichtige den Aufwendungen, wie beispielsweise Unterhaltsaufwendungen,

---

791 BFH vom 30.10.2003 III R 23/02, DStR 2004, 217.
792 BFH vom 24.1.2002 III R 5/01, HFR 2002, 623.
793 BFH vom 24.1.2002 III R 5/01, HFR 2002, 623.
794 BFH vom 30.10.2003 III R 23/02, DStR 2004, 217; BFH vom 24.1.2002 III R 5/01, HFR 2002, 623.
795 BFH vom 21.1.2005 III B 85/04, BFH/NV 2005, 1048.
796 BFH vom 21.1.2005 III B 85/04, BFH/NV 2005, 1048.
797 BFH vom 23.5.1990 III R 145/85, BFHE 161, 73.
798 BFH vom 30.10.2003 III R 23/02, DStR 2004, 217.
799 BFH vom 15.2.2001 III R 3/99, FR 2001, 969, mwN; BFH vom 7.10.1999 III R 3/97, HFR 2000, 356.
800 Grundlegend: BFH vom 24.7.1987 III R 208/82, BFHE 150, 351.
801 BFH vom 29.7.2004 III B 155/03, BFH/NV 2004, 1646.

nicht entziehen könne, sei unter Hinweis auf § 33a Abs. 1 Satz 6 EStG nach inländischen Maßstäben zu beurteilen.[802] Diese dargestellten Konkretisierungen der sittlichen Gründe entsprechen einer jahrzehntelangen Rechtsprechung.[803]

b) Rechtsprechung des VI. Senats

Ein die Zwangsläufigkeit begründendes sittliches Gebot sei nur dann anzunehmen, wenn nach dem Urteil der Mehrzahl billig und gerecht denkender Mitbürger ein Steuerpflichtiger sich zu seiner Handlung verpflichtet sehen kann.[804] Dem entschiedenen Fall lag ein Umzug eines gesunden Steuerpflichtigen in das Pflegeheim zu seinem erkrankten Ehegatten zugrunde. Nicht ausreichend sei insbesondere, dass nur der Steuerpflichtige selbst die Zuwiderhandlung als unsittlich und unanständig empfindet. Das Unterlassen der Handlung müsse als moralisch anstößig empfunden werden.[805]

Die Regelung des § 33a Abs. 1 Satz 6 letzter Hs. EStG, wonach inländische Maßstäbe anzuwenden seien, sei nicht auf § 33 EStG zu übertragen, da § 33a EStG gegenüber der allgemeinen Regelung des § 33 EStG eine Sondervorschrift darstelle.[806] Ob der BFH nunmehr, entgegen der Rechtsprechung des III. Senats, im Einzelfall ausländische Maßstäbe anwendet, oder aber weiterhin mit einer anderen Begründung inländische Maßstäbe zugrunde legt, bleibt offen. Des Weiteren sei es nicht ausreichend, dass sich der Steuerpflichtige subjektiv verpflichtet fühle. Die sittliche Verpflichtung müsse einer Rechtspflicht gleichkommen.[807] Die sittlichen Motive müssten die Einkommensverwendung derart determinieren, dass diese als nicht mehr disponibel erscheine.[808]

---

802 BFH vom 15.12.2000 III B 86/00, BFH/NV 2001, 636; BFH vom 11.11.1988 III R 262/83, HFR 1989, 195; So auch: FG Baden-Württemberg vom 12.2.1998 6 K 217/97, DStRE 1998, 589; FG München vom 23.1.1997 6 K 75/96, juris.

803 BFH vom 21.1.2005 III B 85/04, BFH/NV 2005, 1048, mwN.

804 BFH vom 15.4.2010 VI R 51/09, DStRE 2010, 865.

805 BFH vom 15.4.2010 VI R 51/09, DStRE 2010, 865.

806 Gegen die Übertragung von Sonderbestimmungen des § 33a EStG auf § 33 EStG: BFH vom 11.2.2010 VI R 61/08, BFH/NV 2010, 1326.

807 BFH vom 15.4.2010 VI R 51/09, DStRE 2010, 865; So auch die ständige Rechtsprechung des III. Senats: BFH vom 30.10.2003 III R 23/02, BFHE 204, 113; BFH vom 12.12.2002 III R 25/01, BFHE 201, 188; BFH vom 27.2.1987 III R 209/81, BFHE 149, 240.

808 BFH vom 5.3.2009 VI R 60/07, BFH/NV 2009, 1111.

c) *Analyse sittliche Gründe*

aa) *Rechtsprechungsänderungen*

Der VI. Senat führt die Rechtsprechung des III. Senats zu den sittlichen Gründen weitestgehend konsequent fort. Dies belegt vor allem ein Urteil vom 15.4.2010, in dem der VI. Senat auf zahlreiche Urteile des III. Senats verweist und damit dieselben Voraussetzungen für die Zwangsläufigkeit aus sittlichen Gründen anwendet, wie der zuvor zuständige III. Senat.[809] Unausweichlich und damit zwangsläufig muss nicht nur die Aufwendung, sondern auch das ihr zugrunde liegende Ereignis sein. So heißt es in der Entscheidung: *„Nach Auffassung des erkennenden Senats erwartet die Gesellschaft nicht unausweichlich, dass ein „gesunder" Ehegatte den bisher gemeinsam geführten Hausstand aufgibt und seinen kranken bzw. pflegebedürftigen Ehepartner in ein Alters- oder Pflegeheim begleitet."*[810] Entscheidend ist also für die Frage der Zwangsläufigkeit, ob auch das die Aufwendung auslösende Ereignis – hier der Umzug in das Pflegeheim – zwangsläufig war.

Eine Änderung gibt es jedoch hinsichtlich des Maßstabs – inländischer oder ausländischer Maßstab – für die Beurteilung der Zwangsläufigkeit. Die Rechtsprechung des III. Senats übertrug die Regelung des § 33a Abs. 1 Satz 6 EStG (§ 33a Abs. 1 Satz 4 aF EStG) auf den § 33 EStG. Hiermit wurde begründet, dass inländische Maßstäbe bei der Beurteilung der Zwangsläufigkeit zugrunde zu legen sind. Der VI. Senat des BFH erteilte jedoch der Anwendung von Sonderbestimmungen des § 33a EStG auf § 33 EStG eine Absage.[811] Der § 33a EStG ist lex specialis zur Generalklausel des § 33 EStG.[812] In der Rechtsfolge bedeutet dies, dass die Sonderbestimmungen nicht auf die Generalklausel des § 33 EStG übertragen werden dürfen.[813] Hierfür spricht auch, dass § 33a Abs. 4 EStG klarstellt, dass den Vorschriften des § 33a Abs. 1 und 2 EStG abschließender Charakter gegenüber § 33 EStG zukommt.[814] Der VI. Senat überträgt daher zu Recht die Regelungen des § 33a EStG nicht auf § 33 EStG.

---

809 BFH vom 15.4.2010 VI R 51/09, DStRE 2010, 865.

810 BFH vom 15.4.2010 VI R 51/09, DStRE 2010, 865.

811 BFH vom 11.2.2010 VI R 61/08, BFHE 228, 350.

812 *Pfirrmann,* in: H/H/R, EStG, § 33a, Rz. 10, 152 (Feb. 2016); *Heger,* in: Blümich, EStG, § 33a Rz. 60 (Aug. 2015); *Endert,* in: Frotscher/Geurts, § 33 EStG, Rz. 10 (Feb. 2016); *Hufeld,* in: K/S/M, EStG, § 33a Rz. E 1 (Sept. 2014).

813 *Pfirrmann,* in: H/H/R, EStG, § 33a, Rz. 10, 152 (Jan. 2012); *Arndt,* in: K/S/M, EStG, § 33 Rz. A 15, C 7 (Jan. 2001).

814 *Heger,* in: Blümich, EStG, § 33a Rz. 60, 421 (Aug. 2015).

Für die Frage des anzuwendenden Maßstabs bei § 33 EStG könnte dies bedeuten, dass für einen Ausländer auch ausländische Maßstäbe bei der Beurteilung der Zwangsläufigkeit aus sittlichen Gründen anzuwenden sein könnten. Dies wäre dann der Fall, wenn diese sittliche Verpflichtung derart von außen auf ihn einwirkt, dass sie für ihn einer Rechtspflicht gleichsteht. Sie muss also bei Nichtbeachtung mit Sanktionen verbunden sein.[815]

bb) Verhältnis der Rechtsprechung zum subjektiven Nettoprinzip

Es gibt bisher kaum Urteile des VI. Senats, in denen er sich mit der Zwangsläufigkeit aus sittlichen Gründen auseinandersetzt. In dem entschiedenen Fall entspricht die Rechtsprechung im Ergebnis dem subjektiven Nettoprinzip.[816] Die Rechtsprechung bezieht sich zwar nicht ausdrücklich auf die Regelung im Sozialhilferecht, aber ihr Ergebnis entspricht den korrespondierenden Regelungen im Sozialhilferecht. So wird die Anerkennung der Aufwendungen für die Unterbringung des gesunden Ehegatten im Pflegeheim versagt. Im Sozialhilferecht besteht gem. § 61 SGB XII ebenfalls nur ein Leistungsanspruch für den Pflegebedürftigen. Es existiert – soweit ersichtlich – im Sozialhilferecht kein Leistungstatbestand, der die Kosten für die Unterbringung des nicht erkrankten Ehegatten übernehmen würde.

Die Entscheidungen des III. Senats hinsichtlich der Unterhaltszahlungen, der Übernahme von Strafprozesskosten der Kinder des Steuerpflichtigen und der Übernahme von Beerdigungskosten stehen auch im Einklang mit dem subjektiven Nettoprinzip.[817]

Beerdigungskosten werden gem. § 74 SGB XII sozialhilferechtlich gewährleistet, sodass hier korrespondierend im Steuerrecht Beerdigungskosten anzuerkennen sind, um das subjektive Nettoprinzip zu wahren. Bei der Übernahme von Unterhaltsverpflichtungen und als Sonderfall die Übernahme von Strafprozesskosten der Kinder des Steuerpflichtigen, ist hingegen nicht auf sozialhilferechtliche Leistungstatbestände, sondern auf grundgesetzliche Wertungen zurückzugreifen. Bei Unterhaltsleistungen sind die sozialhilferechtlichen Leistungstatbestände ungeeignet, das steuerlich zu verschonende Existenzminimum zu bestimmen.[818] Vielmehr ist hier auf die grundgesetzlichen Wertungen

---

815 *Kanzler*, in: H/H/R, EStG, § 33 Rz. 178 (Feb. 2016).

816 BFH vom 15.4.2010 VI R 51/09, DStRE 2010, 865.

817 BFH vom 30.10.2003 III R 23/02, DStR 2004, 217; BFH vom 23.5.1990 III R 145/85, BFHE 161, 73; BFH vom 24.7.1987 III R 208/82, BFHE 150, 351.

818 S. D.V.1.a)cc)(2).

der Art. 3 und 6 GG abzustellen. Die sittliche Unterhaltsverpflichtung müsse hiernach einer rechtlichen Unterhaltspflicht (§§ 1602, 1603, 1610 BGB) gleichstehen, um eine Gleichbehandlung rechtlicher und sittlicher Gründe zu erreichen.[819] Dies führt dazu, dass auch bei den sittlichen Gründen entscheidend ist, ob der Leistungsempfänger aufgrund der Lebensumstände als bedürftig anzusehen ist und der Leistungserbringer leistungsfähig ist. Unter Berücksichtigung dieser Grundsätze versagte die Rechtsprechung zu Recht die kreditfinanzierte Übernahme von Strafprozesskosten des volljährigen Sohnes, der über eigenes Einkommen verfügte und bereits einen eigenen Hausstand begründet hatte. Aufgrund der Regelung des § 33 Abs. 2 Satz 4 EStG sind die durch die Eltern übernommenen Strafprozesskosten ab dem Veranlagungszeitraum 2013 nicht mehr zwangsläufig. Die Eltern laufen nicht Gefahr, ohne die Aufwendung ihre Existenzgrundlage zu verlieren und ihre lebensnotwendigen Bedürfnisse nicht mehr im üblichen Rahmen befriedigen zu können.[820]

Unter Berücksichtigung des subjektiven Nettoprinzips, ist die Rechtsprechung zur Zwangsläufigkeit aus sittlichen Gründen in der Fallgruppe von Unterhaltsleistungen in nichtehelichen Lebensgemeinschaften zu extensiv. Dies gilt insbesondere für den Grundsatz, dass eine sittliche Verpflichtung vorliegen kann, wenn ein Verhalten des Steuerpflichtigen oder ein in seiner Person begründeter Umstand alleiniger oder zusätzlicher Anlass für die Bedürftigkeit des Lebenspartners war.[821] Hiergegen sprechen insbesondere grundgesetzliche Wertungen. Der Art. 6 GG spricht gegen die Anerkennung der Aufwendung. Hierdurch wird nur die Lebensgemeinschaft der Ehe besonders geschützt, nicht jedoch die nichteheliche Lebensgemeinschaft. So hat die Rechtsprechung zu Recht entschieden, dass nur im Falle der Verlobung und einer alsbald folgenden Eheschließung eine Vorwirkung des Art. 6 GG greife und Aufwendungen anerkannt werden können.[822]

cc) Verallgemeinerbare Grundsätze

Der Rechtsprechung zu den sittlichen Gründen lässt sich der allgemeine Grundsatz entnehmen, dass nicht nur die Aufwendung, sondern auch das ihr zugrunde liegende Ereignis zwangsläufig sein muss. Entscheidend für die Frage der Zwangsläufigkeit ist nach Auffassung der Rechtsprechung stets, ob der

819 BFH vom 30.10.2003 III R 23/02, BFHE 204, 113.

820 *Gehm*, EStB 2015, 30.

821 BFH vom 15.2.2001 III R 3/99, BFH/NV 2001, 1233.

822 BFH vom 7.10.1999 III R 3/97, HFR 2000, 355.

Steuerpflichtige zu dem Verhalten – beispielsweise dem Umzug ins Pflegeheim – welches die Aufwendung auslöste, verpflichtet war.[823] Der BFH stellt somit auf das der Aufwendung zugrunde liegende Ereignis ab. Des Weiteren gilt der allgemeine Grundsatz, dass die Frage der Zwangsläufigkeit anhand von objektiven Kriterien ermittelt werden muss. Es ist für eine Anerkennung der Aufwendung nicht ausreichend, dass eine Zwangsläufigkeit aus subjektiven sittlichen Gründen vorliegt.[824]

Aufgrund der unklaren Rechtsprechung zu der Frage, ob ein inländischer oder ausländischer Maßstab gilt, ist die Rechtsprechung nicht verallgemeinerbar.[825] Es existiert nur eine Entscheidung des VI. Senats, die der bisherigen Begründung des III. Senats entgegensteht, da nach seiner Auffassung die Regelungen des § 33a EStG nicht auf § 33 EStG übertragen werden können. Zu der Rechtsfrage selbst, hat sich der VI. Senat bisher nicht geäußert. Es liegt daher keine gefestigte Rechtsprechung vor, der allgemeine Grundsätze entnommen werden können. Die hierzu ergangene, spärliche finanzgerichtliche Rechtsprechung ist ebenfalls wenig aussagekräftig und kann daher nicht zur Konkretisierung des Tatbestands beitragen. Nach Auffassung des FG Baden-Württemberg, des FG Münster, des FG Niedersachsen, des FG Saarland, des FG Hamburg und des FG München ist die Zwangsläufigkeit aus rechtlichen, tatsächlichen oder sittlichen Gründen anhand von inländischen Maßstäben zu prüfen.[826] Dies wird hauptsächlich mit der gesetzlichen Regelung in § 33a Abs. 1 Satz 6 EStG begründet. Diese gesetzliche Wertung ist jedoch nach der neueren Rechtsprechung des BFH gerade nicht auf § 33 EStG übertragbar.[827]

---

823 BFH vom 15.4.2010 VI R 51/09, DStRE 2010, 865; BFH vom 5.3.2009 VI R 60/07, BFH/NV 2009, 1111; BFH vom 30.10.2003 III R 23/02, BFHE 204, 113.

824 S. D.V.3.a) und D.V.3.b).

825 S. D.V.3.c)aa).

826 FG Baden-Württemberg vom 12.2.1998 6 K 217/97, DStRE 1998, 589; FG Münster vom 7.12.1994 13 K 3510/92 E, EFG 1995, 529; So wohl auch: FG Niedersachsen vom 1.10.1997 VII 301/97, juris; FG München vom 23.1.1997 6 K 75/96, juris; FG Saarland vom 14.10.1993 1 K 234/92, EFG 1994, 250; FG Hamburg vom 16.3.1982 VI 46/79, EFG 1982, 522.

827 Siehe zum Verhältnis des § 33a zu § 33 EStG: BFH vom 11.2.2010 VI R 61/08, BFHE 228, 350.

VI. Zwangsläufigkeit der Höhe nach

1. Rechtsprechung des III. Senats

Nach der Rechtsprechung des III. Senats müssen die Aufwendungen den Umständen nach notwendig sein und dürfen einen angemessenen Betrag nicht übersteigen.[828] Die Notwendigkeit der Aufwendung ist anhand von objektiven Kriterien zu beurteilen.[829] Die der Höhe nach angemessenen Kosten bestimmen sich ebenfalls nach objektiven Merkmalen unter Berücksichtigung der Verkehrsauffassung.[830] Kosten für Rechtsanwälte seien daher nur innerhalb der gesetzlichen Gebühren angemessen.[831] Überflüssige und nicht zwingend erforderliche Wiederherstellungsmaßnahmen sind nach den allgemein zu beachtenden Grundsätzen der Notwendigkeit und Angemessenheit nicht zu berücksichtigen.[832] Besonders die Fahrkosten von gehbehinderten Steuerpflichtigen beschäftigten die Rechtsprechung hinsichtlich der Notwendigkeit und Angemessenheit der Aufwendung.[833] Fahrten eines Gehbehinderten, die zur Heilung oder Linderung einer Krankheit vorgenommen werden, seien nur in Höhe der Kosten öffentlicher Verkehrsmittel notwendig im Sinne von § 33 Abs. 2 Satz 1 EStG.[834] Bei Gehbehinderten sind beispielsweise KFZ-Kosten bis zu 15.000 km in Höhe der Kilometerpauschbeträge, die für die Werbungskosten festgelegt sind, noch angemessen.[835] Die Rechtsprechung ließ zunächst, unter Berücksichtigung besonderer Umstände, ausnahmsweise über die pauschale Abgeltung hinaus, die Berücksichtigung der Kosten in tatsächlicher Höhe zu.[836] An dieser Ausnahme hielt sie später nicht mehr fest.[837]

Der BFH stellte im Jahre 1964 zunächst fest, dass auch Krankheitskosten mit Rücksicht auf die steuerliche Gleichmäßigkeit und soziale Gerechtigkeit

---

828 BFH vom 21.2.2008 III R 105/06, BFH/NV 2008, 1141.

829 BFH vom 10.12.2004 III B 56/04, juris; BFH vom 23.5.2002 III R 52/99, BFHE 199, 287.

830 BFH vom 23.5.1990 III R 145/85, BFHE 161, 73.

831 BFH vom 23.5.1990 III R 145/85, BFHE 161, 73.

832 BFH vom 6.5.1994 III R 27/92, HFR 1995, 68.

833 BFH vom 21.2.2008 III R 105/06, BFH/NV 2008, 1141; BFH vom 21.12.2007 III B 154/06, BFH/NV 2008, 780; BFH vom 21.5.2004 III B 171/03, BFH/NV 2004, 1404; BFH vom 19.5.2004 III R 16/02, DStRE 2004, 1340; BFH vom 18.12.2003 III R 31/03, BFHE 205, 74; BFH vom 13.12.2001 III R 40/99, DStRE 2002, 432; BFH vom 21.9.1999 III B 50/99, BFH/NV 2000, 425.

834 BFH vom 19.5.2004 III R 16/02, DStRE 2004, 1340.

835 BFH vom 19.5.2004 III R 16/02, DStRE 2004, 1340.

836 BFH vom 3.12.1998 III R 5/98, DStRE 1999, 222.

837 BFH vom 19.5.2004 III R 16/02, DStRE 2004, 1340.

nur insoweit berücksichtigt werden könnten, wie sie aufgrund der steuerlichen Leistungsfähigkeit als angemessen und notwendig angesehen werden können.[838] Diese äußerst unbestimmte Formel wurde im Jahre 1981 näher konkretisiert. Der BFH führte aus, dass zwar bei Krankheitskosten kein strenger Maßstab gelte, aber bei einem offensichtlichen Missverhältnis zwischen dem erforderlichen und dem tatsächlichen Aufwand, eine Anerkennung insoweit zu versagen sei.[839] Der III. Senat entschied im Anschluss hieran, dass bei Krankheitskosten für die eigentliche Heilbehandlung, wie auch bei dem Tatbestandsmerkmal der Zwangsläufigkeit dem Grunde nach, eine Prüfung der Zwangsläufigkeit der Höhe nach zu unterbleiben habe.[840] Die Zwangsläufigkeit der Höhe nach ist somit für Krankheitskosten keine Tatbestandsvoraussetzung. Nach der Auffassung der Rechtsprechung ist dies geboten, um ein unzumutbares Eindringen in die Privatsphäre zu vermeiden.[841] Dies gelte jedoch nur für Aufwendungen, die unmittelbar der Heilbehandlung dienen.[842] Für Aufwendungen aufgrund von wissenschaftlich umstrittenen Methoden entwickelte die Rechtsprechung den Grundsatz, dass die medizinische Indikation durch ein vor der Behandlung ausgestelltes amtsärztliches Attest nachgewiesen werden muss.[843]

Bei Bestattungskosten gewährt die Rechtsprechung, hinsichtlich der Notwendigkeit und Angemessenheit, dem Steuerpflichtigen einen größeren Spielraum als in sonstigen Fällen.[844] Dies wird damit begründet, dass die Gestaltung des Begräbnisses zu den höchstpersönlichen Angelegenheiten des Kostenträgers zähle.[845] Einschränkungen in der Einzelfallgerechtigkeit seien, im Interesse der mit der Typisierung verfolgten Praktikabilität der Normanwendung, hinzunehmen.[846] Die Anwendung der typisierenden Regelung stelle insbesondere die Gleichmäßigkeit der Besteuerung sicher.[847] Gleichwohl seien nur Aufwendungen, die unmittelbar mit der Bestattung zusammenhängen notwendig und

838 BFH vom 3.12.1964 IV 47/62 U, BFHE 81, 251.
839 BFH vom 17.7.1981 VI R 77/78, BFHE 133, 545.
840 BFH vom 1.2.2001 III R 22/00, DStR 2001, 1114.
841 BFH vom 1.2.2001 III R 22/00, DStR 2001, 1114.
842 BFH vom 20.11.1987 III R 296/84, BFHE 151, 443.
843 BFH vom 1.10.2001 III R 22/00, DStR 2001, 1114; BFH vom 17.7.1981 VI R 77/78, BFHE 133, 545.
844 BFH vom 17.9.1987 III R 242/83, BFHE 151, 380.
845 BFH vom 17.9.1987 III R 242/83, BFHE 151, 380.
846 BFH vom 18.12.2003 III R 31/03, DStRE 2004, 509; BFH vom 26.3.1997 III R 71/96, DStRE 1997, 636.
847 BFH vom 13.12.2001 III R 40/99, DStRE 2002, 432.

angemessen, sodass Aufwendungen für Traueressen, Trauerkleidung und ein Grabmal nicht als außergewöhnliche Belastung anerkannt werden.[848]

2. Rechtsprechung des VI. Senats

In den meisten Urteilen des VI. Senats spielen die Tatbestandsvoraussetzungen der Angemessenheit und Notwendigkeit keine Rolle.[849] Sie werden nicht geprüft und führen somit nur in seltenen Fällen dazu, dass die Aufwendung teilweise nicht als außergewöhnliche Belastung anerkannt wird. Dies belegt, dass dieses Tatbestandsmerkmal nicht besonders streitanfällig und nur von untergeordneter praktischer Relevanz ist.[850] In seinen Entscheidungen differenziert der BFH zu meist nicht zwischen den beiden Begriffen der Notwendigkeit und Angemessenheit.[851] Vielmehr verwendet er beide Begriffe nebeneinander, um zu prüfen, ob die Aufwendung der Höhe nach zwangsläufig ist. So heißt es exemplarisch in einer Entscheidung: „*Um jedoch nur die den Umständen nach notwendigen und angemessenen Aufwendungen als außergewöhnliche Belastungen zum Abzug zuzulassen, ist die Unzumutbarkeit anhand objektiver Kriterien zu bestimmen.*"[852]

In einigen Entscheidungen konkretisierte der VI. Senat die Voraussetzungen der Notwendigkeit und Angemessenheit näher. Hinsichtlich der Fahrtkosten behinderter Menschen knüpft der VI. Senat nahtlos an die Rechtsprechung des III. Senats an. Angemessen sind nur Aufwendungen für Fahrten bis zu 15.000 km im Jahr und in Höhe des Kilometerpauschbetrags, der in Einkommensteuer-Richtlinien und Lohnsteuer-Richtlinien für den Abzug von KFZ-Kosten als Werbungskosten oder Betriebsausgaben festgelegt ist.[853] Des Weiteren konkretisierte er die Voraussetzungen im Falle von Wertsteigerungen bei Sanierungsmaßnahmen. Die Rechtsprechung hat die Tatbestandsvoraussetzung der Angemessenheit und Notwendigkeit dahin gehend konkretisiert, dass keine wertsteigernden

---

848 BFH vom 17.6.1994 III R 42/93, BFHE 174, 547.

849 Aus den jüngeren Jahren: BFH vom 26.2.2014 VI R 27/13, DStRE 2014, 851; BFH vom 6.2.2014 VI R 61/12, BFHE 244, 395; BFH vom 29.3.2012 VI R 47/10, BFHE 237,85; BFH vom 5.10.2011 VI R 49/10, BFH/NV 2012, 33; BFH vom 30.6.2011 VI R 14/10, BFHE 234, 191; BFH vom 14.4.2011 VI R 8/10, BFHE 233, 241; BFH vom 24.2.2011 VI R 16/10, BFHE 232, 518; BFH vom 16.12.2010 VI R 43/10, BFHE 232, 179; BFH vom 9.12.2010 VI R 14/09, BFHE 232, 343; BFH vom 13.10.2010 VI R 38/09, BFHE 231, 158; BFH vom 2.9.2010 VI R 11/09, BFHE 231, 69.

850 *Kanzler,* in: H/H/R, EStG, § 33 Rz. 194 (Feb. 2016).

851 So auch: *Kanzler,* in: H/H/R, EStG, § 33 Rz. 194 (Feb. 2016).

852 BFH vom 29.3.2012 VI R 21/11, BFHE 237, 93.

853 BFH vom 26.10.2010 VI B 52/10, BFH/NV 2011, 253.

Aufwendungen als außergewöhnliche Belastung anerkannt werden.[854] Die Angemessenheit und Notwendigkeit sei, anhand von objektiven Kriterien zu beurteilen.[855] Der VI. Senat verzichtet ebenfalls auf die Prüfung der Zwangsläufigkeit der Höhe nach bei krankheitsbedingten Aufwendungen.[856] Jedoch gibt es hier eine Höchstgrenze: Der Höhe nach werden krankheitsbedingte Aufwendungen nur anerkannt, soweit kein offensichtliches Missverhältnis zwischen dem tatsächlichen Aufwand im Vergleich zum medizinisch indizierten (erforderlichen) Aufwand besteht.[857] Abziehbar seien nur die üblichen Kosten.[858]

3. Analyse Zwangsläufigkeit der Höhe nach

a) Rechtsprechungsänderungen

Unterschiede zwischen der Rechtsprechung des III. und des VI. Senats sind nicht ersichtlich. Beide Senate verwenden die Begriffe der Notwendigkeit und der Angemessenheit, um die Zwangsläufigkeit der Höhe nach zu prüfen. Dies führt dazu, dass der VI. Senat, beispielsweise in den Fallgruppen der Besuchsfahrten und der Krankheitskosten, unter Zitierung der Rechtsprechung des III. Senats zu denselben Ergebnissen gelangt.[859] Sofern die Tatbestandsvoraussetzung der Zwangsläufigkeit der Höhe nach entscheidungserheblich ist, wird geprüft, ob und inwieweit die Aufwendung notwendig und angemessen ist.

b) Verhältnis der Rechtsprechung zum subjektiven Nettoprinzip

Die Rechtsprechung des BFH wahrt zum größten Teil das subjektive Nettoprinzip. Jedoch wendet sie in Bezug auf die verschiedenen Fallgruppen unterschiedliche Maßstäbe an. So unterbleibt bei Krankheitskosten eine Prüfung der Zwangsläufigkeit der Höhe nach und nur offensichtlich unangemessene Kosten werden nicht anerkannt. Bei Bestattungskosten wird ein großzügiger Maßstab gewährt als bei den

---

854 Für Sanierungsmaßnahmen: BFH vom 29.3.2012 VI R 21/11, DStR 2012, 1174.

855 BFH vom 29.3.2012 VI R 21/11, BFHE 237, 93.

856 BFH vom 2.9.2010 VI R 11/09, DStRE 2011, 15; So auch bereits: BFH vom 17.7.1981 VI R 77/78, HFR 1981, 518.

857 BFH vom 6.2.2014 VI R 61/12, DStR 2014, 740; BFH vom 14.11.2013 VI R 20/12, DStR 2014, 738; BFH vom 12.5.2011 VI R 37/10, BFHE 234, 25; So auch bereits: BFH vom 17.7.1981 VI R 77/78, BFHE 133, 545.

858 BFH vom 14.11.2013 VI R 20/12, DStR 2014, 738.

859 BFH vom 26.10.2010 VI B 52/10, BFH/NV 2011, 253; BFH vom 26.2.2014 VI R 27/13, BFHE 245, 18.

übrigen Aufwendungen.[860] Die von Fallgruppe zu Fallgruppe unterschiedliche Anwendung des Tatbestandsmerkmals erscheint im Hinblick auf den Sinn und Zweck der Norm – der Besteuerung nach der subjektiven Leistungsfähigkeit – und einer damit verbundenen Belastungsgleichheit der Steuerpflichtigen problematisch. Unter Berücksichtigung von Art. 2 Abs. 2 GG unterbleibt im Kernbereich des Existenzminimums, das Recht auf Leben und körperliche Unversehrtheit, zu Recht eine Prüfung der Angemessenheit.[861] Hierbei ist das Argument der Rechtsprechung, aus praktischen Gründen habe eine Prüfung der Angemessenheit nicht zu erfolgen, kritisch zu beurteilen.[862] Für die Frage, wie eine Tatbestandsvoraussetzung auszulegen ist, spielt die Frage der Praktikabilität keine Rolle, da sich die Auslegung nach dem Wortlaut, der Systematik, der Entstehungsgeschichte und dem Zweck der Norm richtet.[863] Die Auslegung hat nach der juristischen Methodenlehre zu erfolgen und diese kennt keine Auslegung nach der „*Praktikabilität der Vorschrift*". Die Tatsache, dass den Finanzbehörden und Finanzgerichten hierfür die Fachkompetenz fehlt und Sachverständigengutachten erforderlich wären, ist unbeachtlich.[864] Die Gleichmäßigkeit der Besteuerung und die damit verbundene Besteuerung nach der subjektiven Leistungsfähigkeit dürfen nicht hinter der Verwaltungspraktikabilität zurücktreten.[865] Jedoch kann auf die Wiederherstellung der Gesundheit nicht verzichtet werden und die Ermittlung der angemessenen Kosten stellt ein unzumutbares Eindringen in die Privatsphäre dar.[866] Bei einem offensichtlichen Missverhältnis zwischen dem erforderlichen und dem tatsächlichen Aufwand wird richtigerweise die Anerkennung der Aufwendung, soweit sie in einem Missverhältnis steht, versagt.[867] Bei einem offensichtlichen Missverhältnis bedarf es nämlich nicht eines unzumutbaren Eindringens in die Privatsphäre des Steuerpflichtigen und die Gesundheit kann in diesen Fällen mit geringeren Aufwendungen wiederhergestellt werden. Ein offensichtliches Missverhältnis stellt somit jedenfalls die Grenze der Angemessenheit dar. Im Ergebnis beschränkt die Rechtsprechung somit zu Recht die Prüfung auf ein offensichtliches Missverhältnis.

---

860 S. D.VI.1.

861 So auch bereits: *Lang*, Die Bemessungsgrundlage der Einkommensteuer, Seite 595 f.

862 So aber: *Lang*, Die Bemessungsgrundlage der Einkommensteuer, Seite 595 f.

863 *Rüthers/Fischer/Birk*, Rechtstheorie, Rz. 702.

864 So aber: BFH vom 17.7.1981 VI R 77/78, FR 1981, 545.

865 FG Düsseldorf vom 9.10.2013 15 K 1102/13 E, EFG 2014, 640.

866 S. D.VI.1.

867 BFH vom 17.7.1981 VI R 77/78, FR 1981, 545; *Lang*, Die Bemessungsgrundlage der Einkommensteuer, Seite 597.

Die Gewährung des *„größeren Spielraums"* durch die Rechtsprechung, bei Beerdigungskosten, ist ebenfalls einer kritischen Betrachtung zu unterziehen. Die Folge dieser Rechtsprechung ist, dass im Rahmen der Angemessenheit mit zweierlei Maß gemessen wird. Unter Berücksichtigung des subjektiven Nettoprinzips stellt dies einen Verstoß gegen das Gebot der Besteuerung nach der subjektiven Leistungsfähigkeit dar. Entscheidend ist, dass das Existenzminimum im Einzelfall aufgrund von unvermeidbaren Aufwendungen erhöht ist.[868] Wird nun für Fälle, in denen höchstpersönliche Bereiche – Bestattungskosten – betroffen sind ein größerer Spielraum angenommen, so werden Aufwendungen in einem größeren Maße anerkannt, als dies aufgrund des subjektiven Nettoprinzips geboten ist. Aufgrund der Formulierung in den Entscheidungsgründen *„größerer Spielraum"* schafft die Rechtsprechung ein Einfallstor für Billigkeitsentscheidungen. Dies führt zwangsläufig zu Rechtsunsicherheit. Durch eine Orientierung am Sozialhilferecht kann hingegen Rechtsunsicherheit vermieden und die Grundlage für eine systematische Rechtsprechung geschaffen werden. Zur Wahrung des subjektiven Nettoprinzips ist es ausreichend, Bestattungskosten in einem Maße anzuerkennen, wie sie Bedürftigen gem. § 74 SGB XII gewährt werden. Hiernach ist maßgeblich, was für eine würdige, den örtlichen Verhältnissen entsprechende einfache Bestattung aufgewendet werden muss.[869] Es ist de lege lata kein sachlicher Grund vorhanden, im Steuerrecht großzügigere Maßstäbe anzulegen als im Sozialhilferecht.[870] Nicht erforderlich sind aufgrund der im Sozialhilferecht geltenden Grundsätze beispielsweise die Kosten für den Leichenschmaus.[871] Der BFH sieht die Aufwendungen für die kirchlichen und bürgerlichen Leichenfeierlichkeiten, die herkömmlicherweise zur angemessenen Ausgestaltung der eigentlichen Bestattung gehören, als zwangsläufig, notwendig und angemessen an. Verneint wird die Zwangsläufigkeit hingegen für die Aufwendungen eines Traueressens im Anschluss an die eigentliche Bestattung, da insofern nur ein mittelbarer Zusammenhang bestehe.[872] Die Verwaltung hält seit dem Veranlagungszeitraum 2003 Aufwendungen iHv. bis zu € 7.500,-- für angemessen.[873] Die Rechtsprechung des BFH deckt sich insoweit bereits mit den gewährten Leistungen gem. § 74 SGB XII ohne aber hierauf Bezug zu nehmen.

---

868 S. B.IV.1.

869 VG Oldenburg vom 18.2.2002 13 A 430/02, ZfF 2003, 274; VG Berlin vom 3.11.1992 8 A 286.89, NVwZ 1994, 617; *Grube,* in: Grube/Wahrendorf, SGB XII, § 74 Rz. 32.

870 *Paus,* DStZ 2011, 150 (154).

871 *Grube,* in: Grube/Wahrendorf, SGB XII, § 74 Rz. 34.

872 BFH vom 17.9.1987 III R 242/83, BFHE 151, 380.

873 OFD Berlin vom 27.11.2003 St 177 – S 2284 – 1/90, ZEV 2004, 459.

Würde der BFH seine Begründung klar an § 74 SGB XII und der hierzu ergangenen Rechtsprechung des BSG ausrichten, könnte für den Steuerpflichtigen mehr Rechtssicherheit geschaffen werden. Die Eröffnung eines „*größeren Spielraums*" ist nicht notwendig.

c) Verallgemeinerbare Grundsätze

Ein einheitlicher Maßstab hinsichtlich der Notwendigkeit und Angemessenheit von Aufwendungen ist nicht vorhanden. Bei Aufwendungen im höchstpersönlichen Bereich werden Aufwendungen in einem größeren Maße anerkannt als bei sonstigen Aufwendungen.[874] Bei den Krankheitskosten wird völlig auf die Prüfung der Zwangsläufigkeit verzichtet und bei den Bestattungskosten wird ein großzügiger Maßstab angewandt. Es gilt somit nicht der Grundsatz, dass Aufwendungen jedenfalls und nur insoweit anerkannt werden, wie sie korrespondierend sozialhilferechtlich gewährleistet würden. Ein anderer verallgemeinerbarer Grundsatz, der für sämtliche von der Rechtsprechung gebildeten Fallgruppen Geltung erlangt, ist ebenfalls nicht ersichtlich.

VII. Zusammenfassende Bewertung der Rechtsprechung

1. Rechtsprechungsänderungen

Wie die Analyse gezeigt hat, setzt der VI. Senat nur zum Teil die Rechtsprechung des III. Senats konsequent fort und änderte die Rechtsprechung in einigen Entscheidungen. Dabei waren die Rechtsprechungsänderungen nicht auf ein bestimmtes Tatbestandsmerkmal des § 33 EStG beschränkt, sondern sie erstrecken sich auf einige Tatbestandsmerkmale des § 33 EStG. Zusammenfassend lassen sich der Rechtsprechung des VI. Senats folgende Änderungen im Vergleich zu der Rechtsprechung des III. Senats entnehmen:

- Verzicht auf die Anwendung der Gegenwertlehre in einigen Fällen.[875]
- Anderer Maßstab bei der Prüfung des Tatbestandsmerkmals der Belastung in Zusammenhang mit Umbaukosten.[876]

---

874 *Endert,* in: Frotscher/Geurts, EStG, § 33 Rz. 42 (Juli 2014); *Heger,* in: Blümich, EStG, § 33 Rz. 127 (Nov. 2014).

875 BFH vom 22.10.2009 VI R 7/09, DStR 2010, 47; BFH vom 29.3.2012 VI R 21/11, DStR 2012, 1174; BFH vom 21.4.2010 VI R 62/08, DStR 2010, 1671; BFH vom 24.2.2011 VI R 16/10, NJW 2011, 1902, mwN.

876 BFH vom 24.2.2011 VI R 16/10, DStR 2011, 713.

- Anderer Maßstab bei der Zwangsläufigkeit aus rechtlichen Gründen bei Zivilprozesskosten.[877]
- Bei nur noch begrenzter Lebensdauer können auch Aufwendungen, denen es objektiv nach schulmedizinischer oder naturheilkundlicher Sicht an der Eignung zur Heilung oder Linderung der Krankheit fehlt, zwangsläufig sein.[878]
- Verzicht auf den Nachweis der medizinischen Indikation der durchgeführten Behandlung durch ein amtsärztliches Attest bei Krankheitskosten.[879]
- Aufwendungen für eine heterologe künstliche Befruchtung können aus tatsächlichen Gründen zwangsläufig sein.[880]
- Kosten für den Besuch einer Schule für Hochbegabte können zwangsläufig sein, sofern der Besuch medizinisch indiziert war.[881]
- Heimkosten können auch ohne zusätzliche Pflegekosten und ohne Merkzeichen im Schwerbehindertenausweis als Krankheitskosten aus tatsächlichen Gründen zwangsläufig sein.[882]

Die Rechtsprechungsänderungen fanden allesamt in einem Zeitraum von nur fünf Jahren (2009 bis 2014) statt. Für diesen Zeitraum ist dies eine beachtliche Anzahl von teilweise grundlegenden Änderungen. Dies ist vor allem bei dem Tatbestand des § 33 EStG, der aufgrund seiner Unbestimmtheit in hohem Maße von der Konkretisierung durch die Rechtsprechung abhängig ist, problematisch.[883] Für den Steuerpflichtigen ergibt sich hieraus eine erhebliche Rechtsunsicherheit. Es ist für ihn nur schwer abschätzbar, wann eine Aufwendung als außergewöhnliche Belastung anerkannt wird. Insgesamt ist die Rechtsprechung nach dem Zuständigkeitswechsel aber für den Steuerpflichtigen vorteilhafter geworden, da der Tatbestand weiter ausgelegt wird. Sämtliche zuvor aufgezählte Rechtsprechungsänderungen sind für den Steuerpflichtigen von Vorteil. Aufwendungen, die zuvor nicht oder nur unter strengeren Voraussetzungen anerkannt worden sind, werden nunmehr anerkannt. Derzeit ist zu vermuten, dass der VI. Senat im Grundsatz weiterhin eine für den Steuerpflichtigen günstigere

877 BFH vom 12.5.2011 VI R 42/10, DStR 2011, 1308.
878 BFH vom 2.9.2010 VI R 11/09, BFHE 231, 69.
879 BFH vom 11.11.2010 VI R 17/09, DStR 2011, 115.
880 BFH vom 16.12.2010 VI R 43/10, DStR 2011, 356.
881 BFH vom 12.5.2011 VI R 37/10, BFHE 234, 25.
882 BFH vom 13.10.2010 VI R 38/09, NJW 2011, 1024.
883 Kritisch ist, in Bezug auf die Rechtssicherheit für den Steuerpflichtigen, auch die Aufgabe der Rechtsprechungsänderung des VI. Senats und die Rückkehr zur alten Rechtsprechung des III. Senats bei den Zivilprozesskosten zu beurteilen: BFH vom 18.6.2015 VI R 17/14, BStBl. II 2015, 800.

Rechtsprechung fortsetzt. So wäre auch die vom VI. Senat des BFH beabsichtigte Anerkennung von Adoptionskosten für den Steuerpflichtigen im Vergleich zu der jetzigen Rechtsprechung vorteilhafter.[884]

2. Verhältnis der Rechtsprechung zum subjektiven Nettoprinzip

Eine einheitliche Aussage kann für das Verhältnis der Rechtsprechung zum subjektiven Nettoprinzip nicht getroffen werden. Die derzeitige Auslegung der Tatbestandsmerkmale der Aufwendung und der Außergewöhnlichkeit steht im Einklang mit dem subjektiven Nettoprinzip. Hierzu trägt bei, dass die Gegenwertlehre vom VI. Senat bisher nicht angewandt wurde.[885] Die Anwendung der Gegenwertlehre kann dazu führen, dass Aufwendungen, die aufgrund des subjektiven Nettoprinzips zwingend als außergewöhnliche Belastung zu berücksichtigen sind, unberücksichtigt bleiben.[886] Des Weiteren führt die Rechtsprechung keinen konkreten Gruppenvergleich beim Tatbestandsmerkmal der Außergewöhnlichkeit durch, was ebenfalls zur Wahrung des subjektiven Nettoprinzips beiträgt.[887]

Uneinheitlich ist hingegen, das sich aus der Rechtsprechung ergebende Bild bei dem Tatbestandsmerkmal der Zwangsläufigkeit. Bei Diätaufwendungen muss der BFH aufgrund des eindeutigen Wortlauts de lege lata die Anerkennung der Aufwendung als außergewöhnliche Belastung in jedem Fall versagen. Hierdurch wird hinter dem sozialhilferechtlichen Leistungsniveau zurückgeblieben und gegen das subjektive Nettoprinzip verstoßen.[888] In zahlreichen Fällen erkennt der BFH Aufwendungen an oder versagt die Anerkennung, wie es aufgrund des subjektiven Nettoprinzips geboten ist. Dies gilt für die Zwangsläufigkeit aus tatsächlichen, rechtlichen und sittlichen Gründen, unter anderem bei Aufwendungen für Beerdigungskosten, Prozesskosten, Unterhalt, Sanierungs- und Umbaumaßnahmen oder die Unterbringung im Pflegeheim.[889] Allerdings geht der BFH bei der Zwangsläufigkeit aus tatsächlichen Gründen und bei sittlichen Gründen zum Teil über das hinaus, was aufgrund des subjektiven Nettoprinzips geboten ist. Dies ist bei bestimmten Krankheitskosten – Krebsabwehrtherapie – und bei dem Unterhalt eines Lebenspartners in einer nicht ehelichen Lebensgemeinschaft der

884 S. D.V.2.c)bb)(1).
885 S. D.III.3.b).
886 S. C.III.2.b)aa).
887 S. C.III.3.b)(aa).
888 S. D.II.3.b).
889 S. D.V.1.c)bb); D.V.2.c)bb)(1); D.V.3.c)bb).

Fall. Hierdurch werden private Aufwendungen unangemessen auf die Allgemeinheit abgewälzt. Dies ist zwar aus menschlichen Motiven für die entschiedenen Fälle sehr gut nachvollziehbar, mit einer korrekten Gesetzesanwendung jedoch nicht zu begründen. Eine einheitliche Ausrichtung der Rechtsprechung am subjektiven Nettoprinzip ist demnach nicht vorhanden.

3. Verallgemeinerbare Grundsätze

a) Kein allgemeingültiges Strukturprinzip vorhanden

Ein einheitliches abstraktes Strukturprinzip, das für alle Tatbestandsmerkmale gilt, ist nicht vorhanden. Insbesondere gibt es aufgrund der abweichenden Rechtsprechung kein Strukturprinzip, nach dem eine Aufwendung jedenfalls und nur dann eine außergewöhnliche Belastung ist, wenn korrespondierend im Sozialhilferecht ein Leistungstatbestand besteht.[890] Ein anderes, allgemeingültiges Strukturprinzip ist nicht ersichtlich. Es gelten daher für die einzelnen Tatbestandsvoraussetzungen keine einheitlichen Maßstäbe, an denen sich die Auslegung der einzelnen Tatbestandsvoraussetzungen stets orientieren kann.

b) Bezugspunkt der Außergewöhnlichkeit

Obwohl der Wortlaut des § 33 Abs. 1 EStG einen Vergleich mit anderen Steuerpflichtigen vorschreibt, wählt der BFH in ständiger Rechtsprechung einen anderen Bezugspunkt für die Prüfung der Außergewöhnlichkeit. Stets sind Aufwendungen außergewöhnlich, wenn sie nicht bereits vom Grundfreibetrag gem. § 32a EStG erfasst sind.[891] Diese Rechtsprechung ist nicht auf einzelne Fallgruppen begrenzt und daher verallgemeinerbar.

c) Zwangsläufigkeit

An dem Tatbestandsmerkmal der Zwangsläufigkeit dem Grunde nach wird besonders deutlich, dass keine von Fallgruppen losgelöste einheitliche Auslegung existiert. Ein Vergleich der Rechtsprechung zu der Zwangsläufigkeit aus rechtlichen, tatsächlichen und sittlichen Gründen belegt, dass für ein Tatbestandsmerkmal – der Zwangsläufigkeit – unterschiedliche und teils widersprüchliche Voraussetzungen gelten. In der Literatur ist es umstritten, ob bei der Frage der Zwangsläufigkeit auf die Aufwendung oder das Ereignis, welches die Aufwendung

---

890 S. D.II.3.c).
891 S. D.IV.3.c).

auslöste, abzustellen ist.[892] Die Rechtsprechung des BFH hierzu ist uneinheitlich. Bei den sittlichen Gründen stellt die Rechtsprechung durchweg auf das Ereignis ab.[893] Gleiches gilt für die Zwangsläufigkeit aus tatsächlichen Gründen. Die Zwangsläufigkeit muss durch ein unausweichliches Ereignis begründet worden sein.[894] Auch bei den rechtlichen Gründen im Allgemeinen ist auf das Ereignis abzustellen.[895] Anders ist dies hingegen bei den Prozesskosten als Fallgruppe der rechtlichen Gründe. Hier ist das kostenauslösende Ereignis völlig ohne Bedeutung.[896] Es gilt somit nicht der allgemeingültige Grundsatz, dass das Ereignis, welches die Aufwendung auslöste, zwangsläufig sein muss.

Generell scheidet die Zwangsläufigkeit aus rechtlichen Gründen aus, wenn der Steuerpflichtige das Ereignis adäquat mitverursacht hat.[897] Insbesondere scheidet bei Unterhaltsaufwendungen die Zwangsläufigkeit aus rechtlichen Gründen aus, wenn der Steuerpflichtige die Bedürftigkeit verursacht hat.[898] Anders kann dies hingegen bei der Zwangsläufigkeit aus sittlichen Gründen sein. Hier können Unterhaltsaufwendungen an den nichtehelichen Lebenspartner unter bestimmten weiteren Voraussetzungen zwangsläufig sein, wenn der Steuerpflichtige die Bedürftigkeit des Lebenspartners verursacht hat.[899] Es gilt daher nicht der verallgemeinerbare Grundsatz, dass eine Aufwendung nicht zwangsläufig ist, wenn der Steuerpflichtige die Aufwendung bzw. ihr Ereignis adäquat mitverursacht hat.

Ebenfalls uneinheitlich ist die Rechtsprechung hinsichtlich des Maßstabs, der für die Frage der Zwangsläufigkeit gilt. Müssen die Aufwendungen objektiv zwangsläufig sein oder reicht es aus, wenn diese subjektiv zwangsläufig sind? Hier gibt es aufgrund der Rechtsprechung des BFH Unterschiede im Vergleich der drei unterschiedlichen Arten von Gründen. Bei den sittlichen Gründen müssen die Aufwendungen stets objektiv, nach dem Urteil der Mehrzahl der billig und gerecht denkenden Mitbürgern, unausweichlich sein.[900] Die Zwangsläufigkeit aus rechtlichen Gründen muss ebenfalls stets anhand von objektiven Kriterien beurteilt werden. Maßgeblich ist allein die Verkehrsanschauung und nicht

892 S. C.III.4.a).
893 S. D.V.3.c)cc).
894 S. D.V.2.c)cc).
895 S. D.V.1.a)cc)(3).
896 BFH vom 12.5.2011 VI R 42/10, DStR 2011, 1308.
897 S. D.V.1.a)cc)(3).
898 S. D.V.1.a)cc)(3).
899 BFH vom 15.2.2001 III R 3/99, FR 2001, 969, mwN.
900 S. D.V.3.c)cc).

die subjektive Vorstellung des Steuerpflichtigen.[901] Bei den tatsächlichen Gründen gilt zwar grundsätzlich und in der weit überwiegenden Rechtsprechung ein objektiver Maßstab, jedoch nicht ausnahmslos. So wendet der BFH bei bestimmten Krankheitskosten – Krebsabwehrtherapie – unter bestimmten Voraussetzungen einen subjektiven Maßstab an.[902] Hier durchbricht der BFH eine ansonsten systematische und verallgemeinerbare Rechtsprechung.

Nicht abschließend durch den BFH geklärt ist die Frage, ob inländische oder ausländische Maßstäbe gelten. Während der III. Senat noch ausdrücklich inländische Maßstäbe bei den sittlichen Gründen zugrunde legte, erteilte der VI. Senat der Begründung des III. Senats hierfür eine Absage.[903]

Als Ergebnis ist für das Tatbestandsmerkmal der Zwangsläufigkeit festzuhalten, dass es kaum Konkretisierungen über die jeweiligen Fallgruppen hinaus gibt. Eine systematische Rechtsprechung wird oftmals von Einzelfallentscheidungen durchbrochen.

---

901 S. D.V.1.a)aa).
902 S. D.V.2.c)cc).
903 S. D.V.3.b).

E. Fünftes Kapitel: Entwicklung eines Gesetzesvorschlags

I. Ausgangslage

Wie die vorliegende Untersuchung gezeigt hat, bestehen insbesondere bei dem Tatbestandsmerkmal der Zwangsläufigkeit aufgrund seines unbestimmten Wortlauts zahlreiche Auslegungsprobleme, die strittig diskutiert werden. Der Rechtsprechung, der die Konkretisierung dieses unbestimmten Tatbestands obliegt, ist es bisher nicht gelungen, dem Tatbestand über Fallgruppen hinaus eine klare Struktur zu verschaffen. Die zahlreichen Rechtsprechungsänderungen in den letzten Jahren seit dem Zuständigkeitswechsel sind ein Beleg dafür, wie sehr der Tatbestand von der Konkretisierung durch die Rechtsprechung abhängig ist. Gibt es bei einem unbestimmten Tatbestand, wie bei § 33 EStG keine stringente, verlässliche Rechtsprechung und keine für den Steuerpflichtigen und seinen Berater erkennbare *„obere Leitlinie"*, so ist dies mit erheblicher Rechtsunsicherheit verbunden. Die von der Rechtsprechung stets zitierte Leitlinie des subjektiven Nettoprinzips wird, wie die Rechtsprechungsanalyse gezeigt hat, nur zum Teil entsprechend dem Sinn und Zweck der Norm angewandt. So erkennt die Rechtsprechung oftmals Aufwendungen an, die aufgrund des subjektiven Nettoprinzips nicht zwingend anzuerkennen wären und auch aufgrund einer einfachgesetzlichen Auslegung nicht anerkannt werden müssten.

II. Zielsetzung

„Gerechte Gesetze sind nur möglich, wenn diese sich an sachgerechten Regeln orientieren und diese Regeln konsequent durchhalten."[904] Ziel soll es getreu dieses Grundsatzes sein, eine gerechtere Norm der außergewöhnlichen Belastungen zu schaffen. Dies soll dadurch verwirklicht werden, dass sich der § 33 EStG in seiner neuen Fassung (§ 33 EStG nF) stärker als bisher allgemeinen Regelungen unterwirft und keine Ausnahmen geschaffen sowie Wertungswidersprüche vermieden werden.

Zu dem § 33 EStG und zum gesamten System der privaten Abzüge wurden in den letzten Jahren zahlreiche Reformvorschläge unterbreitet.[905] Diese sahen

904 *Tipke*, StuW 1980, 281 (296).

905 S. hierzu ausführlich die Arbeit von *Steger*, Die außergewöhnliche Belastung im Steuerrecht – Verfassungsrechtliche Grundlagen und Reformperspektiven.

zum Teil nur eine Änderung des § 33 EStG im bestehenden System der privaten Abzüge vor, zum Teil aber auch eine grundlegende Reform sämtlicher Normen der privaten Abzüge, indem diese in einer Norm zusammengefasst werden sollen.[906] Zielsetzung dieses Kapitels ist es, den § 33 EStG im bestehenden System des Einkommensteuergesetzes und in der bestehenden Systematik zu den anderen Vorschriften zur Anerkennung von privaten Aufwendungen neu zu fassen. Wie bei dem Kölner Entwurf eines Einkommensteuergesetzes soll die Verwirklichung des subjektiven Nettoprinzips im Vordergrund stehen.[907] Im Gegensatz zu dem Kölner Entwurf soll sich die entwickelte Norm in das aktuelle System der privaten Abzüge einfügen. Es soll eine neue Norm vorgeschlagen werden, die die außergewöhnliche Belastung regelt. Die neue Fassung baut auf der aktuellen Gesetzesfassung des § 33 EStG auf. Bei der Neufassung sollen zum einen die Ergebnisse der eigenen Auslegung in den neuen Gesetzestext mit einfließen, zum anderen soll dort, wo die Rechtsprechung den Tatbestand über Fallgruppen hinaus systematisch und im Einklang mit dem subjektiven Nettoprinzip konkretisiert hat, die Rechtsprechung des BFH berücksichtigt werden. All dies soll dazu dienen, den generellen Tatbestand konkreter zu fassen. Hierdurch soll er unabhängiger von der Auslegung und Konkretisierung der Gerichte werden. Im Ergebnis soll der neue Gesetzestext somit für mehr Rechtsklarheit und Rechtssicherheit, unabhängig von fiskalischen Interessen, sorgen. Insbesondere soll er stärker als bisher den Sinn und Zweck der Norm berücksichtigen. Ein weiterer Aspekt der berücksichtigt werden soll, ist die Praktikabilität des neuen Gesetzestexts. So entsprechen, die durch die Auslegung gewonnen Erkenntnisse, einer optimalen Ausrichtung am subjektiven Nettoprinzip. Diese gilt es nun praxistauglich auszugestalten. Hierzu soll in § 33 Abs. 3 EStG nF – ähnlich des Kölner Entwurfs eines Einkommensteuergesetzes – ein nicht abschließender Katalog von Regelbeispielen aufgenommen werden.[908] Vergleichbar zu den Reglungen in der Abgabenordnung und im Unterschied zu den Regelbeispielen im Strafgesetzbuch, ist der Tatbestand, sofern die Voraussetzungen des Regelbeispiels

906 Beispielhaft: Gesetzentwurf der FDP, Entwurf eines Gesetzes zur Einführung einer neuen Einkommensteuer und zur Abschaffung der Gewerbesteuer, BT-Drucks. 15/2349, Seite 6; *Elicker,* Entwurf einer proportionalen Netto-Einkommensteuer, Seite 11 f.

907 *Lang,* Kölner Entwurf eines Einkommensteuergesetzes, Rz. 450.

908 Der Kölner Entwurf eines Einkommensteuergesetzes sah vor, dass die Bundesregierung mit Zustimmung des Bundesrats die Sonderbedarfsausgaben (außergewöhnlichen Belastungen) in einer Lebensbedarfsverordnung näher festlegte: *Lang,* Kölner Entwurf eines Einkommensteuergesetzes, Rz. 464.

vorliegen, erfüllt.[909] Dies gilt in der Abgabenordnung beispielsweise für die in § 30 Abs. 4 Nr. 5 aufgeführten Regelbeispiele des zwingenden öffentlichen Interesses.[910] Regelbeispiele erleichtern dem Rechtsanwender die Auslegung und das Verständnis der Norm.[911] Zugleich beschränken sie das Auslegungsermessen der Richter.[912] Die Sprache des Gesetzes soll – wie allgemein gefordert – klar und knapp sein.[913] Hierdurch soll die Verständlichkeit und Rechtsklarheit gefördert werden. Am Ende dieser Arbeit soll ein verfassungskonformer und praxistauglicher Vorschlag eines § 33 EStG nF stehen.

III. Praktische Umsetzung

1. Verfassungsrechtliche Vorgaben

a) Tatbestand

aa) Allgemeine verfassungsrechtliche Vorgaben

Dem Gesetzgeber steht bei Steuergesetzen verfassungsrechtlich grundsätzlich ein weiter Gestaltungsspielraum hinsichtlich des Steuergegenstands zu.[914] Es entspricht Art. 3 GG und dem Gebot der Gleichmäßigkeit der Besteuerung, wenn der Gesetzgeber Sachverhalte typisierend erfasst, solange die wirtschaftlichen Vorteile der Typisierung im rechten Verhältnis zu der mit der Typisierung verbundenen ungleichen steuerlichen Belastung stehen.[915] Begrenzt wird dieser Gestaltungsspielraum jedoch besonders durch das Leistungsfähigkeitsprinzip und das Gebot der Folgerichtigkeit.[916] Das aus dem Leistungsfähigkeitsprinzip abgeleitete subjektive Nettoprinzip und seine Auswirkung auf den Tatbestand des § 33 EStG wurden in der Arbeit umfassend erläutert. Die Ergebnisse der Untersuchung sollen bei der Neufassung des Gesetzestexts berücksichtigt werden. Hierdurch wird sichergestellt, dass der § 33 EStG nF nicht gegen das subjektive

---

909 Zum Unterschied zwischen den Beispielen aus der Abgabenordnung und aus dem Strafgesetzbuch: *Schneider*, Gesetzgebung, § 12 Rz. 362 f.

910 *Alber*, in: H/H/Sp, AO/FGO, § 30 AO Rz. 191 f. (Juni 2004); Vgl. *Intemann*, in: Koenig, AO, § 30 Rz. 226 f.

911 *Mertens*, Gesetzgebungskunst im Zeitalter der Kodifikationen, Seite 298 f.

912 *Mertens*, Gesetzgebungskunst im Zeitalter der Kodifikationen, Seite 298 f.

913 *Schneider*, Gesetzgebung, § 13 Rz. 436.

914 BVerfG vom 15.1.2014 1 BvR 1656/09, DStR 2014, 420; BVerfG vom 7.11.2006 1 BvL 10/02, BVerfGE 117, 1.

915 BVerfG vom 20.4.2004 1 BvR 905/00, BVerfGE 110, 274.

916 BVerfG vom 7.11.2006 1 BvL 10/02, BVerfGE 117, 1; BVerfG vom 6.3.2002 2 BvL 17/99, BVerfGE 105, 73.

Nettoprinzip verstößt. Das Gebot der Folgerichtigkeit besagt, dass eine einmal getroffene Belastungsentscheidung folgerichtig im Sinne einer Belastungsgleichheit umzusetzen ist.[917] Ausnahmen hiervon können durch einen besonderen sachlichen Grund gerechtfertigt sein.[918] Verstöße gegen diese verfassungsrechtlichen Vorgaben sind bei der Neufassung des Gesetzes nicht ersichtlich. Die Neufassung knüpft im Wesentlichen an die alte Fassung an. Die Veränderungen beruhen vor allem auf der Übernahme von Grundsätzen, die durch die Rechtsprechung des BFH aufgestellt wurden. An der Verfassungsgemäßheit dieser Grundsätze dürften keine Zweifel bestehen. Darüber hinaus fließen Ergebnisse der eigenen Auslegung mit in den neuen Gesetzeswortlaut ein. Hierbei handelt es sich um allgemeingültige Regelungen für sämtliche Fallgruppen, sodass Verstöße gegen das Gebot der Folgerichtigkeit ebenfalls nicht ersichtlich sind.

Des Weiteren muss der Gesetzgeber das Rechtsstaatsprinzip und neben Art. 3 GG die Grundrechte, die das Eigentum gem. Art. 14 GG, die Berufsfreiheit gem. Art. 12 GG und die Familie gem. Art. 6 GG schützen, beachten.[919] Als rechtsstaatlicher Grundsatz ist, insbesondere das Bestimmtheitsgebot zu beachten. Hieran stellt das BVerfG jedoch keine hohen Anforderungen. Ausreichend ist, dass der Gesetzgeber die wesentlichen Bestimmungen hinreichend genau trifft, sodass die vorhandenen Zweifelsfragen durch die Exekutive und Judikative, mit Hilfe der anerkannten Auslegungsmethoden gelöst werden können.[920] Erkennt die Rechtsprechung den bisherigen Wortlaut als hinreichend bestimmt an, so muss dies erst recht für den neuen Gesetzeswortlaut, der klarer und konkreter formuliert ist und weniger unbestimmte Rechtsbegriffe enthält, gelten. Den bisherigen Tatbestand mit seinen zahlreichen unbestimmten Rechtsbegriffen hat das Bundesverfassungsgericht als verfassungsrechtlich unbedenklich eingestuft.[921] Verfassungsrechtliche Zweifel an dem Gesetzesvorschlag sind unter diesem Gesichtspunkt nicht ersichtlich.

bb) Interperiodischer Verlustausgleich

De lege lata ist eine Verrechnung von Verlusten aufgrund von außergewöhnlichen Belastungen mit Einkünften aus anderen Veranlagungszeiträumen (interperiodischer Verlustausgleich) nicht möglich.[922] Die außergewöhnlichen

917 BFH vom 10.1.2008 VI R 17/07, DStR 2008, 188.
918 BVerfG vom 12.5.2009 2 BvL 1/00, BVerfGE 123, 111, mwN.
919 *Birk/Desens/Tappe*, Steuerrecht, Rz. 170; *Arndt*, NVwZ 1988, 787.
920 BVerfG vom 14.3.1967 1 BvR 334/61, BVerfGE 21, 209 (215).
921 BVerfG vom 13.12.1966 1 BvR 512/65, BVerfGE 21, 1.
922 *Birk/Desens/Tappe*, Steuerrecht, Rz. 1036.

Belastungen sind nicht Bestandteil des § 10d EStG, der den interperiodischen Verlustausgleich abschließend regelt.[923] Die fehlende Möglichkeit eines interperiodischen Verlustausgleichs kann dazu führen, dass Steuerpflichtige mit hohen Einkommen bevorzugt werden.[924] Ist ein Steuerpflichtiger mit Einkünften iHv. € 25.000,-- in einem Veranlagungszeitraum mit Krankheitskosten iHv. € 30.000,-- belastet, so führt dies dazu, dass die außergewöhnliche Belastung teilweise unberücksichtigt bleibt. Ist hingegen ein Steuerpflichtiger mit Einkünften iHv. € 100.000,-- in einem Jahr mit Krankheitskosten iHv. € 30.000,-- belastet, so werden die außergewöhnlichen Belastungen bei ihm im vollen Umfang berücksichtigt. In den Fällen, in denen Aufwendungen aufgrund des subjektiven Nettoprinzips zwingend steuerlich zu berücksichtigen sind, muss dies auch tatsächlich wirksam gewährt werden, gegebenenfalls durch eine Verrechnung über Veranlagungszeiträume hinweg.[925] Nur so wird eine Belastungsgleichheit in der Zeit, die dem Prinzip der Besteuerung nach der subjektiven Leistungsfähigkeit immanent ist, hergestellt.[926] Richtiger Indikator für die Leistungsfähigkeit einer Person ist nach überwiegender Auffassung in der Literatur das Lebenseinkommen einer Person.[927] De lege ferenda ist daher eine Verlustverrechnung, bei negativem Einkommen zu normieren.[928]

b) Rechtsfolge

Auf Rechtsfolgenseite besteht anders als auf Tatbestandsebene kein Gestaltungsspielraum für den Gesetzgeber. Als Rechtsfolge ist zwingend eine gebundene Rechtsfolge beizubehalten. Der § 33 EStG enthält einen Rechtsanspruch auf Anerkennung der Aufwendung, wenn die Tatbestandsvoraussetzungen erfüllt sind.[929] Dieser Rechtsanspruch soll auch bei § 33 EStG nF bestehen. Existenzielle – indisponible – private Aufwendungen müssen die Bemessungsgrundlage mindern.[930]

---

923 *Loschelder,* in: Schmidt, EStG, 33 Rz. 1.

924 BFH vom 9.4.2010 IX B 191/09, BFH/NV 2010, 1270; BFH vom 14.3.2008 IX B 247/07, BFH/NV 2008, 1147; *Steger,* Die außergewöhnliche Belastung im Einkommensteuerrecht, Seite 193.

925 Hierzu ausführlich: *Steger,* Die außergewöhnliche Belastung im Steuerrecht, Seite 193 f.

926 *Lang/Englisch,* StuW 2005, 3 (6 f.); *Grotherr,* BB 1998, 2337 (2341).

927 *Lang,* in: DStjG Bd. 24, 49 (65), mwN.

928 So auch bereits: *Lang,* Kölner Entwurf eines Einkommensteuergesetzes, Seite 99.

929 So schon: BFH vom 19.7.1957 VI 80/55 U, BFHE 65, 399.

930 BVerfG vom 13.2.2008 2 BvL 1/06, BVerfGE 120, 125; *Wernsmann,* in: H/H/Sp, AO/FGO, § 4 Rz. 504 f. (Aug. 2015).

Die Außergewöhnlichen Belastungen müssen aufgrund der verfassungsrechtlichen Vorgaben – subjektives Nettoprinzip – zwingend bei der Ermittlung des Einkommens berücksichtigt werden, sodass die Entscheidung über die Anerkennung nicht in das Ermessen der Finanzbehörde gestellt werden darf.[931] Sofern die Tatbestandsvoraussetzungen erfüllt sind, muss gem. Art. 3 GG eine Steuerermäßigung gewährt werden, um die Gleichmäßigkeit der Besteuerung sicherzustellen. Im Bereich der materiellen Steuertatbestände – wie dem § 33 EStG – sind Ermessensvorschriften nicht mit dem Grundsatz der gleichmäßigen Besteuerung aller Steuerpflichtigen vereinbar.[932] Existiert auf Rechtsfolgenseite kein Ermessensspielraum sondern eine gebundene Rechtsfolge, so ist hier auch kein Platz für dem § 33 EStG wesensfremde Billigkeitserwägungen.

2. Gesetzesänderungen aufgrund der vorgenommenen Auslegung und der Konkretisierung durch die Rechtsprechung

a) Aufwendung/Belastung

In Literatur und Rechtsprechung ist umstritten, ob eine Belastung des Steuerpflichtigen Tatbestandsvoraussetzung des § 33 Abs. 1 EStG ist und was hierfür dogmatisch der korrekte Anknüpfungspunkt ist.[933] Wie die eigene Auslegung gezeigt hat, kann der Terminus der Aufwendung so ausgelegt werden, dass er eine Belastung des Steuerpflichtigen enthält. Die Rechtsprechung ist mittlerweile zu der gleichen Auffassung gelangt.[934] Zur Klarstellung sollte daher deklaratorisch in den Tatbestand des § 33 Abs. 1 EStG nF mitaufgenommen werden, dass die Aufwendung den Steuerpflichtigen belasten muss. Dabei ist der Steuerpflichtige – wie bisher – nur insoweit belastet, wie er die Aufwendung endgültig selbst tragen muss. Erlangte Vorteile muss sich der Steuerpflichtige weiterhin anrechnen lassen.

Seit dem Zuständigkeitswechsel der Senate im Jahre 2009 wird die Gegenwertlehre nicht mehr angewandt. Die Gegenwertlehre wurde durch den VI. Senat aber nicht ausdrücklich aufgegeben.[935] Die Gegenwertlehre ist dazu geeignet, gegen das subjektive Nettoprinzip zu verstoßen. Denn Aufwendungen, die für den Steuerpflichtigen zwangsläufig sind und vom steuerfreien Existenzminimum umfasst sind, können bei Anwendung der Gegenwertlehre nicht als

---

931 *Endert*, in: Frotscher/Geurts, § 33 EStG Rz. 1 (Juli 2014).

932 *Wernsmann*, in: H/H/Sp, AO/FGO, § 5 AO Rz. 35, 41 (April 2013).

933 S. C.II.1.a).

934 S. C.II.1.b); BFH vom 19.5.2009 VI B 113/08, BFH/NV 2009, 1631.

935 S. D.III.2.

außergewöhnliche Belastung anerkannt werden.[936] Der aktuelle Gesetzeswortlaut des § 33 Abs. 1 EStG kann, wie die jahrzehntelange Rechtsprechung beweist, so ausgelegt werden, dass in zahlreichen Fällen die Gegenwertlehre anzuwenden ist. Um dies zu verhindern und eine verfassungsrechtlich korrekte Besteuerung nach dem subjektiven Nettoprinzip sicherzustellen sowie Rechtssicherheit zu erreichen, ist im Gesetzesvorschlag ausdrücklich aufzunehmen, dass ein erlangter Gegenwert nicht die Belastung des Steuerpflichtigen entfallen lässt.

Wie bisher in § 33 Abs. 2 Satz 2 EStG geregelt, sind Aufwendungen, die zu den Betriebsausgaben, Werbungskosten oder Sonderausgaben zählen, aus dem Anwendungsbereich des § 33 EStG nF ausgeschlossen. Hierdurch soll eine doppelte steuerliche Berücksichtigung von Aufwendungen vermieden werden. Aus systematischen Gründen soll diese negative Tatbestandsvoraussetzung in § 33 Abs. 1 Satz 2 EStG nF geregelt werden. Ist die negative Tatbestandsvoraussetzung erfüllt, so erübrigt sich eine Prüfung der in § 33 Abs. 2 EStG nF näher konkretisierten Tatbestandsvoraussetzungen der Aufwendung, Außergewöhnlichkeit und Zwangsläufigkeit.

Strittig ist zwischen der Rechtsprechung und Teilen der Literatur, wie Erstattungen von Aufwendungen in späteren Veranlagungszeiträumen zu beurteilen sind.[937] Zutreffend ist, dass eine Erstattung der ursprünglichen Aufwendung diese rückwirkend entfallen lässt und somit in dem Veranlagungszeitraum, in der sie getätigt wurde, keine Aufwendung mehr vorliegt. Dies entspricht im Ergebnis der bisherigen Rechtsprechung des BFH.[938] Deshalb ist, um für die Zukunft Rechtssicherheit und Rechtsklarheit zu schaffen, in § 33 Abs. 2 Satz 2 EStG nF zu normieren, in welchem Veranlagungszeitraum Erstattungen anzurechnen sind.

b) *Außergewöhnlichkeit*

Aufgrund der vorgenommenen Auslegung des Tatbestandsmerkmals der Außergewöhnlichkeit steht fest, dass de lege ferenda kein Gruppenvergleich mehr durchzuführen ist. Ein Vergleich mit anderen Steuerpflichtigen ist unsachgemäß, da die subjektive Leistungsfähigkeit unabhängig von der Leistungsfähigkeit anderer Steuerpflichtiger ist. Vielmehr ist entscheidend, ob der existenznotwendige Aufwand bereits durch den Grundfreibetrag steuerlich berücksichtig wurde.[939] Ist dies nicht der Fall, so ist die Aufwendung außergewöhnlich im Sinne des § 33

936 S. C.III.2.b)aa).
937 S. C.III.2.b)bb).
938 S. C.III.2.b)bb).
939 S. C.IV.3.b)aa).

EStG nF. Die Rechtsprechung wendet de lege lata die Gruppenvergleichsformel seit dem Zuständigkeitswechsel nicht mehr an, ohne jedoch ausdrücklich hierzu Stellung zu beziehen. Sie verweist in ihren Urteilen zum Teil noch auf die Rechtsprechung des III. Senats, der die Gruppenvergleichsformel anwendete. Im Gesetzeswortlaut des § 33 Abs. 1 EStG nF ist daher aufzunehmen, dass eine Aufwendung außergewöhnlich ist, wenn sie nicht bereits vom Grundfreibetrag der §§ 32a, 32 Abs. 6 EStG erfasst ist. Hierdurch wird sichergestellt, dass, unabhängig von der Auslegung durch die Rechtsprechung, kein Vergleich mit anderen Steuerpflichtigen erfolgt. Der neue Wortlaut ist insoweit nicht auslegungsfähig. Maßstab für die Außergewöhnlichkeit ist bei dem neuen Wortlaut eindeutig ein Vergleich mit den Aufwendungen, die von §§ 32a, 32 Abs. 6 EStG erfasst sind und nicht ein Vergleich mit den Aufwendungen anderer Steuerpflichtiger. Dies trägt dazu bei, dass jedenfalls alle Aufwendungen als außergewöhnliche Belastung anerkannt werden können, die aufgrund des subjektiven Nettoprinzips zwingend zu berücksichtigen sind.[940] Diese Grundsätze sollen in § 33 Abs. 3 EStG nF normiert werden.

c) Zwangsläufigkeit dem Grunde nach

Die Zwangsläufigkeit dem Grunde nach ist, aufgrund der vorgenommenen Auslegung und der Analyse der Rechtsprechung, grundlegend zu reformieren. Wie die Analyse der Rechtsprechung gezeigt hat, gibt es keine allgemeingültigen Strukturprinzipien, die für alle Fallgruppen gelten. So werden für die Zwangsläufigkeit aus rechtlichen, tatsächlichen und sittlichen Gründen unterschiedliche Voraussetzungen und Maßstäbe angewandt.[941] Dies gilt zum Teil sowohl für die unterschiedlichen Fallgruppen innerhalb derselben Art von Gründen wie auch im Vergleich der rechtlichen, tatsächlichen und sittlichen Gründe zueinander. Hieraus resultieren Wertungswidersprüche.[942] Diese gilt es, wegen des Grundsatzes der Gleichmäßigkeit der Besteuerung gem. Art. 3 GG zu vermeiden. Nur wenn für alle Fallgruppen und Arten von Gründen der Zwangsläufigkeit dieselben Voraussetzungen gelten, kann eine gleichmäßige Besteuerung entsprechend der subjektiven Leistungsfähigkeit sichergestellt werden.

Als systemstiftendes Prinzip kann das subjektive Nettoprinzip herangezogen werden. Die vorgenommene Auslegung des Tatbestands hat gezeigt, dass hierdurch ein allgemeingültiges Strukturprinzip, das für alle Fälle gilt, gewonnen

940 S. C.III.3.b)aa).
941 S. D.VII.3.c).
942 *Nieuwenhuis*, DStR 2014, 1701(1703).

werden kann. Hiernach sind Aufwendungen nur dann zwangsläufig, wenn sie spiegelbildlich Bestandteil eines sozialhilferechtlichen Leistungstatbestands sind. Sind sie Bestandteil des steuerlich zu verschonenden Existenzminimums, so sind sie zwangsläufig im Sinne des § 33 EStG und des § 33 EStG nF. Eine extensive Auslegung ist weder verfassungsrechtlich noch einfachgesetzlich geboten.[943] Das Bundesverfassungsgericht stellte ausdrücklich klar, dass das Prinzip der Steuerfreiheit des Existenzminimums nicht den Sinn und Zweck habe, private Aufwendungen oberhalb des sozialhilferechtlichen Existenzminimums auf die Allgemeinheit zu verteilen.[944] Besteht der Sinn und Zweck des § 33 EStG nach allgemeiner Auffassung darin, außergewöhnliche existenznotwendige Aufwendungen zu erfassen, so ist keine weitergehende Anerkennung von Aufwendungen geboten. Sämtliche andere Auslegungsmethoden sprechen ebenfalls für eine enge Auslegung des Tatbestands.[945]

Im Wortlaut des § 33 Abs. 4 EStG nF ist, die bisherige Definition der Zwangsläufigkeit somit durch eine neue Definition zu ersetzen. Zwangsläufig sind demnach Aufwendungen, die Bestandteil des steuerlich zu verschonenden Existenzminimums sind, wobei auf das sozialhilferechtliche Leistungsniveau abzustellen ist. Die bisherige Differenzierung zwischen tatsächlichen, rechtlichen und sittlichen Gründen ist, mangels systematischer Konkretisierung durch die Rechtsprechung, aufzugeben.[946]

Um dem Tatbestand mehr Rechtsklarheit zu verschaffen und um für eine vereinfachte Anwendung in der Praxis zu sorgen, sollen in § 33 Abs. 5 EStG nF Regelbeispiele aufgenommen werden. Durch den Wortlaut *„insbesondere“* soll verdeutlicht werden, dass die Regelbeispiele keinen abschließenden Charakter haben. Als Regelbeispiele kommen, die durch die Rechtsprechung gebildeten Fallgruppen in Betracht, die im Einklang mit dem subjektiven Nettoprinzip stehen und keinen weitergehenden Abzug zulassen. Dies sind namentlich folgende Fallgruppen: Prozesskosten, unmittelbare Krankheitskosten, Beerdigungskosten, Sanierungs- und Umbaukosten, Unterhalt, Unterbringung in Pflegeheimen und behinderungsbedingte Fahrtkosten.

Dort wo die Rechtsprechung bisher zu extensiv ist – Aufwendungen für die künstliche Befruchtung, Unterhalt von nicht ehelichen Lebenspartnern, Krebsabwehrtherapiekosten – sind die Regelbeispiele so einschränkend zu formulieren,

943 S. C.III.4.b)bb) und C.III.4.b)ee).

944 BVerfG vom 13.2.2008 2 BvL 1/06, DStR 2008, 604 (610).

945 S. C.III.4.b).

946 S. D.VII.3.c); Kritisch zur der Differenzierung bereits: *Lang,* Die Bemessungsgrundlage der Einkommensteuer, Seite 587.

dass keine Anerkennung der Aufwendung als außergewöhnliche Belastung mehr in Betracht kommt.

Das bisher in § 33 Abs. 2 Satz 3 EStG normierte Abzugsverbot für Diätaufwendungen ist, um eine Besteuerung, die dem subjektive Nettoprinzip entspricht, sicherzustellen, ersatzlos zu streichen.[947] Die bisherige Regelung zu der Abzugsfähigkeit von Prozesskosten in § 33 Abs. 2 Satz 4 EStG ist ebenfalls zu streichen. Vielmehr gilt auch für Prozesskosten, die in § 33 Abs. 4 EStG nF normierte allgemeingültige Definition der Zwangsläufigkeit dem Grunde nach. Dem entsprach bereits die Rechtsprechung des VI. Senats zu den Prozesskosten, indem der VI. Senat die Voraussetzungen der Prozesskostenhilfe auf den § 33 EStG übertrug. Hierdurch wurde sichergestellt, dass eine dem subjektiven Nettoprinzip entsprechenden Besteuerung erfolgte. Die durch die Rechtsprechung angewandten Voraussetzungen der fehlenden Mutwilligkeit und hinreichende Erfolgsaussicht sind daher als Regelbeispiel in § 33 Abs. 5 EStG nF aufzunehmen.

d) Zwangsläufigkeit der Höhe nach

Die deklaratorischen Termini der Angemessenheit und Notwendigkeit haben in der Rechtsprechung des BFH wenig dazu beigetragen, das Tatbestandsmerkmal der Zwangsläufigkeit der Höhe nach näher zu konkretisieren.[948] Auf sie kann somit bei der Neufassung des § 33 EStG verzichtet werden. Stattdessen sollte die Zwangsläufigkeit der Höhe nach neu und konkreter definiert werden. Dabei kommt dem Gesetzgeber ein beachtlicher Gestaltungsspielraum zu.[949] War es Ziel des dritten Kapitels dieser Arbeit, den Tatbestand anhand der juristischen Methodenlehre auszulegen, geht es nunmehr darum, aus den gewonnenen Erkenntnissen einen praxistauglichen Gesetzesvorschlag zu entwickeln. Mussten bei der Auslegung praktische Überlegungen außen vor bleiben, da die Rechtsanwendung sich nicht nach der Praktikabilität richten darf, so sind in diesem Kapitel auch Überlegungen zur Praktikabilität zu berücksichtigen.[950]

Den Finanzbehörden ist es praktisch nicht möglich, den angemessenen Betrag der Aufwendungen nach dem Leistungsfähigkeitsprinzip genau zu ermitteln.[951]

---

947 Siehe hierzu ausführlich: D.II.3.b).

948 S. D.VI.3.c).

949 Vgl. Steger, Die außergewöhnliche Belastung im Steuerrecht, Seite 187.

950 Gegen die Berücksichtigung der Praktikabilität bei der Gesetzesauslegung: *Bleschick/Kammeter*, DStR-Beih 2013, 61 (66); Ausführlich zu den Methoden der Rechtsanwendung im Steuerrecht: *Englisch*, in: Tipke/Lang, Steuerrecht, § 5 Rz. 46 f.

951 *Lang*, Die Bemessungsgrundlage der Einkommensteuer, Seite 596.

Die sozialhilferechtlichen Leistungen sind als Vergleichsmaßstab zum Teil untauglich, da Leistungen im Sozialhilferecht oftmals nicht als Geldleistungen erbracht werden.[952] Aus diesem Grund ist der Konflikt zwischen der Besteuerung nach der Leistungsfähigkeit und der Praktikabilität der Besteuerung dahin gehend zu lösen, dass Aufwendungen insoweit der Höhe nach zwangsläufig sind, wie kein offensichtliches Missverhältnis zwischen erforderlichen und tatsächlichen Aufwendungen besteht.[953] Die Rechtsprechung zu den Krankheitskosten, wonach Aufwendungen der Höhe nach nicht mehr zwangsläufig sind, wenn sie in einem offensichtlichen Missverhältnis zwischen tatsächlichem und notwendigem Aufwand stehen, ist auf sämtliche Aufwendungen anzuwenden. Die Argumentation des BFH in Bezug auf die Krankheitskosten ist auf sämtliche Fallgruppen des § 33 EStG übertragbar. Der BFH begründet die Anwendung des Grundsatzes des offensichtlichen Missverhältnisses unter anderem damit, dass es den Finanzbehörden und Finanzgerichten nicht möglich ist, die angemessenen Aufwendungen bei Krankheitskosten zu ermitteln.[954] Diese fehlende Kompetenz der Finanzbehörden und Gerichte ist jedoch nicht nur auf Krankheitskosten beschränkt, sondern dürfte bei den meisten Arten von Aufwendungen bestehen. Fehlt den Finanzbehörden die Kompetenz bei Krankheitskosten, so dürfte dies gleichermaßen beispielsweise für Sanierungsaufwendungen oder Beerdigungskosten gelten. Woher soll ein Finanzbeamter oder ein Finanzrichter wissen, welche Kosten für die entsprechende Fallgruppe noch angemessen sind? Demnach kann der für die Krankheitskosten entwickelte Grundsatz auf alle Arten von Aufwendungen, die dem Grunde nach zwangsläufig sind, übertragen werden. Das offensichtliche Missverhältnis bildet die äußere Grenze, bis zu der Aufwendungen der Höhe nach zwangsläufig sein können. Eine einheitliche Grenze ist allein deshalb erforderlich, um Wertungswidersprüche zwischen unterschiedlichen Aufwendungen zu vermeiden. Die nähere Ausgestaltung der Zwangsläufigkeit der Höhe nach obliegt weiterhin der Rechtsprechung. Auf die bereits durch die Rechtsprechung gebildeten Grundsätze, beispielsweise behinderungsbedingte Fahrtkosten bis zu 15.000 km jährlich in Höhe des Kilometerpauschbetrags anzuerkennen, kann zurückgegriffen werden.

Im Ergebnis führt dies dazu, dass Aufwendungen *„in der Höhe"* in einem größeren Umfang steuerrechtlich anerkannt werden, als sie spiegelbildlich sozialhilferechtlich geleistet werden. Dies kann mit der Steuerpraktikabilität der Norm und ergänzend mit dem eingangs erwähnten Abstandgebots zwischen

---

952 Lehner, Einkommensteuerrecht und Sozialhilferecht, Seite 227.

953 So ausdrücklich für den Bereich der Krankheitskosten im Einklang mit der BFH Rechtsprechung: *Lang,* Die Bemessungsgrundlage der Einkommensteuer, Seite 596.

954 BFH vom 17.7.1981 VI R 77/78, BFHE 133, 545.

Steuerrecht und Sozialhilferecht gerechtfertigt werden. Mit einer Regelung, die praktisch nicht anwendbar ist, ist weder den Finanzbehörden noch den Finanzgerichten und am allerwenigstem dem Steuerpflichtigen geholfen. Darüber hinaus steht es dem Gesetzgeber zu, pauschalierende und typisierende Regelungen zu erlassen.[955] Des Weiteren wird im Schrifttum oftmals gefordert, dass quantitativ steuerlich mehr verschont werden müsse, als sozialhilferechtlich gewährleistet wird.[956] Dieser Forderung würde hiermit ebenfalls entsprochen. Trotz des großzügigeren Maßstabs wäre aufgrund der einschränkenden Tatbestandsvoraussetzung des offensichtlichen Missverhältnisses auch de lege ferenda ausgeschlossen, dass der Steuerpflichtige *„Luxusaufwendungen“* auf die Allgemeinheit abwälzt.

e) Zumutbare Belastung

Zwar wird die zumutbare Belastung aufgrund der Rechtsprechung des BVerfG als verfassungskonform bewertet,[957] aufgrund der jüngeren Rechtsprechung zur Steuerfreiheit des Existenzminimums sind jedoch Zweifel angebracht, ob das Bundesverfassungsgericht heute noch genauso entscheiden würde, wie im Jahre 1987. Beim BFH ist derzeit noch ein Revisionsverfahren anhängig, das die zumutbare Belastung zum Gegenstand hat.[958] Hier bleibt abzuwarten, wie der BFH entscheiden wird. Jedenfalls bei existenziellen Aufwendungen – und nur solche sind vom Sinn und Zweck der Norm erfasst – ist eine zumutbare Belastung nicht mit dem subjektiven Nettoprinzip vereinbar.[959] Unabhängig vom Ausgang des BFH-Verfahrens, ist daher generell auf eine zumutbare Belastung zu verzichten. Dies führt zu mehr Steuergerechtigkeit, da sich die Besteuerung stärker an der subjektiven Leistungsfähigkeit orientiert. Zwar ist bei Aufwendungen, die nicht vom steuerlichen Existenzminimum erfasst sind, eine zumutbare Belastung, verfassungsrechtlich unbedenklich, aber auch hiervon soll de lege ferenda kein Gebrauch gemacht werden. Aufgrund der erfolgten Auslegung sollen von § 33 EStG nur noch Aufwendungen erfasst werden, die existenznotwendig sind. Für eine zumutbare Belastung wäre dann kein Anwendungsbereich mehr eröffnet. In

---

955 S. E.III.1.a)aa).

956 *Lehner,* Einkommensteuerrecht und Sozialhilferecht, Seite 228; *Brandis,* in: DStjG Bd. 29, 93 (104); *P. Kirchhof,* StuW 1985, 319 (326).

957 BVerfG vom 29.10.1987 1 BvR 672/87, DB 1988, 368.

958 Aktenzeichen des anhängigen Verfahren: III R 62/13.

959 S. C.III.6.b).

der Fassung des § 33 Abs. 1 EStG nF ist somit, die in § 33 Abs. 1 EStG enthaltene zumutbare Belastung, ebenso zu streichen, wie der § 33 Abs. 3 EStG, der bisher die zumutbare Belastung näher ausgestaltete.

f) Formalisiertes Nachweisverlangen

An dem bisherigen formalisierten Nachweisverlangen gem. § 33 Abs. 4 EStG iVm. § 64 EStDV ist nicht länger festzuhalten. Dieses Nachweisverlangen ist dazu geeignet, gegen das subjektive Nettoprinzip zu verstoßen.[960] Es kann dazu führen, dass Aufwendungen, die dem Grunde nach zwangsläufig sind und verfassungsrechtlich zwingend anzuerkennen sind, dennoch nicht als außergewöhnliche Belastung anerkannt werden können.[961] Die hierfür angeführten Rechtfertigungsgründe der Rechtssicherheit und Rechtsklarheit werden durch die aktuelle Regelung des § 33 Abs. 4 iVm. § 64 EStDV nicht erreicht.[962] Die Regelung ist überflüssig.[963] Den Steuerpflichtigen trifft ohnehin die objektive Feststellungslast für die Zwangsläufigkeit der Aufwendung gem. § 33 Abs. 2 EStG.[964] Es liegt in seinem Interesse, frühzeitig „*Beweisvorsorge*" zu treffen.[965] Hierzu kann der Steuerpflichtige vorab ein amts- oder vertrauensärztliches Gutachten einholen oder die medizinische Indikation durch ein selbständiges Beweisverfahren gem. § 155 FGO iVm. §§ 485f. ZPO feststellen lassen.[966] Sollte die Zwangsläufigkeit also nicht mehr nachgewiesen werden können, so geht dies ohnehin zu Lasten des Steuerpflichtigen. Es ist somit verfehlt, ihn zusätzlich mit dem formalisierten Nachweisverlangen zu belasten. Dies gilt umso mehr vor dem Hintergrund, dass im Falle einer Erkrankung der Steuerpflichtige in der Situation sein kann, dieses Nachweisverlangen aus physischen oder psychischen Gründen nicht erfüllen zu können.[967] In § 33 EStG nF ist somit keine dem § 33 Abs. 4 EStG vergleichbare Regelung aufzunehmen.

---

960 S. D.V.2.c)bb)(2).

961 S. D.V.2.c)bb)(2).

962 S. D.V.2.c)bb)(2).

963 So auch: *Haupt,* DStR 2011, 2443 (2446).

964 FG Niedersachsen vom 22.11.2012 14 K 237/12, juris; FG Köln vom 28.2.2012 15 K 1425/09, EFG 2012, 1754; *Geserich,* NWB 2014, 2004 (2007).

965 *Haupt,* DStR 2011, 2443 (2446).

966 BFH vom 11.11.2010 VI R 17/09, BFHE 232, 40.

967 *Haupt,* DStR 2011, 2443 (2446).

g) *Rechtsmissbräuchliches Verhalten*

Steuerzahler, die sich gegenüber der Gemeinschaft sozialinadäquat oder rechtsmissbräuchlich verhalten, haben ihren Anspruch auf die Solidarität der Gemeinschaft verwirkt.[968] Deshalb ist in derartigen Fällen, wie beispielswiese bei Strafprozesskosten, stets die Berücksichtigung der Aufwendung als außergewöhnliche Belastung ausgeschlossen. Hingegen ist ein Verschulden des Steuerpflichtigen kein geeigneter Maßstab für die Beurteilung der Aufwendung als außergewöhnliche Belastung.[969] Der Ausschluss bei rechtsmissbräuchlichem oder sozialinadäquatem Verhalten soll in § 33 Abs. 1 Satz 3 EStG nF gesetzlich normiert werden.

h) *Regelbeispiele*

aa) *Krankheitskosten (§ 33 Abs. 5 Nr. 1 EStG nF)*

Nach ständiger Rechtsprechung sind Krankheitskosten, die unmittelbar der Heilung dienen, ohne weitergehende Prüfung der Zwangsläufigkeit dem Grunde und der Höhe nach außergewöhnliche Belastungen.[970] Diese Rechtsprechung steht im Einklang mit der eigenen Auslegung und dem subjektiven Nettoprinzip. Die Grundsätze der Rechtsprechung sind daher als Regelbeispiel in § 33 Abs. 5 Nr. 1 EStG nF aufzunehmen. Ergänzend ist hinzuzufügen, dass die Maßnahme objektiv der Heilung dienen muss. Der BFH hat jüngst in einem Urteil die subjektive Eignung genügen lassen.[971] Die Anerkennung von nur subjektiv geeigneten Maßnahmen steht aber im Widerspruch zu dem ansonsten im Rahmen des § 33 EStG angewandten objektiven Maßstab und ist in Bezug auf das subjektive Nettoprinzip zu extensiv.[972]

bb) *Prozesskosten (§ 33 Abs. 5 Nr. 2 EStG nF)*

Die Prozesskosten sind nach den Voraussetzungen, die der BFH in seinem Urteil vom 12.5.2011 aufgestellt hat, anzuerkennen.[973] Die Anwendung dieser Voraussetzungen entspricht dem Sinn und Zweck der Norm und dem subjektiven Nettoprinzip, während die Regelung de lege lata gem. § 33 Abs. 2 Satz 4 EStG dazu geeignet ist, das subjektive Nettoprinzip zu verletzen.[974] Der § 33 Abs. 2 Satz 4

968 S. C.III.4.b)dd).
969 S. C.III.4.b)dd).
970 S. D.V.2.b)bb)(1).
971 BFH vom 2.9.2010 VI R 11/09, BFHE 231, 69.
972 S. D.V.2.c)bb)(1).
973 BFH vom 12.5.2011 VI R 42/10, DStR 2011, 1308.
974 S. D.V.1.b)ee).

EStG ist somit zu streichen und die Grundsätze des BFH sind als Regelbeispiel in § 33 Abs. 5 Nr. 2 EStG nF aufzunehmen.

cc) Künstliche Befruchtung (§ 33 Abs. 5 Nr. 3 EStG nF)

Die Rechtsprechung zur künstlichen Befruchtung war Gegenstand von Rechtsprechungsänderungen.[975] Die aktuelle Rechtsprechung, wonach auch die Kosten einer heterologen künstlichen Befruchtung als außergewöhnliche Belastungen anzuerkennen sind, ist zu weitgehend. Sozialhilferechtlich wird auch nur die homologe künstliche Befruchtung bei Ehegatten gem. § 48 SGB XII iVm. § 27a SGB V gewährt. Deshalb ist die zu großzügige Rechtsprechung des BFH durch ein Regelbeispiel, dass die Anerkennung von Kosten einer künstlichen Befruchtung auf ein durch das subjektive Nettoprinzip gebotene Maß begrenzt, zu ersetzen. Solange sozialhilferechtlich nur die Kosten einer homologen künstlichen Befruchtung bei Ehegatten von der Allgemeinheit mitfinanziert werden, solange ist auch im Steuerrecht eine Anerkennung der Aufwendung als außergewöhnliche Belastung gem. § 33 Abs. 5 Nr. 3 EStG nF hierauf zu beschränken.

dd) Bestattungskosten (§ 33 Abs. 5 Nr. 4 EStG nF)

Der BFH erkennt bisher in ständiger Rechtsprechung Bestattungskosten, die in unmittelbaren Zusammenhang mit der Bestattung stehen, als außergewöhnliche Belastungen an.[976] Dies entspricht auch dem korrespondierenden sozialhilferechtlichem Leistungstatbestand gem. § 74 SGB XII.[977] Dieser Grundsatz ist, da er dem subjektiven Nettoprinzip entspricht, in den Katalog der Regelbeispiele aufzunehmen. Der bisher von der Rechtsprechung angewandte großzügigere Maßstab im Vergleich zu den anderen Fallgruppen des § 33 EStG ist hingegen abzulehnen, um Wertungswidersprüche zu vermeiden.[978]

ee) Behinderungsbedingte Umbaukosten (§ 33 Abs. 5 Nr. 5 EStG nF)

Behinderungsbedingte Umbaukosten, sind nach zutreffender Ansicht des BFH aus tatsächlichen Gründen zwangsläufig, da die Behinderung eines Steuerpflichtigen die Umgestaltung des Wohnumfelds unausweichlich macht.[979] Dies entspricht ebenfalls dem subjektiven Nettoprinzip, da behinderungsbedingte

---

975 S. D.V.2.a)bb)(2) und D.V.2.b)bb(2).
976 S. D.VI.3.b).
977 S. D.V.1.a)cc)(2).
978 S. D.VI.3.b).
979 S. D.V.2.c)bb)(1).

Umbaukosten auch sozialhilferechtlich gewährleistet werden.[980] Somit ist als Regelbeispiel aufzunehmen, dass behinderungsbedingte Umbaukosten zwangsläufig sind.

ff) Sanierungsaufwendungen (§ 33 Abs. 5 Nr. 6 EStG nF)

Nach ständiger höchstrichterlicher Rechtsprechung sind Sanierungsaufwendungen zwangsläufig. Voraussetzung ist, dass diese dazu dienen, die Bewohnbarkeit des Hauses zu sichern, dieses von existenzieller Bedeutung ist, der Schaden durch ein vom Steuerpflichtigen nicht beeinflussbares, außergewöhnliches Ereignis hervorgerufen wurde, den Steuerpflichtigen kein Verschulden trifft und realisierbare Ersatzansprüche nicht vorhanden sind.[981] Sozialhilferechtlich werden derartige Kosten ebenfalls geleistet.[982] Verfehlt ist es jedoch, die Anerkennung der Aufwendung als außergewöhnliche Belastung an ein fehlendes Verschulden des Steuerpflichtigen zu knüpfen.[983] Somit ist diese durch die Rechtsprechung entwickelte Voraussetzung, in dem Regelbeispiel nicht mitaufzunehmen. Stattdessen ist, wie bei allen anderen Fallgruppen auch, eine Anerkennung bei rechtsmissbräuchlichem oder sozialinadäquaten Verhalten gem. § 33 Abs. 1 Satz 2 EStG nF ausgeschlossen.

gg) Unterbringungs- und Pflegekosten (§ 33 Abs. 5 Nr. 7 EStG nF)

Nach ständiger Rechtsprechung sind krankheitsbedingte Unterbringungskosten in einem Pflegeheim aus tatsächlichen Gründen zwangsläufig.[984] Dies entspricht dem subjektiven Nettoprinzip. Entgegen der Rechtsprechung erwachsen Aufwendungen aus tatsächlichen Gründen auch dann zwangsläufig, wenn die Erkrankung erst nach dem Umzug in das Pflegeheim eintritt.[985] Dies sollte daher im § 33 Abs. 5 Nr. 7 EStG nF gesetzlich geregelt werden.

hh) Fahrtkosten bei Gehbehinderten (§ 33 Abs. 5 Nr. 9 EStG nF)

Die Zwangsläufigkeit der Höhe nach hat die Rechtsprechung bei behinderungsbedingten Fahrtkosten bereits näher konkretisiert. Hiernach sind Fahrtkosten bis zu 15.000 km jährlich in Höhe des Kilometerpauschbetrags, der in

---

980 S. D.V.2.c)bb)(1).
981 S. D.IV.2.
982 S. D.V.2.c)bb)(1).
983 S. C.III.4.b)dd).
984 S. D.V.2.a)bb)(2).
985 Vgl. D.V.2.b)bb)(2).

den Lohnsteuerrichtlinien für die Werbungskosten festgelegt ist, der Höhe nach zwangsläufig.[986] In Höhe dieses Betrags ist ein offensichtliches Missverhältnis zwischen erforderlichem und tatsächlichem Aufwand nicht erkennbar, sodass diese Grundsätze auch im § 33 EStG nF übernommen werden können.

IV. Ergebnis: Gesetzesvorschlag § 33 EStG nF

Unter Berücksichtigung der verfassungsrechtlichen Vorgaben, der eigenen Auslegung sowie der Berücksichtigung der bisherigen Konkretisierung des Tatbestands durch die Rechtsprechung des BFH wird abschließend folgender Gesetzesvorschlag eines § 33 EStG nF unterbreitet:

(1) Belasten einen Steuerpflichtigen zwangsläufig außergewöhnliche Aufwendungen, so wird auf Antrag die Einkommensteuer dadurch ermäßigt, dass die Aufwendung vom Gesamtbetrag der Einkünfte abgezogen wird. Aufwendungen, die zu den Betriebsausgaben, Werbungskosten oder Sonderausgaben gehören, bleiben außer Betracht; das gilt für Aufwendungen im Sinne des § 10 Abs. 1 Nr. 7 und 9 nur insoweit, als sie als Sonderausgaben abgezogen werden können. Bei einem sozial inadäquaten oder rechtsmissbräuchlichen Verhalten des Steuerpflichtigen scheidet eine Anerkennung der Aufwendung als außergewöhnliche Belastung aus.

(2) Aufwendungen liegen nur vor, wenn der Steuerpflichtige endgültig belastet ist. Hierbei muss sich der Steuerpflichtige erlangte Vorteile anrechnen lassen, etwaig erlangte Gegenwerte bleiben hingegen unberücksichtigt. Findet eine Erstattung der ursprünglichen Aufwendung in einem späteren Veranlagungszeitraum statt, so ist diese im Veranlagungszeitraum der ursprünglichen Aufwendung anzurechnen. Soweit Aufwendungen in einem Veranlagungszeitraum zu einem negativen Einkommen gem. § 2 Abs. 4 EStG führen oder dieses erhöhen würden, sind sie nächstmöglich in einem späteren Veranlagungszeitraum abzuziehen.

(3) Außergewöhnlich sind Aufwendungen, die nicht bereits von den Tatbeständen der §§ 32 Abs. 6, 32a EStG typisierend erfasst und somit gewöhnlich sind.

(4) Zwangsläufig sind Aufwendungen dem Grunde nach, die für den Steuerpflichtigen objektiv unvermeidbar und damit indisponibel sind. Indisponibel sind Aufwendungen, sofern ein sozialhilferechtlicher Leistungstatbestand existiert. Der Höhe nach sind Aufwendungen nur insoweit zwangsläufig, als sie nicht

986 S. D.VI.2.; H 38 LStH 2007.

in einem offensichtlichen Missverhältnis zwischen tatsächlichem und notwendigem Aufwand stehen.

(5) Insbesondere sind zwangsläufig,

Nr. 1 Aufwendungen für Krankheit und Gesundheit, die unmittelbar und objektiv der Heilung dienen oder dazu dienen, eine Krankheit erträglich zu machen und ihre Folgen zu lindern,

Nr. 2 Aufwendungen für die Führung eines Rechtsstreits (Prozesskosten), wenn eine hinreichende Aussicht auf Erfolg bestand und der Rechtsstreit nicht mutwillig geführt wurde,

Nr. 3 Aufwendungen für eine homologe künstliche Befruchtung bei Ehegatten,

Nr. 4 Bestattungskosten, die in unmittelbarem Zusammenhang mit der Bestattung stehen,

Nr. 5 Behinderungsbedingte Umbaukosten,

Nr. 6 Sanierungsaufwendungen, sofern diese dazu dienen, die Bewohnbarkeit des Hauses zu sichern, dieses von existenzieller Bedeutung ist, der Schaden durch ein vom Steuerpflichtigen nicht beeinflussbares, außergewöhnliches Ereignis hervorgerufen wurde und realisierbare Ersatzansprüche nicht vorhanden sind,

Nr. 7 Krankheitsbedingte Unterbringungs- und Pflegekosten in stationären Einrichtungen, ab dem Zeitpunkt des Erkrankens,

Nr. 8 Aufwendungen für die Kraftfahrzeugkosten eines gehbehinderten Steuerpflichtigen in Höhe von bis zu 15.000 km jährlich, entsprechend des Kilometerpauschbetrags, der in Einkommensteuer-Richtlinien und Lohnsteuer-Richtlinien für den Abzug von KFZ-Kosten als Werbungskosten oder Betriebsausgaben festgelegt ist.

Literaturverzeichnis

Arndt, Hans-Wolfgang, Gleichheit im Steuerrecht, NVwZ 1988, 787.

Behrens, Stefan, Unterbringung im Alten- und Pflegeheim – Fallkonstellationen und ungeklärte Fragen, NWB 2014, 217.

Birk, Dieter, Das Leistungsfähigkeitsprinzip als Maßstab der Steuernormen: ein Beitrag zu den Grundfragen des Verhältnisses Steuerrecht und Verfassungsrecht, Heidelberg 1982 (zit.: *Birk,* Das Leistungsfähigkeitsprinzip als Maßstab der Steuernormen).

Birk, Dieter, Desens, Marc, Tappe, Henning, Steuerrecht, 18. Aufl., Berlin, Leipzig, Osnabrück 2015/2016 (zit: Birk/Desens/Tappe, Steuerrecht).

Bleschick, Sascha, Kammeter, Susann, „Die Auslegung von Doppelbesteuerungsabkommen“ und „Privataufwendungen im Einkommensteuerrecht, insbesondere bei den außergewöhnlichen Belastungen“, Tagungsbericht zum 4. Steuerwissenschaftlichen Symposium beim Bundesfinanzhof, DStR-Beih 2013, 61.

Bleschick, Sascha, Prozesskosten als außergewöhnliche Belastung – Alles auf Anfang?, FR 2013, 932.

Blümich, Walter (Begr.), EStG, Kommentar, Loseblattsammlung, Bd. 1: §§ 1–8 EStG, Stand: März 2016; Bd. 2: §§ 9–24, Stand: März 2016 Bd. 3: §§ 25–99 EStG, Stand: März 2016 (zit.: *Bearbeiter,* in: Blümich, EStG, Stand).

Bordewin, Arne/Brandt, Jürgen (Hrsg.), EStG, Kommentar, Loseblattsammlung, Bd. 6: §§ 21–37a, Stand: Juli 2016 (zit.: *Bearbeiter,* in: Bordewin/Brandt, EStG, (Stand)).

Brandis, Peter, Bemessungsgrundlagen im Steuerrecht und im Sozialrecht – Aus Sicht des Steuerrechts, in: Steuern und Sozialstaat, Mellinghoff, Rudolf (Hrsg.), Köln 2006, DStjG Bd. 29, 93 (zit.: *Brandis,* in: DStjG Bd. 29).

Brockmeyer, Hans Bernhard, Entwicklungslinien der Rechtsprechung des Bundesfinanzhofs zu den außergewöhnlichen Belastungen, DStZ 1998, 214.

Bron, Jan F./Ruzik, Andy, Prozesskosten als außergewöhnliche Belastungen nach § 33 EStG, DStR 2011, 2069.

Degel, Peter, Haase, Michael, Steuerliche Berücksichtigung von Strafverteidigungskosten im Zusammenhang mit dem Vorwurf der Untreue, DStR 2005, 1260.

Deutscher Verein für öffentliche und private Fürsorge e. V., Empfehlungen des Deutschen Vereins zur Gewährung von Krankenkostenzulagen in der Sozialhilfe, NDV 2008, 503.

Dötsch, Franz, Abzug von Strafverteidigungskosten, jurisPR-SteuerR 42/2013 Anm. 5.

Dreger, Benjamin, Außergewöhnliche Belastungen Neues aus Rechtsprechung und Gesetzgebung, EStB 2014, 265.

Dziadkowski, Dieter, Einkommensteuertarif, Grundfreibetrag und Existenzminimum der Familie, BB 1991, 805.

Eggesiecker, Fritz, Kinderfreibeträge, außergewöhnliche Belastungen und Steuervergünstigungen in der Steuerreform, FR 1971, 450.

Eicher, Wolfgang (Hrsg.), SGB II, Kommentar, 3. Aufl., München 2013 (zit.: *Bearbeiter,* in: Eicher, SGB II).

Eisenberg, Ernst, Neue Entscheidungen zu § 33, 33a EStG (Teil I), FR 1973, 369.

Elden, Erkan, Verfahrenskosten in Familiensachen als außergewöhnliche Belastung, FPR 2012, 318.

Elicker, Michael, Entwurf einer proportionalen Netto-Einkommensteuer, 2004, Köln.

Fischer, Peter, Vorsorgeaufwendungen zwischen Verfassungsrecht und Rechtspolitik – Anmerkung zu BFH, Urt. V. 11.12.2002 – XI R 17/00, FR 2003, 787 – FR 2003, 770.

Frotscher, Gerrit/Geurts, Matthias (Hrsg.), EStG, Kommentar, Loseblattsammlung, Bd. 5: §§ 23 bis 42f, Freiburg, Stand: Feb. 2016 (zit.: *Bearbeiter,* in: Frotscher/Geurts, EStG, Stand).

Gagel, Alexander (Begr.), SGB II/SGB III, Grundsicherung und Arbeitsförderung, Loseblattsammlung, München, Stand: Juni 2016 (zit.: *Bearbeiter,* in: Gagel, SGB II/SGB III, Stand).

Gehm, Matthias, Kosten eines Strafverfahrens, Möglichkeiten der einkommensteuerlichen Geltendmachung, EStB 2015, 30.

Geserich, Stephan, Anerkennung von krankheitsbedingten außergewöhnlichen Belastungen ohne amtsärztliches Attest, SteuK 2011, 82.

Geserich, Stephan, Bei hinreichender Erfolgsaussicht eines Zivilprozesses: Prozesskosten als außergewöhnliche Belastung, HFR 2011, 985.

Geserich, Stephan, Behinderungsbedingte Umbaukosten als außergewöhnliche Belastungen, NWB 2011, 1526.

Geserich, Stephan, Auslegung und Rechtsfortbildung, DStR-Beih 2011, 59.

Geserich, Stephan, Krankheitskosten als außergewöhnliche Belastungen, FR 2011, 1067.

Geserich, Stephan, Aufwendungen für die Sanierung eines Gebäudes als außergewöhnliche Belastung, SteuK 2012, 283.

Geserich, Stephan, Der Nachweis der Zwangsläufigkeit von Krankheitskosten nach der Neuregelung im StVereinfG 2011, DStR 2012, 1490.

Geserich, Stephan, Privataufwendungen im Einkommensteuerrecht am Beispiel der außergewöhnlichen Belastungen, DStR 2013, 1861.

Geserich, Stephan, Nachweis der Zwangsläufigkeit von krankheitsbedingten Aufwendungen, Wann ist ein ärztliches Attest notwendig?, NWB 2014, 2004.

Geserich, Stephan, Außergewöhnliche Belastungen im Fall wissenschaftlich nicht anerkannter Behandlungsmethoden, NWB 2014, 3396.

Grotherr, Siegfried, Steht der Verlustvor- und -rücktrag steuerpolitisch zur Disposition? (Teil I), BB 1998, 2337.

Grube, Christian/Wahrendorf, Volker, SGB XII, 5. Aufl., München 2014 (zit.: *Bearbeiter,* in: Grube/Wahrendorf, SGB XII).

Harich, Björn, Prozesskostenhilfe und Existenzminimum, Sozial Recht aktuell 2011, 41.

Haupt, Heiko, Die außergewöhnliche Belastung in der Krise, DStR 2010, 960.

Haupt, Heiko, Der Gesetzgeber macht es sich (zu) einfach – Zu den (neuen) Nachweisanforderungen bei Krankheitskosten als außergewöhnliche Belastung, DStR 2011, 2443.

Haupt, Heiko, Steuerliche Entlastungen bei außergewöhnlichen Belastungen – Anmerkungen zu den BFH-Urteilen vom 2.9.2010 VI R 11/09 und vom 11.11.2010 VI R 17/09, DStR 2011, 204.

Heim, Johanna, Prozesskosten als außergewöhnliche Belastungen – Gesetzliche Regelung ab 2013, DStZ 2014, 165.

Heine, Sonja, Prozesskosten als außergewöhnliche Belastungen, SteuK 2012, 27.

Hermann, Carl/Heuer, Gerhard/Raupach, Arndt, EStG und KStG, Kommentar, Loseblattsammlung, Hey, Johanna/Wendt, Michael (Hrsg.), Bd. IV: §§ 8–14a EStG, Köln, Stand: Mai 2016; Bd. VII: §§ 33–42g EStG, Köln, Stand: Mai 2016 (zit.: *Bearbeiter,* in: H/H/R, EStG, (Stand)).

Hildebrand, Christina, Steuerliche Berücksichtigung der Kosten des Finanzgerichtsstreits, SAM 2014, 95.

Hommerich, Christoph/Kilian, Matthias, Die Praxis der Vergütungsvereinbarungen deutscher Rechtsanwältinnen und Rechtsanwälte – Zentrale Ergebnisse des Vergütungsbarometers 2009 des Soldan Instituts, BRAK-Mitt. 2009, 233.

Hübschmann, Walter/Hepp, Ernst/Spitaler, Armin (Begr.), AO/FGO, Kommentar, Loseblattsammlung, Bd. 2: §§ 4–32, Köln, Stand: Feb. 2016 (zit.: *Bearbeiter,* in: H/H/Sp, AO/FGO, (Stand)).

Ismer, Roland, Prinzipien der Einkünfteermittlung – Periodizitätsprinzip, in: Einkünfteermittlung, Hey, Johanna (Hrsg.), Köln 2011, DStjG Bd. 34, 91 (zit.: *Ismer,* in: DStjG Bd. 34).

Jachmann, Monika, Kosten der Strafverteidigung nach Verurteilung wegen einer vorsätzlichen Tat nicht als außergewöhnliche Belastung abziehbar, jM 2014, 34.

Jakob, Wolfgang/Jüptner, Roland, Zur Zwangsläufigkeit außergewöhnlicher Belastungen – Gedanken zur Systematik und Struktur eines Auffangtatbestandes, StuW 1983, 206.

Kanzler, Hans-Joachim, Grundfragen zum Abzug außergewöhnlicher Belastungen, FR 1993, 691.

Kanzler, Hans-Joachim, Außergewöhnliche Belastungen: Wiederbeschaffung verbrannten Hausrats und Anrechnung einer im Vorjahr geleisteten Versicherungsentschädigung, FR 1999, 1191.

Kanzler, Hans-Joachim, Von der Ausnahme zur Regel – Zur Zwangsläufigkeit von Zivilprozesskosten, FR 2011, 823.

Kanzler, Hans-Joachim, Rechtsprechungsstetigkeit ist ein Rechtsgut von hohem Rang, NWB 2011, 249.

Kanzler, Hans-Joachim, Der Verlust der Existenzgrundlage und die Unmöglichkeit der Befriedigung lebensnotwendigen Bedürfnisse, FR 2014, 209.

Karrenbrock, Lukas/Petrak, Lars, Erfassung von Krankheitsaufwendungen (der Basisversorgung) nur oberhalb einer zumutbaren Belastung des gemäß § 33 EStG?, DStR 2011, 552.

Kirchhof, Gregor, Drei Bereiche privaten Aufwands im Einkommensteuerrecht – Zur Trennung der Erwerbs- von der Privatsphäre unter besonderer Berücksichtigung der außergewöhnlichen Belastung, DStR 2013, 1867.

Kirchhof, Paul, Der verfassungsrechtliche Auftrag zur Besteuerung nach der finanziellen Leistungsfähigkeit, StuW 1985, 319.

Kirchhof, Paul, Empfiehlt sich das Einkommensteuerrecht zur Beseitigung von Ungleichbehandlungen und zur Vereinfachung neu zu ordnen?, Verhandlungen des 57. Deutschen Juristentages, München 1988, Gutachten F 59 (zit.: *P.Kirchhof,* Gutachten F zum 57. DtJTag 1988).

Kirchhof, Paul (Hrsg.), EStG, Kommentar, 15. Aufl., Köln 2016 (zit.: *Bearbeiter,* in: Kirchhof, EStG).

Kirchhof, Paul/Söhn, Hartmut/Mellinghoff, Rudolf (Hrsg.), EStG, Kommentar, Loseblattsammlung, Bd. 15: §§ 31–34g, Heidelberg, Stand: Juli 2016 (zit.: *Bearbeiter,* in: K/S/M, EStG, (Stand)).

Klein, Franz/Orlopp, Gerd (Begr.), AO, Kommentar, 13. Aufl., München 2016 (zit.: *Bearbeiter,* in: Klein, AO).

Knobbe, Carl-Christian, Zivilprozesskosten als außergewöhnliche Belastung? Was folgt auf den Nichtanwendungserlass des BMF?, EStB 2012, 111.

Kommentar zum Sozialrecht, Knickrehm, Sabine/Kreikebohm, Ralf/ Waltermann, Raimund (Hrsg.), 4. Aufl., München 2015 (zit.: *Bearbeiter,* in: Kommentar zum Sozialrecht).

Koenig, Ulrich (Hrsg.), AO, Kommentar, 3. Aufl., München 2014 (zit.: *Bearbeiter,* in: Koenig, AO).

Korn, Klaus (Hrsg.), EStG, Kommentar, Bd. 2 §§ 15–78, Loseblattsammlung, Bonn, Stand: Mai 2016 (zit: *Bearbeiter*, in: Korn, EStG, § Rz. (Stand).

Kosfeld, Endrik, Inwieweit sind zumutbare Belastungen gem. § 33 Abs. 3 EStG verfassungsgemäß?, FR 2009, 366.

Kosfeld, Endrik, Zumutbare Belastung und Entscheidungen des BVerfG, FR 2013, 359.

Kossens, Michael/von der Heide, Dirk/Maaß, Michael, SGB IX, Rehabilitation und Teilhabe behinderter Menschen mit Behindertengleichstellungsgesetz, Kommentar, 5. Aufl., 2015, München (zit.: *Bearbeiter,* in: Kossens/von der Heide/ Maaß, SGB IX).

Lang, Joachim, Die Bemessungsgrundlage der Einkommensteuer: rechtssystematische Grundalgen steuerlicher Leistungsfähigkeit im deutschen Einkommensteuerrecht, Köln 1988.

Lang, Joachim, Verfassungsrechtliche Gewährleistung des Familienexistenzminimums im Steuer- und Kindergeldrecht, StuW 1990, 331.

Lang, Joachim, Konkretisierungen und Restriktionen des Leistungsfähigkeitsprinzips, in: Festschrift für Heinrich Wilhelm Kruse zum 70. Geburtstag, Drenseck, Walter/Seer Roman (Hrsg.), Köln 2001 (zit.: *Lang,* in: FS-Kruse).

Lang, Joachim, Prinzipien und Systeme der Besteuerung von Einkommen, in: Besteuerung von Einkommen, Ebling, Iris (Hrsg.), Köln 2001, DStJG, Bd. 24, 49.

Lang, Joachim u. a., Kölner Entwurf eines Einkommensteuergesetzes, Köln 2005.

Lang, Joachim/Englisch, Joachim, Zur Verfassungswidrigkeit der neuen Mindestbesteuerung, StuW 2005, 3.

Larenz, Karl, Methodenlehre der Rechtswissenschaft, 6. Aufl., Berlin 1991 (zit.: *Larenz,* Methodenlehre der Rechtswissenschaft).

Lehner, Moris, Einkommensteuerrecht und Sozialhilferecht: Bausteine zu einem Verfassungsrecht des sozialen Steuerstaates, Tübingen 1993 (zit.: *Lehner,* Einkommensteuerrecht und Sozialhilferecht).

Leingärtner, Wilhelm, Aufwendungen für andere Personen aus sittlichen Gründen als außergewöhnliche Belastungen, StuW 1956, 815.

Leisner, Walter Georg, Die Existenzsicherung im Öffentlichen Recht, Tübingen 2007.

Liesenfeld, Andrea, Das steuerfreie Existenzminimum und der progressive Tarif als Baustein eines freiheitsrechtlichen Verständnisses des Leistungsfähigkeitsprinzips, Berlin 2005.

Littmann, Eberhard (Begr.)/Bitz, Horst/Pust, Hartmut (Hrsg.), EStG, Kommentar, Loseblattsammlung, Bd. 5: §§ 21–38c, Stuttgart, Stand: Juni 2016 (zit.: *Bearbeiter,* in: Littmann/Bitz/Pust, EStG, Stand).

Mack, Alexandra/Zumwinkel, Thorsten, Kosten eines Prozesses als außergewöhnliche Belastung steuerlich abzugsfähig?, AnwBl. 2012, 788.

Mellinghoff, Rudolf, Privataufwendungen, in: Leitgedanken des Rechts, Paul Kirchhof zum 70. Geburtstag, Kube, Hanno u. a. (Hrsg.), Heidelberg u. a. 2013, Bd. II Staat und Bürger, 1889 (zit.: *Mellinghoff,* in: Leitgedanken des Rechts).

Mertens, Bernd, Gesetzgebungskunst im Zeitalter der Kodifikationen, Theorie und Praxis der Gesetzgebungstechnik aus historisch-vergleichender Sicht, Tübingen 2004.

Meyer-Götz, Karin, Zivilprozesskosten als außergewöhnliche Belastungen, FamFR 2011, 365.

Moes, Christoph, Die Steuerfreiheit des Existenzminimums vor dem Bundesverfassungsgericht – Eine Ökonomische, steuersystematische und grundrechtsdogmatische Kritik des subjektiven Nettoprinzips, Baden-Baden 2010.

Mrozynski, Peter (Hrsg.), SGB I, Kommentar, 5. Aufl., München 2014 (zit.: *Bearbeiter,* in: Mrozynski, SGB I).

Münchener Kommentar, ZPO, Rauscher, Thomas/Krüger, Wolfgang, (Hrsg.), Bd. 1; §§ 1–354, 4. Aufl., München 2013 (zit.: *Bearbeiter,* in: Münchener Kommentar, ZPO).

Musielak, Hans Joachim/Voit, Wolfgang (Hrsg.), ZPO, Kommentar, 13. Aufl., München 2016 (zit: *Bearbeiter,* in: Musielak/Voit, ZPO).

Nieuwenhuis, Helmut, Sind Scheidungskosten ab VZ 2013 nicht mehr als außergewöhnliche Belastungen zu berücksichtigen?, DStR 2014, 1701.

Offerhaus, Klaus, Aus der neueren Rechtsprechung zum Steuerrecht, NJW 1978, 1138.

Olgemöller, Herbert, Steuerliche Absetzbarkeit strafverteidigungsbedingter Aufwendungen, AG 2008, 495.

Palandt, Otto (Begr.), BGB, Kommentar, 75. Aufl., München 2016 (zit.: *Bearbeiter,* in: Palandt).

Paus, Bernhard, Ablösen eines Zuwendungsnießbrauchs/Erhöhung von Versorgungsleistungen/Zumutbare Belastung bei zwangsläufigen Unterhaltszahlungen, DStZ 2006, 373.

Paus, Bernhard, Außergewöhnliche Belastungen: der zwangsläufige Griff nach dem Strohhalm, DStZ 2011, 150.

Pfützenreuter, Volker, Kosten eines VG-Prozesses als ag. Bel., EFG 2014, 357.

Pülzl, Peter, Wann ist eine Belastung außergewöhnlich?, ÖStZ 2001, 223.

Rasenack, Christian, Anmerkungen zum Begriff der außergewöhnlichen Belastungen i. S. von § 33 EStG, DB 1983, 1272.

Richter, Heinz, Zur Eigenständigkeit von Ereignissen bei der Prüfung der Zwangsläufigkeit nach § 33 EStG, FR 1983, 233.

Rosenke, Torsten, Zivilprozesskosten als außergewöhnliche Belastungen, EFG 2013, 454.

Roth, Jan, DZWIR 2009, 274.

Rüthers, Bernd/Fischer, Christian/Birk, Axel, Rechtstheorie mit juristischer Methodenlehre, 6. Aufl., München 2011 (zit.: *Rüthers/Fischer/Birk,* Rechtstheorie mit juristischer Methodenlehre).

Schaumburg, Heide, Schaumburg Harald, Steuergerechtigkeit in der Zeit, StuW 2013, 61.

Schenke, Ralf P., Auslegung und Rechtsfortbildung, Überlegungen zu Grundfragen der rechtsmethodischen Systembildung am Beispiel der „Auslegung gegen den Wortlaut", DStR-Beih, 2011, 54.

Schild, Karin Eva, Die Zwangsläufigkeit von außergewöhnlichen Belastungen i. S. des § 33 Abs. 2 EStG, SteuerStud 2010, 104.

Schilling, Oliver, Zwangsläufiger, pflichtbestimmter Aufwand in Ehe und Familie – Ein Beitrag zu einkommensteuerrechtlichen Veranlassungstheorie, Baden-Baden 2013.

Schmidt, Ludwig (Begr.), EStG, Kommentar, 35. Aufl., München 2016 (zit.: *Bearbeiter,* in: Schmidt, EStG).

Schneider, Hans, Gesetzgebung, 3. Aufl., Heidelberg 2002 (zit.: *Schneider,* Gesetzgebung).

Schwarz, Bernhard/Pahlke, Armin (Hrsg.), AO, Kommentar, Loseblattsammlung, Bd. 2: §§ 93–178, Freiburg, Stand: Juli 2016 (zit.: *Bearbeiter,* in: Schwarz/Pahlke, AO, (Stand)).

Seitrich, Peter, Zum Begriff der „Aufwendungen" im Sinne des § 33 des Einkommensteuergesetzes, BB 1990, 470.

Sodann, Helge/Ziekow, Jan (Hrsg.), VwGO, Kommentar, 4. Aufl., Baden-Baden 2014 (zit.: *Bearbeiter,* in: Sodann/Ziekow, VwGO).

Söhn, Hartmut, Anschaffungskosten/Herstellungskosten und Betriebsausgabenbegriff, StuW 1991, 270.

Spieker, Ulrich, Steuerliche Abzugsfähigkeit von Verfahrenskosten im Ehescheidungsverfahren als außergewöhnliche Belastung bis 31.12.2012 und ab 1.1.2013, NZFam 2014, 537.

Steger, Christian Philipp, Die außergewöhnliche Belastung im Steuerrecht – Verfassungsrechtliche Grundlagen und Reformperspektiven, Baden-Baden 2008.

Steinhauff, Dieter, Zivilprozesskosten als außergewöhnliche Belastungen, juris-PR-SteuR, 33/2011 Anm. 5.

Stöber, Michael, Zivilprozesskosten als außergewöhnliche Belastung, FR 2011, 790.

Tiedtke, Klaus/Szczesny, Michael, Behandlung von Aufwendungen, die dem Steuerpflichtigen in späteren Veranlagungszeiträumen ganz oder teilweise erstattet werden, FR 2008, 996.

Tipke, Klaus, Die Schwierigkeiten der Auslegung des § 33 EStG, StW 1959, 86.

Tipke, Klaus, Rechtsprechung zur Einkommensteuer, StuW 1974, 340.

Tipke, Klaus, Über Steuergerechtigkeit in Steuergesetzgebung, Steuerverwaltung und Steuergerichtsbarkeit, Vom politischen Schlagwort zum Rechtsbegriff und zur praktischen Anwendung, StuW 1980, 281.

Tipke, Klaus, Einkommensteuerliches Existenzminimum auch für Reiche?, FR 1990, 349.

Tipke, Klaus, Die Steuerrechtsordnung II, 2. Aufl., Köln 2003.

Tipke, Klaus, Steuerberatung tut not – auch verfassungsrechtlich, BB 2009, 636 .

Tipke, Klaus, Die Steuerrechtsordnung III, 2. Aufl., Köln 2012.

Tipke, Klaus, Steuergerechtigkeit unter besonderer Berücksichtigung des Folgerichtigkeitsgebots, StuW 2007, 201.

Tipke, Klaus/Lang, Joachim, Steuerrecht, 22. Aufl., Köln 2015 (zit.: *Bearbeiter,* in: Tipke/Lang, Steuerrecht).

Tipke/Kruse, AO/FGO, Tipke, Klaus/Kruse, Wilhelm (Begr.), Kommentar, Loseblattsammlung, Köln, Stand: Mai 2016 (zit.: *Bearbeiter,* in: Tipke/Kruse, AO/FGO (Stand)).

Traxel, Wolfgang, Die Freibeträge des Einkommensteuergesetzes, Eine systematische Untersuchung unter Gerechtigkeitsaspekten, Frankfurt a. M. 1986.

Wagner, Klaus J., Strafverteidigungskosten als WK bzw. ag. Bel., EFG 2011, 2059.

Wernsmann, Rainer, Die verfassungsrechtliche Rechtfertigung der Abzugsfähigkeit von Vorsorgeaufwendungen, Zugleich zum Unterschied zwischen existenznotwendigen und indisponiblem Einkommen, StuW 1998, 317.

Wüllenkemper, Dirk, Rückfluss von Aufwendungen im Einkommensteuerrecht, Köln 1987.

Zöller, Richard (Begr.), ZPO, Kommentar, 31. Aufl., Köln 2016 (zit.: *Bearbeiter,* in: Zöller, ZPO).

Zumwinkel, Thorsten, Prozesskosten als außergewöhnliche Belastungen: Noch lohnt sich der Streit, Stbg 2014, 72.

www.ingramcontent.com/pod-product-compliance
Ingram Content Group UK Ltd.
Pitfield, Milton Keynes, MK11 3LW, UK
UKHW021904290926
8980IPUK00015B/1040

9 783631 714812